MICHAEL YAPKO

Para romper los patrones de la depresión

No tienes por qué sufrir para vivir

EDITORIAL
PAX MÉXICO

Título original de la obra: *Breaking the Patterns of Depression*
Publicada por Broadway Books, división de Random House, Inc., Nueva York, EUA.
Versión abreviada de la traducción al español.

COORDINACIÓN EDITORIAL: Matilde Schoenfeld
TRADUCCIÓN: Julieta Harari y Cristina Harari
PORTADA: Luis R. Vargas y González

© 2006   Michael D. Yapko
© 2006   Editorial Pax México, Librería Carlos Cesarman, S.A.
          Av. Cuauhtémoc 1430
          Col. Santa Cruz Atoyac
          México, D.F. 03310
          Teléfono: 5605 7677
          Fax: 5605 7600
          editorialpax@editorialpax.com
          www.editorialpax.com

Primera edición
ISBN 13 dígitos: 978-968-860-823-4
ISBN 10 dígitos: 968-860-823-8
Reservados todos los derechos
Impreso en México / *Printed in Mexico*

Mi esposa, Diane, y yo celebramos nuestro
vigésimo noveno aniversario.
Cada año me pregunto si es posible amarla más
y cada vez me convenzo de que sí es posible.
¿A quién más podría yo dedicar este libro que a ella?

Índice

Capítulo 7. Cómo pensamos y qué pensamos 147

Capítulo 8. Culpa y responsabilidad: ¿es o no asunto tuyo? 177

Agradecimientos

Escribir este libro fue un proyecto interesante, iluminador y demandante. Trajo nuevas personas a mi vida, y reafirmó mi aprecio por las que ya conocía. Ha sido un privilegio.

Cuento con la ayuda de mi esposa Diane directa e indirectamente. Me siento por demás afortunado de tenerla en mi vida; ella es el mejor antidepresivo natural y poderoso.

Linda Greibel ha sido mi compañera de trabajo desde hace mucho tiempo. Es una aliada invaluable y una ayuda gratificante en mi vida profesional.

Varias personas sabias y perceptivas compartieron su tiempo y sus opiniones de manera generosa al hacer la revisión, así como la crítica de mis primeros borradores. Desde el fondo de mi corazón agradezco el apoyo y participación directa de los siguientes doctores, cuya contribución hizo que esta obra alcanzara un alto nivel de calidad: Norma Barretta, Marjorie Coburn, Gary Elkins, Madeline Harris, Lynn Johnson, Jodi Kass, Ellen Kaye, la trabajadora social Michele Weiner-Davis y Diane Yapko, licenciada en Letras.

A mi representante legal, Audrey Wolf, que hizo una labor invaluable por conseguir que mis ideas fueran publicadas y a quien agradezco su apoyo.

A mis editoras, Frances Jones y Frances Apt, en Doubleday. Ambas tuvieron la habilidad para estructurar, reestructurar, embellecer y afinar mi obra. Admiro su talento literario y me siento afortunado de haber contado con su ayuda.

Por último, deseo agradecer a mis pacientes. Por espacio de 20 años de trabajo clínico he aprendido lo que funciona y no funciona en la vida. Cómo las personas, consideradas promedio, logran un aprendizaje excepcional. Ha sido enormemente inspirador relacionarme con ellas. Siento gran respeto y aprecio por mis clientes a quienes considero mis mejores maestros. Mi agradecimiento a todos y cada uno.

En lo personal, cuento con personas maravillosas en mi vida: mi familia y mis amistades. Las familias Yapko y Harris siempre me han proporcionado el mejor contexto para aprender a ser un buen ser humano, algo que nunca dejaré de apreciar. A la familia Horowitz, Wendy, Megan y Richard, a quienes considero mi segunda familia. Hemos sido los mejores amigos desde la adolescencia. Es extraordinario tener amigos de por vida, otro hecho que no dejo de apreciar.

Gracias a todos por todo.

Los ejemplos que muestro en los casos siguientes relatan historias de hombres y mujeres que han luchado contra la depresión. En ellos utilizo intencionalmente "él" o "ella" de manera alternativa. Sin embargo, en general, utilizo el género masculino. La razón es simplificar y no entorpecer la lectura. Elegí emplear dicho género, aunque puede no ser la mejor opción. Espero que el lector entienda que dicho uso no marca una preferencia surgida a partir de la ignorancia, sino por una necesidad personal.

Introducción

¿Es la depresión una experiencia necesaria o inevitable? La respuesta evidente es… sí y no.

Sí, ocasionalmente todos tenemos sentimientos depresivos; nadie escapa a experiencias que hieren. No, no todos nos sumergimos dentro de un estado depresivo clínico. ¿Qué hemos aprendido de quienes sí caen en dichos estados? Hemos aprendido que quienes tienen estados depresivos es por falta de información o conocimiento de las destrezas que podrían prevenir esa depresión. Cuando Mark Twain dijo: "Lo que no sabes no es lo que te hiere, sino lo que sabes que no es verdad", tenía razón a medias, pues lo que desconoces sí puede herirte.

Sentirse deprimido puede ser la respuesta adecuada ante una circunstancia dolorosa, o puede ser síntoma de que la persona está "hundiéndose", porque no sabe que la situación puede ser manejada con ciertas habilidades. Cuanto más complejo es nuestro mundo, más debemos tratar los asuntos con gran cuidado. Ello incluye las experiencias internas, como la tristeza después del rompimiento de una relación, y las externas, como haber sido despedido de un trabajo.

Soy un terapeuta que durante los últimos 30 años se ha dedicado a tratar a personas que padecen depresión. He escrito dos libros al respecto y editado un tercero sobre el tema dirigido a mis colegas psicólogos. A través de mi experiencia, he llegado a creer que el problema principal es que las personas deprimidas piensan, sienten y actúan a partir de una perspectiva depresiva, distorsionada e hiriente, y luego creen, equivocadamente, que es una verdad incuestionable. Cuando su relación termina de manera dolorosa, una persona puede decirse a sí misma: "Nunca más podré enamorarme". Cuando es despedida de su trabajo: "Nunca más podré conseguir otro trabajo". Al responder de manera equivocada ante una situación, puede decirse a sí misma: "Soy idiota". El diálogo interno es normal. Creer en la negatividad, sin embargo, es innecesario y doloroso.

Un punto vital que puedo subrayar, el que más sucintamente representa todo lo que hasta aquí he descrito, es que las personas se ven absorbidas por su manera de ser (de pensar, sentir, actuar) y que ello determina lo que consideran "verdadero" o "falso". Pierden de vista que las experiencias de vida no están estrictamente definidas, sino que son producto de sus creencias personales. De manera que cuando alguien se dice a sí mismo (y lo cree): "Soy una persona terrible" o "La vida es injusta", la depresión es una consecuencia predecible. Aquí la destreza que vale la pena desarrollar es cómo alejarse de las creencias personales. Sólo entonces será posible determinar si son ciertas y si ayudan, o si distorsionan y causan dolor innecesario.

Consideremos un ejemplo cotidiano. Llamas por teléfono a un amigo, pero no está en casa. Dejas un mensaje en su grabadora, pero no regresa tu llamada. Naturalmente, te preguntas qué pasa. Al día siguiente, tampoco regresa tu llamada. Vuelves a llamarlo y de nuevo dejas un mensaje en que haces patente tu disgusto. Tampoco hay respuesta. Ahora, haz una pausa. ¿Qué te dices ante esta situación? Que a quien llamas, ¿es un idiota irresponsable? ¿Qué te dices? Lo que te dices, ¿de qué manera afecta en tu estado de ánimo? ¿Te ayuda o te lastima? ¿Cuál es la respuesta correcta ante dicha situación? Con este libro aprenderás a responder de manera hábil ante distintas situaciones cotidianas y podrás reducir la posibilidad de creer en algo que resulte en detrimento de tu autoestima.

La depresión no es "algo" fijo. Pese a la venta excesiva de medicamentos, la proliferación de centros de ayuda, programas de televisión y libros que sugieren la idea de que la depresión es una enfermedad "igual que la diabetes", la mejor evidencia, hoy en día, es que para la mayoría, la depresión no es una enfermedad biológica. El modelo de la patología depresiva y el valor de los medicamentos antidepresivos han sido exagerados. El aspecto biológico es sólo una parte de la depresión y los medicamentos antidepresivos son sólo una parte de la solución total.

Para la mayoría, la depresión es el resultado de interpretar y responder de modo hiriente ante las experiencias de la vida. La depresión involucra todo un conjunto complejo de proyecciones de uno mismo, de la vida, del universo, de todo lo que rodea. Por proyección quiero decir la manera en que interpretamos el significado de algo ambiguo o poco claro.

Es probable que conozcas el test psicológico con el nombre de Rorschach, en el que al paciente se le muestra una mancha de tinta de forma ambigua y luego se le pide que interprete el significado. Las personas "ven" significados por medio de sus proyecciones. El principio relevante es llamado la "hipótesis proyectiva", que estipula que cuando uno encuentra un estímulo ambiguo, inevitablemente éste es interpretado desde la perspectiva propia.

¿Cuál es el estímulo más ambiguo que puede enfrentar una persona? La mejor respuesta que puedo encontrar es ¡LA VIDA! La vida es como una mancha de tinta (un Rorschach vivencial), por así decirlo. *La vida no tiene significado objetivo o asignado. Nosotros le damos significado mediante nuestros valores individuales, creencias, relaciones, profesiones, pasatiempos y otras experiencias de vida.*

La depresión también es un tipo de mancha de tinta. Puede ser interpretada desde distintos puntos de vista o marcos de referencia por diferentes profesionales del área de la salud mental. Cada interpretación tiene el potencial de ayudar a alguien que sufre de depresión, pero la investigación exhaustiva ha puesto en evidencia que ninguna de ellas debe ser aplicada de manera tal que excluya los demás enfoques. Por ejemplo, dar a un paciente únicamente medicamentos antidepresivos sin capacitarlo en lo mental (lo cognitivo) y lo social (o dimensión interpersonal), no es ayudar a la persona que sufre de depresión. Los antidepresivos por sí solos, por más valiosos que sean, no pueden atender los patrones erróneos de pensamiento de manera tan efectiva como puede hacerlo la terapia cognitiva. ¿No sería sensato atender *todas* las dimensiones del problema de la depresión para así llegar a una solución más completa?

A lo largo del libro haré énfasis en que la *depresión no es un problema aislado con una causa aislada y un tratamiento aislado.* La depresión puede tener distintos orígenes y muchos caminos pueden liberarnos de su atadura. Por tanto, te daré varias perspectivas y diversas herramientas con las que puedes trabajar para ajustar el plan de tratamiento a tu medida y de manera inteligente. Estoy consciente de que sentir depresión es diferente en cada persona, así como diferentes son los individuos que la sufren. Sin embargo, los denominadores comunes son ampliamente conocidos. Existe una base legítima para que seas optimista en cuanto a que vencerás la depresión.

La tendencia de quienes se deprimen al interpretar experiencias de manera negativa aviva sus expectativas negativas; consideran que, cuando en la vida les va mal, siempre será así. Resulta indispensable tomar en cuenta lo anterior y hacer un esfuerzo deliberado para cambiar el modo de pensar en cuanto a expectativas. Pocas experiencias, sean buenas o malas, perduran. De hecho, la mayoría son pasajeras, cuando se sabe que la esperanza comienza a desplazar a la desesperanza.

Cuando estás deprimido, casi todo te parece arrollador. Las tareas sencillas parecen difíciles y las difíciles parecen imposibles. No tienes energía para lidiar con éstas, difíciles o sencillas. Ahora bien, si la depresión te hace ser apático, es el momento de involucrarse activamente con la lectura del presente libro. Cuando sientas depresión y desesperanza, sugiero que trabajes en reforzar tu esperanza. Si ves un futuro negro o incierto ante ti, te aseguro firme y deliberadamente que tu futuro puede ser la mejor experiencia que hayas tenido jamás. Sin embargo, ¡es necesario tener un plan realista para que así sea!

Puedo decirte, con absoluta confianza y sinceridad, que las ideas y las destrezas que aprenderás son una ayuda en potencia. El sendero hacia tu recuperación será trazado por tu conocimiento de la depresión, el entendimiento de cómo y por qué te afecta y afilará las destrezas para, deliberadamente, cambiar tus pensamientos, sentimientos y conductas con rapidez y eficacia. Éste no es un libro que ofrezca "chatarra emocional", es un manual serio para desarrollar habilidades que pueden liberarte de la depresión. El camino hacia tu recuperación no está trazado de antemano: tú debes ayudar. Espero que seas un compañero activo, dispuesto a experimentar con tus creencias e ideas y así desarrollar nuevas, adecuadas o deseables.

Autoayuda

La depresión surge por razones complicadas que, a primera vista, pueden parecer simples. Si consideras los cambios recientes en la sociedad, que han sacudido nuestras ideas fundamentales de la vida, y observas el porcentaje elevado de casos de depresión como consecuencia obvia de dichos cambios, te resultará claro que tanto nuestros estilos de vida como nuestros valores contribuyen a la sensación general de bienestar. Como terapeuta clínico, que trata pacientes (o "clientes" en lenguaje terapéutico) deprimidos, y como profesor y escritor en ese campo, he identificado varios patrones clave, incluidas las formas de pensar y de relacionarse con los demás que pueden propiciar o evitar la depresión.

A lo largo de este libro describiré patrones específicos, fundamentales en tus ideas y estados de ánimo. Podrás aprender a reconocer dichos patrones al ver cómo tus acciones terminan hiriéndote. Cuando puedas reconocer los patrones que te conducen a la desilusión o desesperación, estarás en posición de aprender a actuar de manera diferente. En ese momento, podrás aprender, con ayuda de este libro, cómo enfrentar situaciones a tu satisfacción. Mi meta al escribir este libro es que tú *te sientas bien* por quién eres y lo que haces.

Como parte central de los métodos de autoayuda descritos a lo largo del libro, está la idea de que *tu experiencia puede ser tan limitante* que te deprima. En ocasiones, la depresión se desarrolla a partir de una errónea creencia cultural (como "Siempre debes anteponer las necesidades de los demás a las tuyas") o hacer conclusiones equivocadas a partir de una experiencia. ("No debes confiar en el sexo opuesto".) Por ejemplo, si nunca has tenido una relación cercana, entonces que yo te diga: "Lo que debes hacer es buscar una relación cercana" es probable que no te ayude. ¿Por qué mi consejo no te proporcionará alivio? Porque tú sabes lo que quieres (una relación íntima y buena), pero tu falta de experiencia impide que lo logres. *Saber qué hacer no te da la capacidad de llevarlo a cabo.* Por tanto, me enfocaré en *cómo* lograr lo que quieres hacer.

Constantemente descubro que las personas deprimidas que trato no tienen las habilidades específicas y esenciales necesarias, como un pensamiento claro, una relación positiva o tomar en cuenta la información importante. La mayoría de mis pacientes no se percatan de que carecen de dichas habilidades, porque no saben lo que desconocen, ni reconocen que lo que sí saben no es verdadero. La falta de tal conocimiento los lleva a un mal manejo de las situaciones. Las experiencias resultan ser inadecuadas, se sienten heridos con la consecuente depresión. Incluso, años más tarde, pueden seguir sintiéndose de esa manera. Aprender a mirar desde afuera para reconocer y evitar ser vulnerable, puede ayudarte a cambiar escenarios desdichados.

Es posible aprender de los demás

Conforme leas este libro, estarás expuesto a ejemplos de personas inteligentes y sanas que se hunden en la depresión, cuando su vida no va de la manera en que la han planeado. En ocasiones, tales personas saben que están deprimidas, pero no saben qué hacer al respecto. Otras, no saben por qué la vida resulta tan dolorosa. Desarrollar habilidades o destrezas para la vida, y construir una reserva a la cual recurrir al enfrentar exigencias, es de lo que se trata al llevar una existencia sin depresión. De eso mismo trata este libro. Si te encuentras deprimido, espero que puedas reconocer los patrones que conducen a la depresión descritos en esta obra. Quizá más importante es mi deseo de que te sientas bien al desarrollar las habilidades necesarias para llevar una vida mejor y, por tanto, sacarle más provecho.

Como principio general, si ves que otras personas hacen lo que tú quisieras, entonces tienes ya la evidencia de que es posible hacerlo. Aunque pueda parecerte un misterio que otras personas tengan éxito en áreas que tú aún no dominas, resulta encomiable saber que casi siempre puedes aprender de las habilidades de alguien más. La meta es saber el *cómo* para que tú también puedas alcanzarlo. Mi tarea es describir dichas habilidades de tal manera que sean comprensibles, y motivarte a encontrar otras personas que te enseñarán cómo lograr el misterio. Haré mi mejor esfuerzo, si tú pones de tu parte. Pon lo mejor de ti mismo para recuperarte de la depresión y participar en los ejercicios y las preguntas planteadas a lo largo de esta obra para hacerte recapacitar. Conforme tu manera de pensar y tus respuestas comiencen a variar, podrás esperar un alivio a tu estado depresivo. Una vez que sepas reaccionar con una serie de habilidades y aplicar un pensamiento claro a situaciones que disparan reacciones depresivas, estarás en una posición más firme para evitar futuros episodios depresivos.

Cómo aprovechar este libro

Los métodos prácticos en este libro no hacen énfasis en repetir el pasado. Examinar tu historia puede *explicar* algunos aspectos de tu depresión, pero no los *cambia*. Más bien, lee esta obra con la esperanza de que todo será diferente en el futuro: la semana entrante, el mes próximo, el año que viene y el resto de tu vida. El enfoque está en hacer un cambio en el presente con una mirada hacia el futuro. Con eso en mente, proporcionaré *nuevas maneras de ver la depresión,* así como oportunidades para tener la experiencia del aprendizaje directo, porque no hay mejor maestro que la experiencia. También quiero recalcar que la mejor manera de utilizar este libro es *participando* en las actividades sugeridas en cada capítulo. Aquí el énfasis está en la acción, porque es poco probable que la reflexión pasiva sobre ideas abstractas produzca los resultados deseados. Las ideas planteadas en cada capítulo son valiosas, desde luego, pero la verdadera ayuda es expandir el alcance de tus experiencias (y, por tanto, el alcance de tus recursos) por medio de las actividades estructuradas que aparecen en este libro.

Hay dos tipos de experiencias participativas. Uno es el ejercicio *Pausa para reflexionar,* que te pide considerar en detalle sobre algunos conceptos del tema tratado. (Con el objetivo de que hagas una pausa y reflexiones sobre la respuesta que darás a mis preguntas, que te harán recapacitar, y para que tus respuestas sean más provechosas, mi respuesta aparecerá impresa al revés.) El otro ejercicio es *Aprende practicando,* que muestra la estructura de lo que has aprendido a partir de una experiencia. Este ejercicio impulsa el desarrollo de nuevas perspectivas o habilidades que puedes poner en práctica.

Debo aclarar que el propósito de este libro no es sustituir la terapia personal. Un buen terapeuta constituye una ayuda importante para expandir y personalizar los puntos tratados aquí, de manera que te animo a que busques la consulta de un buen terapeuta. En el capítulo 12 ofrezco algunos consejos de cómo hacerlo.

Conforme practicas los métodos de autoayuda, te darás cuenta de que hay mucho más que puedes descubrir. Espero sinceramente que te beneficies de lo que aprenderás. Después de todo, algunas de las mejores experiencias que tendrás en tu vida aún no han sucedido.

CAPÍTULO 1

La depresión:
un problema creciente

Desde la primera vez que algunas personas se enteraron de que estaba investigando lo último sobre la depresión para escribir un libro de autoayuda, muchas expresaron sus dudas acerca del proyecto. Preguntaban, "¿Por qué quieres escribir de algo tan deprimente?" o "¿Autoayuda? ¿Qué no el *Prozac* lo hace innecesario?" Incluso algunas personas sugirieron que "la depresión es sólo sentir lástima por uno mismo. ¿Para qué convencer a las personas de que se ayuden si no lo desean?"

No puedo decir con honestidad que tales comentarios o preguntas me sorprendieron. Después de trabajar durante las últimas dos décadas con individuos, parejas y familias con depresión, con frecuencia escucho esos comentarios. En mi opinión, declaraciones como esas confirman la necesidad de un libro como éste. Alguien que sufre de depresión, o que se preocupa por alguien que la padece, requiere respuestas realistas a ésas y otras interrogantes. Existe un cúmulo de información actualizada y objetiva, que tengo la intención de compartir a través de la presente obra, ideada para brindar ayuda. Además de los hechos, presentaré un modo de pensar que ayudará y seguirá ayudando incluso después de terminar la lectura.

Comenzamos con la reacción que algunas personas muestran cuando les digo a lo que me dedico. ¿No resulta deprimente escribir y hacer investigación acerca de la depresión? La experiencia interna que deviene de una depresión es dolorosa en varios niveles, como seguramente sabes. Puede drenar tu vida de los placeres y hacer que ésta parezca una carga difícil de llevar. Este libro, sin embargo, no es acerca de la experiencia de la depresión, sino de cómo *cambiarla, detenerla, recuperarse de ésta*, incluso de *prevenirla*. Todo ello no es deprimente, por el contrario, ¡es estimulante!

Tanto se ha dicho de la depresión en la actualidad que no sobra decir, con veracidad y convicción, que la mayoría que sufre de depresión puede ser ayudada si en verdad está dispuesta a tomar los pasos necesarios para sanar. Incluso quienes se consideran "desahuciados" pueden ser ayudados. Después de todo la desesperanza en la vida no es un hecho consumado, sino un simple punto de vista.

La segunda respuesta más común fue acerca de la necesidad de la autoayuda, si ya existen drogas milagrosas, como el *Prozac*. Aunque es atrayente pensar que "una cápsula diaria mantendrá por siempre alejada a la depresión", sencillamente no es así ni podrá serlo nunca. *Prozac* y otras drogas antidepresivas serán el tema del próximo capítulo, pero baste decir que tales medicamentos, aunque son aliados efectivos en el tratamiento, la mayoría de las veces no son la única solución. Pueden aliviar los síntomas, disminuir la ansiedad, incluso reducir otros síntomas paralelos a la depresión, pero complicar el cuadro clínico existente. Lo que no pueden hacer es transformar mágicamente la personalidad (a pesar de lo que le adjudican a algunas drogas), enseñar habilidades para enfrentar y resolver problemas, solucionar asuntos personales e interpersonales o erigir una firme protección contra episodios recurrentes. La evidencia de la investigación clínica es clara: la psicoterapia hace énfasis en que desarrollar habilidades para solucionar problemas no sólo es deseable sino *necesario*.

Aunque este libro no sustituye la participación de la psicoterapia con un profesional calificado, sí provee varios de los beneficios mediante el énfasis en los mismos puntos. Me he esforzado por ofrecerte ideas importantes y métodos prácticos para que puedas adquirir las habilidades conocidas en la profesión de la salud mental con el fin de superar la depresión y evitar que ésta se repita más adelante. Utilizo ejemplos de la esencia de diversas intervenciones efectivas durante más de mis 20 años de experiencia clínica en el tratamiento de personas con depresión. En esas intervenciones entendí y resolví los componentes centrales de la depresión, tanto eficaces como terapéuticas. ¡Sí funcionan! Hay un vasto material literario que apoya estos puntos de vista.

La tercera respuesta común de algunas personas sobre este proyecto fue la equivocada sugerencia de que la depresión es producto de la propia indulgencia, la autocompasión de individuos débiles que se quejan pero que, en realidad, no quieren cambiar. La tendencia por culpar a la víctima satura nuestra cultura en diversas instancias, sean víctimas de violación "quienes se lo buscaron" o pacientes con cáncer que "causaron" su enfermedad por no expresar su ira de manera adecuada. En cuanto a la depresión, demasiadas personas sostienen la postura de que se trata de un problema creado por debilidad de tipo moral o por defectos en la personalidad. Este punto de vista era común en la década de los años cuarenta, cincuenta y sesenta. Los individuos que eran "débiles" y confesaban abiertamente estar deprimidos, pueden haber recibido como consejo "Ármate de valor" o "Sé fuerte y deja de quejarte".

Quizá al individuo que acudía a terapia hace décadas –una acción menos común en esa época– recibía frases triviales para que las repitiera como: "La hora más cercana al amanecer es la más oscura"; "Detrás de la tempestad siempre hay un día soleado." O peor, puede haber sido culpado por su depresión: "Tienes un empleo decente, una casa bonita, buenos hijos, una esposa amorosa y salud. ¿Por qué puedes estar deprimido?" La depresión continuaba, desde luego, pero ahora, además, dicho individuo se sentía culpable.

Como puedes ver, la depresión es un trastorno complejo. No existe una causa única: son diversas. No hay una solución única: hay varias. Sugerir que se trata de autocompasión es una afirmación tanto hiriente como *equivocada*. A nadie le gusta estar deprimido y dejar que su vida se desperdicie, un lento y doloroso día a la vez. Nadie quiere vivir una vida inútil. La experiencia me ha llevado a creer que las personas quieren sentirse bien y quieren que su vida valga la pena ser vivida, pero a través de sus experiencias han desarrollado perspectivas que hacen que una buena vida parezca imposible. Se encierran en sus opiniones acerca de las relaciones y las profesiones, y estos puntos de vista adquieren el aspecto de una realidad de la que no hay escape. Lo que descubren en la terapia –y lo que tú puedes descubrir con este libro– es que *puedes* escapar, *puedes* recuperarte y puedes estar bien, más allá del dolor que has sentido en el pasado. *La experiencia es negociable, no fija.*

Entonces, ¿qué es la depresión? ¿Quiénes se deprimen? ¿Qué causa depresión? Y ¿cómo podemos superarla? Estas preguntas fundamentales serán atendidas brevemente en las siguientes secciones de este capítulo.

APRENDE PRACTICANDO # 1

Antes de comenzar, ¿en qué piensas?

Objetivo: definir y exponer tus ideas acerca de la depresión antes de comenzar el programa de autoayuda.

En este ejercicio preliminar, la meta es descifrar cuáles son *tus* ideas acerca de la depresión *antes* de que sepas todo lo demás que aprenderás. Al contestar por escrito y con detalles las preguntas siguientes, tendrás la oportunidad de expresar tus opiniones actuales con claridad. Después, conforme aprendas más y más, quizá descubras que lo que pensabas antes eran nociones incompletas o equivocadas. En el futuro, te ayudará recordar el siguiente concepto clave: *Tú no eres el problema.* Por el contrario, el problema es dual: lo que consideras incorrecto o incompleto y la manera en que actúas, basándote en dichas creencias.

Entonces, por escrito y con detalles, te pido que respondas las preguntas siguientes:

1. ¿Qué es la depresión?
2. ¿Quiénes se deprimen?
3. ¿Qué causa la depresión?
4. ¿Qué puede hacerse para salir de la depresión?

Sugiero que, para una referencia de fácil acceso, lleves un diario o cuaderno donde tengas a mano éstas y futuras respuestas. No todos los ejercicios requieren escritura, pero te ayudará tener las respuestas por escrito en un solo lugar.

Diagnóstico, definición y descripción de la depresión

Vida azarosa

Definitivamente, la vida se ha vuelto complicada. Para muchos, enfrentar disgustos que nos trae la vida rebasa la capacidad de lidiar con éstos de manera realista. Para otros, las complicaciones de la vida no necesariamente exceden su capacidad para enfrentarlas, pero pueden quedar exhaustos al intentarlo. El estrés es un componente de la depresión. Cada persona vive y maneja el estrés a su manera, razón por la que la depresión se presenta de varias maneras y su diagnóstico es tan complicado. Por éste y otros motivos, bastantes personas que sufren de depresión ignoran que es así.

EL CASO DE ALEX

Cuando Alex estaba por cumplir los cuarenta, llegó a mi consulta para encontrar la manera de sobrellevar lo que él llamó "una vida sin sentido". Hacía un mes que no tenía trabajo. Perdió su empleo más reciente, como administrador y organizador de programas educativos, cuando el financiamiento para su programa fue abruptamente suspendido. Alex había estado casado durante 16 años con una mujer que "lo ambiciona todo para mí". Los intentos que su esposa hacía por infundirle ánimos para que buscara otro empleo, hicieron que la pareja estuviera en una constante fricción y causó que él se sintiera "emocionalmente abandonado". Alex sabía que debía comenzar a trabajar pronto, pues sus responsabilidades económicas no podían sustentarse solamente con el salario de su mujer. Sin embargo, parecía que algo le impedía conseguir empleo. No sabía la razón, pese a que continuamente se planteaba la pregunta.

Alex atribuía su ansiedad a estar preocupado por la pérdida de su empleo y a su situación económica. No podía decidir si trabajar para alguien más o abrir su propio negocio. Dudaba de su capacidad para empezar un nuevo negocio, y temía que si lo contrataban, de nuevo sería despedido. Aceptó tener la tendencia al perfeccionismo en todo lo que emprendía, y no quería tomar decisiones hasta no estar completamente seguro de que fueran las correctas. Se veía coartado para llenar solicitudes de empleo o concertar entrevistas hasta no tener una meta clara; tampoco se decidía a comenzar un negocio propio hasta tener la seguridad de "llevarlo a cabo bien". Pensaba que la idea "adecuada" para comenzar un negocio pronto "llegaría a él".

Más allá de su preocupación por su vida profesional y por el dinero, Alex se quejaba de tener poca concentración para enfocarse en los negocios o, incluso, para atender sencillas tareas domésticas. Su esposa se sentía frustrada por su falta de dedicación, sus amigos lo asediaban al preguntarle cuándo se reintegraría al trabajo y no contaba con la ayuda de sus padres, ya que, cómo decía, "ellos son parte de mi problema de baja autoestima". Parecía no poder encontrar a alguien que le prestara oídos, se sentía solo y malentendido. No estaba durmiendo bien, se despertaba muy temprano y sentía no tener nada bueno en su vida. De manera que Alex recurrió a una terapia para saber qué le ocurría.

Pese a que la queja original de Alex era que su vida le parecía "sin sentido", también se sentía desesperanzado, desvalido, ansioso, indeciso, además sufría de un perfeccionismo paralizante, mientras su concentración disminuía; estaba socialmente aislado; su matrimonio había perdido la armonía; su baja autoestima era patente; su sueño era desordenado; estaba fatigado y había perdido cualquier sentido de bienestar. ¿No mostraba Alex suficientes señales de alarma para que un *amateur* hubiera dicho: "Vaya, creo que está usted deprimido"? Y, sin embargo, Alex no se dio cuenta. Una vez que Alex fue diagnosticado y tratado, utilizando algunos métodos descritos en este libro, siguió adelante con su vida. Pronto abrió su negocio de consulta en programas educativos, que gradualmente ha ido creciendo. Ahora se siente estimulado y en camino al éxito.

Cómo ven los profesionales la depresión

Este libro es acerca de la clasificación de los trastornos conocidos como "depresión severa", en la profesión de la salud mental. Los profesionales utilizan un sistema de diagnóstico establecido en un libro voluminoso llamado *Manual diagnóstico y estadístico de los trastornos mentales (Diagnostic and Statistical Manual of Mental Disorders* o DSM, por sus siglas en inglés). Ahora está en su cuarta edición, por lo que DSM-IV, o DSM-IV-TR, para la versión en español; dicha publicación de la Asociación Americana de Psiquiatría es considerada una guía esencial para hacer un diagnóstico formal de *cualquier* trastorno. DSM-IV clasifica la depresión como trastorno del estado de ánimo. Si te interesa saber cómo se caracteriza la depresión, los criterios para el diagnóstico aparecen en recuadro, con permiso del editor.

Además, DSM-IV sugiere poder distinguir los episodios depresivos únicos de los que son recurrentes. El trastorno de un solo episodio es exactamente eso: un fenómeno aparente que ocurre una vez. Un trastorno recurrente existe cuando ocurre otro episodio de depresión después de un lapso de, al menos, dos meses consecutivos en los que no hubo depresión.

El diagnóstico de la depresión puede ser engañoso. Un fenómeno llamado "co-morbilidad", el cual complica el cuadro clínico, se relaciona con otros problemas físicos o psicológicos que pueden existir junto con la depresión. Alguien con una depresión clínica diagnosticable también puede tener adicción a las drogas. Quizá se trate de una enfermedad física grave asociada con la depresión o quizá un problema psicológico más serio junto con la depresión. Según estadísticas, la mayoría de quienes sufren de depresión también tienen una condición co-mórbida.

Criterios para identificar un episodio de depresión severa (DSM-IV-TR)

A. Cinco (o más) de los siguientes síntomas han estado presentes durante un período de dos semanas y representan una variación en el funcionamiento previo: al menos uno de los síntomas es 1) un estado depresivo o 2) la pérdida por el interés o el bienestar.

Nota: No deben incluirse síntomas causados por un estado de salud o estado de incongruencia alucinatoria o debido a alucinaciones.

1. Estado depresivo la mayor parte del día, casi a diario, como indica un reporte subjetivo (por ejemplo, sentimiento de vacuidad o soledad) o la observación hecha por alguien más (por ejemplo, se muestra lloroso).

   Nota: En niños y adolescentes puede tratarse de un estado irritable.

2. Pérdida marcada del interés o del bienestar por todas, o casi todas, las actividades del día, casi a diario (indicado por testimonio subjetivo o la observación hecha por otros).

3. Pérdida significativa o aumento de peso corporal sin llevar una dieta (por ejemplo, cambio de más de cinco por ciento del peso total por espacio de un mes) o incremento o pérdida del apetito casi todos los días.

   Nota: En niños, falla al tener un aumento de peso esperado.

4. Insomnio o cuadro severo de insomnio casi a diario.

5. Agitación psicomotora o retraso psicomotor casi a diario (observable por otros, y no sentimientos meramente subjetivos debido a agitación o que disminuyen la actividad).

6. Fatiga o pérdida de energía casi a diario.

7. Sentimientos de poca valía o culpa excesiva o inadecuada (que puede ser por alucinación), casi a diario (no solamente recriminarse a sí mismo o sentir culpa por estar enfermo).

8. Habilidad reducida para pensar o concentrarse, o indecisión casi a diario (por testimonio subjetivo o la observación hecha por otros).

9. Pensamientos recurrentes sobre la muerte (no sólo miedo a morir), pensamiento suicida recurrente sin un plan específico, o un intento de suicidio o un plan específico para cometer suicidio.

B. Los síntomas no cumplen con los criterios de un episodio mixto.

C. Los síntomas causan aflicción, clínicamente significativa o que deterioran el funcionamiento en el área social, ocupacional u otras de importancia.

D. Los síntomas no se deben a los efectos psicológicos de una sustancia (por ejemplo, una droga adictiva, un medicamento) o un estado de salud (por ejemplo, hipotiroidismo).

Continúa 🖝

Continuación 🕮

E. Los síntomas no justifican la aflicción, por ejemplo, después de la pérdida de un ser amado; los síntomas persisten durante más de dos meses o se caracterizan por un marcado deterioro en las funciones, la preocupación mórbida acerca de la poca valía, el pensamiento suicida, síntomas sicóticos o retraso psicomotor.

El punto importante acerca de la co-morbilidad es que tu depresión puede ser más complicada de lo que piensas y un profesional calificado puede ayudarte. Si tienes dudas de tu condición, te sugiero una evaluación, porque no quiero que subestimes o escape a tu vista algún problema que pueda retrasar tu recuperación.

La depresión severa no es el único tipo de depresión. En enfermedades maniaco-depresivas, el estado de ánimo del individuo puede ir de la euforia a la depresión. Es frecuente que existan varios estados depresivos por cada estado eufórico. Es importante considerar si alguna vez has tenido un episodio maniaco (caracterizado por una firme energía y falta de sueño durante varios días, euforia y un gran sentido de inflación del ego). Tal alteración es llamada "trastorno bipolar", porque está caracterizada por dos polaridades extremas del humor (la depresión severa es un trastorno unipolar caracterizado por un solo extremo), dicho trastorno tiene una base principalmente biológica y puede ser tratado de manera efectiva con medicamentos adecuados y psicoterapia.

Algunos episodios de depresión pueden ser causados por enfermedades físicas y por los efectos secundarios de ciertos medicamentos.

Una de las particularidades de la depresión, comparado con la mayoría de los demás trastornos, es que no hay un atributo único que la defina. Si revisas los criterios del *DSM-IV* de un episodio de depresión severa, verás que representan una lista general; no todos los síntomas pueden aplicarse a un individuo específico. ¿Puede alguien estar deprimido y tener sólo uno o dos de los síntomas de la lista? Sí. ¿Puede diferir la experiencia de la depresión de manera notable de un individuo a otro? Sí.

Hablar de la depresión como si ésta se manifestara con un solo síntoma confirma la mala interpretación de que se trata, básicamente, del mismo tipo de problema en todos los casos. Existen suficientes similitudes que garantizan la categoría *DSM-IV* –y lenguaje compartido relacionado con el trastorno– aunque existen varias diferencias importantes, evidentes en los distintos tipos de depresión de ciertos individuos y aun de culturas completas.

El rostro de la depresión es tan único como distinto es cada individuo que la sufre. A menudo, en mis presentaciones ante colegas de la profesión, hablo de *depresiones*, en plural, más que depresión como un fenómeno singular. Sea que encajes o no dentro de los criterios de *DSM-IV* de la depresión, puedes beneficiarte de las enriquecedoras perspectivas de vida y habilidades ofrecidas en este libro. Después de todo, para ti y para tus circunstancias, *tu* depresión es única. No todas las herramientas en este libro serán igual de útiles para todos. En capítulos posteriores, te ayudaré a identificar aquellas que son pertinentes especialmente para ti para que puedas concentrarte en ellas.

Proyección y las ambigüedades de la vida

En la introducción mencioné brevemente el concepto clave "proyección", término de la psicología que describe cómo interpretamos el significado de un estímulo ambiguo. Un estímulo es una reacción; un estímulo ambiguo es una reacción que carece de significado claro o preciso. Por ejemplo, puede tratarse de algún comentario que es interpretado de diversas maneras o un suceso que también puede ser interpretado de varias maneras. Puede ser cualquier circunstancia que nos hace cavilar sobre su significado.

Mediante el proceso de proyección, damos significado a lo que nos pasa. Esto ocurre por la necesidad psicológica que tenemos de dar algún sentido a la vida. Todas las creencias que desarrollamos acerca de la vida, la muerte y en general son motivadas por nuestro deseo de dar sentido a la confusión y separar el orden del caos. La vida siempre está enfrentándonos a situaciones ambiguas que deben ser interpretadas y respondidas. ¿Cuál es el empleo ideal para mí? ¿Debo rentar o comprar una vivienda? ¿Qué escuela debemos elegir para nuestros hijos? ¿Cómo debemos invertir el aguinaldo de fin de año? ¿Cuál restaurante elegir para ir a cenar? ¿Traeremos a tu madre a vivir con nosotros o debe ingresar a una casa de reposo para ancianos?

Un estímulo ambiguo que presenta la vida puede hacer que una persona haga una proyección de esa vida, considerándola "una aventura maravillosa". Alguien más, obviamente deprimido, hará una proyección de su vida como "un tormento". ¿Puedes ver cómo cada una de esas proyecciones conlleva consecuencias emocionales y de conducta?

El concepto de proyección aparecerá en varios puntos de este libro, pero lo menciono ahora por una razón concreta: la depresión es, en sí, un estímulo ambiguo. Nadie puede identificar *qué* la ocasiona, porque existen varias causas. Nadie es capaz de afirmar: "Ésta es la forma correcta de tratar la depresión", ya que hay bastantes maneras adecuadas para hacerlo, ejemplificados por casos tratados con éxito.

Ante la mancha de tinta que es la depresión, los profesionales en salud mental proyectan una variedad de interpretaciones como respuesta a la depresión para luego sugerir tratamientos de acuerdo con sus interpretaciones. Por ejemplo, el psiquiatra está entrenado para ver la vida a través de la lente de la fisiología. De manera natural, entonces, "ve" la depresión como una "enfermedad" y la atribuye a la genética o a posibles desequilibrios bioquímicos en el cerebro. El psiquiatra tradicional está entrenado para ver la depresión como resultado de las experiencias formativas de la niñez, como la que representa la pérdida de uno de los padres o un incidente profundamente vergonzoso. Un terapeuta cognitivo busca las fallas en el pensamiento; un terapeuta conductual busca las consecuencias (premio o castigo) en conductas específicas.

Hay cientos de terapias, cada una incluye las proyecciones acerca de un problema y sus efectos. Algunas proyecciones depresivas están más definidas que otras, y su fundamento es una evidencia objetiva, presentadas en esta obra.

Cualquier proyección, incluso las de profesionales en la materia, puede ser arbitraria y *equivocada*. Estar consciente de ello, puede hacerte comprender mejor la razón que tuve para escribir este libro, pues cada persona que sufre de depresión (millones de personas) pregunta: "¿Por qué me sucede esto a mí"? "¿Dejaré de sentirme así"? "¿Qué puedo hacer"? Éstas y otras interrogantes son una invitación para especular, y pueden hacerte sentir vulnerable por cómo piensas o debido a algún consejo presumiblemente experto de un profesional. Tus respuestas a tales interrogantes pueden ayudarte o lastimarte. Es mi deseo simplificar el proceso para tu beneficio, más que complicarlo.

¿Cómo podría describir o definir la depresión? Podría decir que incluye una serie de proyecciones intrincadas y dolorosas acerca de la vida, el universo, los demás y tú mismo. Simplemente veamos cómo piensan las personas acerca de sus experiencias de vida y luego proyectan significados distorsionados que lastiman para, erróneamente, creer que así es.

Tus proyecciones siguen un patrón; es decir, son una repetición de las características que conforman tu manera de pensar, sentir, responder, relacionarte, anticiparte y relacionarte, según tu percepción. Identificar y romper *prontamente* tales patrones hirientes, y establecer *activamente* nuevos y positivos, es lo que te animo a hacer.

¿Quiénes se deprimen?

La depresión es el problema de salud mental más común en EUA. Incide en todas las edades, pero los porcentajes son más elevados entre 25 y 44 años de edad. Por desgracia, el grupo con mayor incidencia es el de los adolescentes. En la actualidad, la edad promedio en que inicia es entre 25 y 30 años de edad, aunque la tendencia a futuro será, incluso, a edad más temprana. La depresión grave afecta tres veces más a personas que viven en la ciudad, que a quienes viven en ambientes rurales. En un momento dado, casi 20 millones de estadounidenses sufren de algún episodio depresivo.

¿Qué causa la depresión?

La depresión es un estímulo ambiguo que puede tener diversas causas. Es difícil, si no imposible, establecer una relación causa-efecto simple en un lenguaje común. Incluso, aunque sea evidente (desde el inicio de la depresión después de un acontecimiento doloroso, como la muerte de un ser amado o la pérdida de un empleo), no es tan sencillo estar seguro de la causa. No todos los que pasan por un acontecimiento así sufren de depresión. ¿Por qué algunas personas sí la sufren? Si lo que sucede no es necesariamente lo que provoca la depresión, ¿entonces, qué es?

Existe un cuerpo completo de textos científicos que indican que la depresión tiene origen en tres áreas generales: biología, psicología y sociología. En cada área hay bastantes variables, cada una desempeña un papel importante, por lo que debe ser considerada por separado. Examinemos brevemente lo que se sabe acerca de cada área y su influencia sobre la depresión. Veamos primero el papel que desempeña la biología.

Componente biológico de la depresión

Una de las interrogantes en el campo de la conducta humana es: ¿cuánta de nuestra experiencia es regida por la naturaleza humana (biología) y cuánta por nuestras vivencias (crianza)? La controversia naturaleza-crianza, como es conocida, es importante porque implica un tema más profundo. ¿Cuánto de nuestra vida podemos cambiar, si su calidad está predeterminada biológicamente? Finalmente, desde luego, *somos* criaturas biológicas. Nuestra herencia genética y bioquímica desempeña un papel relevante en todas nuestras experiencias; aun tomando en cuenta la influencia cultural y familiar, podemos decir que ¡estamos biológicamente predispuestos a ser sensibles a nuestro entorno! Al reflexionar acerca de la depresión, sin embargo, debemos determinar la naturaleza y el grado de influencia de las variables biológicas específicas.

¿La depresión es una enfermedad?

A menudo, los profesionales de la salud mental han calificado la depresión como una enfermedad. Algunos la comparan con la diabetes o a la hipertensión. ¿Es una enfermedad? En la mayoría de los casos, la respuesta es no. ¿Se trata simplemente de una consecuencia genética o de alguna aberración psicológica que ataca al cerebro? La mayoría de las veces, la respuesta es no.

La depresión es 1.5 a 3 veces más frecuente en los familiares de primer grado (padres, hijos, hermanos). Esas cifras se conocen desde hace tiempo, y muestran que la historia familiar es relevante. Existe evidencia de lo que llamamos el factor de transmisión genética, aunque no haya un "gen depresivo" específico. La existencia del factor de transmisión ha sido deducido a partir de las investigaciones efectuadas en familias y los estudios de gemelos que fueron separados desde su nacimiento; los resultados pueden ser testimonio sólo de pocos casos. Utilizar la genética en la historia de la depresión familiar para hallar una explicación resulta tentador, aunque hemos encontrado que la familia es responsable en la percepción personal de las experiencias de vida. Existe una fuerte relación entre los patrones que causan depresión a los padres y aquellos que los causan a sus hijos.

Varios médicos sugieren que la depresión es causada por un "desequilibrio químico en el cerebro", pero no tenemos un examen confiable que pueda identificar tal desequilibrio, y es mera especulación pensar que está presente en una persona deprimida. Si una persona responde bien al tratamiento con antidepresivos, se toma como evidencia contundente. Sin embargo, dicha conclusión no puede ser completamente justificada, porque las drogas que alteran el estado de ánimo tienen efecto aun en alguien que no presenta "desequilibrio químico". La química del cerebro puede, efectivamente, relacionarse con el estado de ánimo, pues es sabido que ciertos transmisores químicos del cerebro (neurotransmisores) están directamente relacionados con el estado de ánimo. Pero ¿qué es primero? ¿Están las experiencias asociadas directamente con los cambios de estado de ánimo, según la bioquímica del cerebro, o las anomalías bioquímicas alteran el estado de ánimo? En este punto, la respuesta a tales preguntas resulta complicada.

La perspectiva que sugiere un desequilibrio bioquímico como única causa de la depresión es demasiado simplista y unilateral para ser verdadera. Claramente, la experiencia que una persona tiene, como la muerte de un ser querido, puede causar un cambio bioquímico, igual que la bioquímica de una persona puede hacer que busque o evite ciertas experiencias. La evidencia del valor de una experiencia en la reducción de la depresión es arrolladora, si consideramos que ciertas psicoterapias son tan efectivas como las drogas al tratar este desorden. Incluso, son *más* efectivas que las drogas en ciertos aspectos del tratamiento, como para reducir las recaídas.

Más interesante aún es saber que las investigaciones recientes sugieren que, en alguna medida, la psicoterapia también cambia la fisiología, igual que los medicamentos. Parece confirmar que la experiencia puede cambiar la bioquímica de la misma manera en que la bioquímica puede cambiar la experiencia. Existe una correlación biológica con la depresión, aunque dicha correlación no tenga la misma causa. Es más adecuado hablar de la depresión como un trastorno complejo que como una enfermedad.

Es claro que la idea de la depresión como enfermedad ha sido muy difundida al público en general, y esto se debe, principalmente, a tres razones. La primera es, como mencioné al principio de este capítulo, que la depresión fue vista como evidencia de una personalidad débil y se culpaba a los individuos por su depresión. Además del énfasis creciente de una conciencia social, el objetivo era una buena intención para tratar de eliminar el estigma de la depresión y buscar un tratamiento para ésta. Al llamar enfermedad a la depresión, se redefinió como problema biológico, no como debilidad personal. La segunda razón es que, como la cultura desarrolló una filosofía de no culpabilidad, muchos problemas, no sólo la depresión, fueron definidos como enfermedades. Es común escuchar a algunas personas hablar de "adicción sexual" y de "consumismo", refiriéndose a conductas de quienes practican frecuentemente el sexo (y a menudo de manera irresponsable) y a quienes gastan cantidades considerables de dinero (casi siempre, más de lo que ganan). La tercera, es que el desarrollo de nuevas drogas, cada vez más eficientes, que alivian síntomas depresivos con menos efectos secundarios, sirve como recordatorio poderoso de que lo biológico influye en el estado de ánimo y, por tanto, apoya la conclusión (no totalmente correcta) de que la depresión es un problema exclusivamente biológico.

Existe otro lineamiento, con claras evidencias, que señala que abordar la depresión como trastorno resulta mejor que tratarla como enfermedad. En la sección *¿Quiénes se deprimen?* mencioné que la depresión tiene creciente incidencia en todas las edades y que la edad promedio de su inicio es cada vez a más temprana edad. Un punto de vista estrictamente biológico sugeriría que el aumento se debe a una reducción en el ejercicio y a cambios en la dieta, aunque hay evidencias que sugieren que dichos factores son menos relevantes. Los aspectos más significativos son psicológicos y sociológicos. En casi todos los casos, la depresión *no* es causada por desequilibrios químicos o herencia genética. *Tomando en cuenta la depresión de la mayoría, la crianza tiene más influencia que la naturaleza humana.*

Lo anterior no quiere decir que se esté devaluando el papel de la genética y la bioquímica. No puedo ignorar la cantidad de información que demuestra la efectividad de los medicamentos antidepresivos. Ni puedo ignorar el vínculo establecido entre el inicio de la depresión y la ingesta de medicamentos específicos, como ciertos diuréticos y medicamentos para el corazón. También reconozco la liga que existe entre la depresión y algunos síndromes, como la oclusión coronaria y el hipotiroidismo. La evidencia de la relación entre la biología y el estado de ánimo es inequívoca, aunque no representa el cuadro completo.

¿Por qué es importante saber si la depresión es una enfermedad o un trastorno?

¿Por qué hago tanto énfasis por determinar que en la mayoría de los casos (aunque no en todos) la depresión no es una enfermedad? Porque la manera en la que consideres la depresión desempeña un papel enorme en cómo reaccionas ante ésta, y finalmente, en tu recuperación. Si crees que estás destinado a estar deprimido debido a una predisposición genética o un desequilibrio bioquímico, es más probable suponer que no hay nada que hacer más que sentarte pasivamente y "esperar a que funcionen las pastillas". Éste es quizá el resultado más peligroso por considerar que la depresión es una enfermedad. La pasividad en la depresión a menudo conduce a quien la sufre a darse por vencido antes de haber tratado conseguir alivio y luego sumirse en la desesperación. Creer que el medicamento te curará y que no hay nada que tú puedas hacer sino tomártelo a tiempo, no sólo es poco realista, sino potencialmente perjudicial.

Cualquier paciente que ingiere antidepresivos bajo prescripción y no busca alguna otra intervención no se está haciendo un favor. Cuando los antidepresivos es el único recurso, el porcentaje de recaídas es mayor que cuando son tomados en conjunto con una psicoterapia efectiva.

Existen varias buenas razones para no pensar que el medicamento es la mejor solución o la única. Los medicamentos antidepresivos pueden funcionar, y a menudo es así, y pueden considerarse parte integral de un tratamiento completo para muchos individuos, pero tampoco me gustaría que todos sostuvieran la perspectiva de que "la depresión es una enfermedad que debe ser medicada", como si fuera verdad en todos los casos o en la mayoría. No es así.

El componente sociológico de la depresión

Considera tu respuesta a esta pregunta: ¿qué contribuye al número creciente de individuos con depresión? Cuando planteo dicha pregunta a mis colegas en las sesiones de capacitación, mencionan situaciones como el rompimiento del núcleo familiar, el cambio de roles entre hombres y mujeres, el constante temor a una guerra nuclear, migraciones masivas y la consiguiente falta de estabilidad en las relaciones, así como el creciente énfasis en la tecnología (televisión y computación), que deriva en una sobrecarga de información y en la devaluación del contacto humano.

Puedo estar de acuerdo en que todas son influencias culturales significativas que conducen a elevar el grado de la depresión. También creo que hay varios factores más. La vida se ha *convertido* en un aspecto más estresante y más difícil de sobrellevar para la mayoría. ¿Tienes más tiempo libre ahora que hace una década? ¿Menos? ¿Tienes más actividades recreativas? ¿Menos? ¿Tienes más control sobre la calidad de tu vida? ¿Menos? Muchos dicen que cada época tiene su cuota de estrés y retos. Es cierto. Sin embargo, los problemas que hoy deben ser enfrentados son bastante más complejos que los de antaño.

Consideremos algunos cambios en la sociedad. Antes, las personas confiaban en sus empleos. Un empleado leal permanecía en una empresa hasta la época de su retiro, cuando, a la larga, recibiría una compensación económica y un reloj de oro. Ahora, el cambio de un trabajo a otro sucede, en promedio, cada cinco años, y casi ninguna empresas se disculpa cuando debe liquidar a un empleado, antes de que éste haya cumplido la edad suficiente para retirarse y antes de que deba pagarle la compensación.

Las personas solían sentirse económicamente seguras; tenían los beneficios de un seguro social. Hoy, a veces, este beneficio ya no es parte de su jubilación. Es difícil encontrar empleo y la competencia para ser contratado está muy reñida.

Antes existía la seguridad de la familia. Hoy hay mudanzas por todo el mundo y con frecuencia la relación familiar es a larga distancia. Las familias se separan y la custodia de los hijos es un asunto que debe ser negociado, y los horarios de las visitas deben intercalarse con el trabajo y otras obligaciones.

Una de las consecuencias de reconocer la influencia sociológica en la depresión es que uno no puede considerarla como un problema individual. Por el contrario, tendemos a pensar que la influencia de la sociedad durante la vida es lo que forma nuestras opiniones. La cultura ayuda a definir lo que significa ser hombre o mujer, y también influye en los puntos de vista en general, incluido el amor, la familia, el tiempo, el dinero, el estrato social, la política, el arte, la religión, la moda, el gobierno, la educación, la profesión y todo cuanto puedas pensar.

La sociedad nos moldea desde el instante en que nacemos, casi siempre de manera tan profundamente arraigada que es parte de nuestro inconsciente. Tal es la "programación" en el individuo, e inevitable en cualquier cultura. No es algo que pueda evitarse (aunque uno lo deseara). Debe comprenderse que lo aprendido y que uno valora es, en alguna forma, un aspecto arbitrario de la cultura en que vives. Sin embargo, las personas absorben los mensajes y los llevan a la práctica. Por ejemplo, considera las diferencias de género que disparan la depresión. Para el hombre, lo que más comúnmente dispara la depresión es la pérdida del empleo y del estatus. Para la mujer, casi siempre es la ruptura de una relación íntima. ¿Puedes identificar los estereotipos culturales en los ejemplos anteriores?

Cada hora de cada día estás expuesto a innumerables mensajes que dan forma a cómo te percibes y cómo percibes tu vida. De manera tal, la mujer que no es tan esbelta se compara con la belleza típica de la modelo delgada y luego se desespera por ser "gorda como barril". El hombre que no ha sido exitoso ve a otros con un buen auto y una casa bonita, se compara de manera desfavorable y piensa que es "un perdedor". He atendido pacientes profundamente desesperanzados por compararse con los personajes de un programa de televisión que los muestra como personas acaudaladas y famosas.

A menos que estés consciente (y puedas elegir) de los mensajes de tu sociedad, puedes estar viviendo de manera depresiva y en tu contra. La sociedad actual apoya toda clase de situaciones "correctas", pero quizá no sean en nada compatibles contigo. Si tales situaciones se convierten en la base de tu propio desprecio (incluso en el propio aborrecimiento, al descubrir que no puedes llenar las expectativas sin pagar un precio elevado por ello), el resultado será una tragedia innecesaria.

He utilizado el término *cultura* en el sentido más amplio. Pero ¿qué es cultura? Son personas que influyen en nosotros (padres, familiares, amantes, maestros, líderes religiosos, médicos, y todas las personas importantes que encontramos durante la niñez). También son aquellas ante quienes estuviste expuesto (políticos, científicos y artistas). En la mayoría de los casos, los padres son quienes actúan como poderosos agentes de socialización. Nadie tiene más influencia en la manera en que formas tus opiniones que quienes te criaron, te educaron y te enseñaron todo, desde cepillarte los dientes hasta cómo muestras tus sentimientos. Tus padres te enseñaron lo que sabían y, por omisión, no te enseñaron lo que desconocían.

El tipo de experiencias que tus padres te animaron a tener, y las que desalentaron, ayudó a conformar tus patrones de respuesta. De manera que, si te enseñaron que tus emociones no eran importantes ("No hables a menos de que me dirija a ti, porque los niños deben ser vistos pero no escuchados"...), quizá aprendiste a no valorarlas ni a mostrarlas o tomarlas en cuenta. Si te enseñaron que tu valía era según lo que hicieras por otros, quizá aprendiste a no hacer caso de los pasos obvios para cuidar de ti mismo (tomarse un descanso o días de vacaciones, o hacer suficiente ejercicio y dedicar suficientes horas para dormir). Si te enseñaron que tu valor estaba sujeto a tus logros ("Más te vale traer buenas calificaciones, de lo contrario"...), habrás tenido dificultad para gozar situaciones que no implicaran algún logro, como tener un pasatiempo, leer, descansar en la playa o, simplemente, no hacer nada.

Nuestra percepción de los demás y de nosotros mismos es crucial para la propia salud mental. De hecho, la manera en que nos relacionamos con los demás tiene una poderosa influencia en todos los aspectos de nuestra salud; de todos es conocido que quienes mantienen relaciones satisfactorias, viven más y se enferman con menos frecuencia. Tales personas también se deprimen, pero en menos ocasiones. Buenas relaciones promueven una buena salud, aunque en este mundo sobre poblado haya demasiadas personas que mueren de soledad. Aun cuando una persona sea parte de una relación, la ausencia de una verdadera intimidad o conexión emotiva puede provocar el sentimiento de estar solo. Puede parecer trillado, pero es verdad: la mejor manera de tener amigos es convertirse en uno. Casi cualquier interacción con los demás da la oportunidad de constatar que somos accesibles, interesantes y abiertos a la amistad o intimidad. La manera en que te relacionas con los demás es producto del nivel de tus destrezas sociales. Si sientes que no te relacionas bien con los demás, te animo a que aprendas dichas "destrezas sociales", iniciando y manteniendo una conversación, mostrando interés por alguien más y compartiendo cierta información de ti mismo. ¿Estás consciente de que tanto los talleres como los seminarios en este tema son accesibles en tu comunidad? Si recibes por correo catálogos de instituciones dedicadas a la enseñanza de temas similares, puedes iniciar la práctica de tus destrezas. La importancia de una buena relación es tratada con más detalle en futuros capítulos, aunque destaco la relevancia que tiene en la calidad de nuestras relaciones y cómo nos afecta.

La marcada influencia que los demás tienen sobre nosotros y en nuestro bienestar se nota en lo que aprendemos y también define lo que nos han enseñado a no hacer. Con frecuencia, lo que no sabemos hacer es lo que nos hace tratar, fallar, darnos por vencidos y, finalmente, hundirnos en la desesperación.

¿Cuál es el origen de la depresión?

Cuando las personas sólo han desarrollado formas poco efectivas para enfrentar las exigencias de la vida, aquello que no saben manejar las lastima. Si lo que quieres alcanzar es una relación amorosa, un ascenso en tu trabajo, una apariencia física saludable, autoestima, cualquier deseo por el que te flagelas emocionalmente, la depresión es un resultado predecible, cuando te sientes incapaz de vivir lo que consideras importante.

Con frecuencia atiendo pacientes que sufren terriblemente porque no tienen la aprobación que quisieran, el reconocimiento, el amor, el apoyo, la intimidad, la autoaceptación o todo tipo de requerimientos necesarios para ser felices. Es fácil para mí apoyar sus metas y trabajar con ellos para que las logren. Mientras trabajo con ellos, pongo a prueba sus puntos de vista, creo oportunidades para que examinen su manera de percibir, practiquen habilidades nuevas y se expandan de distintas maneras. Ésa es la razón por la que es importante tu participación activa en los ejercicios de este libro. Poner a prueba tus puntos de vista, examinar tus percepciones y practicar nuevas habilidades te liberará de la depresión.

El componente psicológico de la depresión

Hasta ahora he descrito cómo algunos componentes biológicos y sociológicos tienen efectos claros y significativos en la experiencia de la depresión. Sin embargo, es en el nivel psicológico individual (considerando cada caso por separado) donde finalmente se lleva a cabo la batalla contra la depresión. Conocer las estadísticas generales de la frecuencia de las transmisiones genéticas o las diferencias en las configuraciones culturales de los síntomas de la depresión, no es sólo un elemento poderoso para combatir la depresión, sino, además, un entendimiento profundo de tu psicología. Por tanto, la mayor parte del resto de este libro está dirigida a ese nivel en particular, describiendo en detalle los modelos de depresión, las dimensiones de la depresión y las habilidades específicas esenciales para manejar y prevenir episodios depresivos. No todos los puntos serán pertinentes en tu caso, desde luego, así que te animo a que leas con ojo crítico y te enfoques en lo que sí es pertinente a tus necesidades. Los modelos psicológicos de la depresión han sido desarrollados por distintos teóricos, desde lo abstracto hasta lo concreto, de lo meramente explicativo a lo altamente práctico. Consideremos algunos de los modelos psicológicos de la depresión, desarrollados hasta este punto, para que tengas una idea general de lo que implican éstos. De esta manera, podrás elegir los que sean aplicables en tu caso.

El modelo psicodinámico

La perspectiva de Freud sobre la depresión, "la vuelta de la agresión hacia sí mismo" asociaba su origen a dolores no resueltos por pérdidas durante la niñez, como el rechazo por parte de los padres o la muerte de uno de ellos. La dependencia de un niño en sus padres es real y puede conducirlo al temor de ser abandonado. Su necesidad dificulta expresar su coraje hacia ellos cuando tiene una sensación de abandono, y vuelca su agresión hacia sí mismo. Ello explica el típico desprecio hacia uno mismo de la depresión. En el presente, dicho modelo es considerado incorrecto, sin embargo, la investigación no ha podido siquiera sustentar los principios más básicos. Además, los estudios sobre el resultado del éxito del tratamiento basado en dicho enfoque ("Examinemos tu niñez") arrojan consistentemente el porcentaje más bajo. Por razones descritas en el siguiente capítulo, hay evidencia objetiva que aclara que el "enfoque en los sentimientos de tu niñez" no es tan útil en el tratamiento de la depresión como son otros enfoques.

El modelo cognitivo

Una cognición es un pensamiento. La terapia cognitiva, según fue originada por el doctor Aaron T. Beck, está basada en el reconocimiento de que los pensamientos de personas deprimidas casi invariablemente son erróneos o "distorsiones cognitivas" en áreas específicas (no en todas). Cuando el paciente aprende a identificar y a corregir sus distorsiones, la mejoría casi siempre sucede con rapidez y es duradera. Antes, en este capítulo, mencioné que un factor clave son los pensamientos erróneos y dolorosos acerca de sí que tiene una persona, además de que cree que es verdad. Es, en parte, el reconocimiento del papel relevante que desempeña la distorsión cognitiva en la depresión. En la mayoría de los casos, la terapia cognitiva tiene éxito.

Más allá del modelo de distorsión cognitiva mencionado, existen dos variantes dignas de nuestra atención, cada una incluye las distorsiones cognitivas y el pensamiento no crítico como base de la depresión. Uno de tales modelos ("desesperanza aprendida") fue desarrollado por el doctor Martin Seligman. Al observar la pasividad mostrada por algunos pacientes, Seligman optó por establecer condiciones de laboratorio que incluían el uso de estímulos que resultaban repugnantes y sin control, como un ruido irritante del que no hay escapatoria. Varios sujetos de estudio se volvieron pasivos y se deprimieron al darse cuenta de que nada podían hacer para detener el estímulo ofensivo. Más tarde, en situaciones en que sí podían detener dicho estímulo simplemente con tratar, muchos no lo intentaron; la experiencia previa les había enseñado que estaban destinados a fallar. Era su "desesperanza aprendida". Su error fue creer que lo que aplica en una circunstancia, aplica en todas. La terapia trata sobre el aprendizaje de cómo ser más eficaz al juzgar qué puede y no puede ser controlado. (Este tema reviste tal importancia, que será detallado en el capítulo 9.)

La segunda variante del modelo cognitivo engloba el "estilo atribuido", que se refiere al significado que atribuimos a la conducta de los demás y la explicación que nos damos acerca de los acontecimientos de la vida. Como en el ejemplo de la persona que no regresa una llamada telefónica, el individuo busca naturalmente una explicación al suceso. La calidad que tiene dicha explicación (o atribución) conlleva suficiente potencial depresivo. Si eliges pensar que la persona no regresó tu llamada porque te odia, te sentirás terriblemente mal. Si decides que no te llamó porque no recibió tu mensaje, tu sentimiento será neutral. Ninguna de tales atribuciones es la verdad, pero una tiene gran potencial para hacerte sentir mal. Aprender a evitar hacer atribuciones y buscar evidencia objetiva a tus puntos de vista, es la esencia de la terapia basada en el estilo atribuido. El tema será tratado ampliamente en el capítulo 6.

Resulta de vital relevancia que no sobreestimes el papel que desempeña la cognición en tu experiencia de la depresión. La recuperación y prevención de las recaídas depende, en gran medida, de tu "aprendizaje para pensar correctamente".

El modelo conductual

Así como lo que *piensas* tiene consecuencias, también las tiene lo que *haces*. Tus acciones, las reacciones que muestras, lo que dices, lo que no expresas, lo que haces y lo que no, todo encaja en el ámbito de la conducta. Tu conducta influye en las experiencias que buscas o evitas, en la calidad de tus interacciones con otros, en el curso de la acción que sigas y en cómo éstas te llevarán o no al éxito.

Las consecuencias que dan forma a tu conducta son la base del modelo conductual. Deseamos hacer lo que nos aporta algún beneficio y evitamos lo que conlleva un castigo. De manera que estamos sujetos a repetir acciones que en el pasado nos han beneficiado y evitamos las que sabemos nos pueden causar dolor.

El modelo conductual también toma en cuenta a personas que han sido premiadas por hacer "lo equivocado" y castigadas por hacer "lo correcto". Por ejemplo, un ladrón que se sale con la suya y no es aprendido por el crimen que cometió, con seguridad volverá a intentar robar. Un trabajador dedicado que obviamente merece ser promovido, pero en lugar de ello el puesto lo obtiene el sobrino del dueño, puede perder el interés en esforzarse.

Alguien que se siente deprimido puede conseguir bastante atención extra, así como favores especiales de los demás que sienten simpatía por él. De hecho, tal respuesta a su conducta puede reforzar su depresión. De igual manera, si el plan para hacer algo nuevo falla, la persona puede evitar buscar actividades agradables que podrían reforzar su sentimiento de bienestar. (¿Qué estás haciendo para sentirte bien?) La terapia conductual lucha por desarrollar un plan de *acción* que probablemente tendrá éxito y que incluya varios premios. Para conseguirlo, en este libro hago énfasis en la *acción* bien planeada y en dar en el blanco. La recompensa será que te sentirás mejor.

El modelo interpersonal

Las buenas relaciones sirven como protección contra enfermedades físicas y trastornos emocionales de todo tipo, incluida la depresión. Los demás nos proporcionan amor, apoyo, compañerismo y puntos de vista alternativos. Cuando las relaciones van bien, nos parece maravilloso. Cuando van mal, es doloroso.

En varias ocasiones, la depresión es causada por problemas en las relaciones. Lo contrario también es cierto: los problemas en las relaciones pueden ser y, a menudo son, causados por la depresión. La muerte de un ser amado, un divorcio, un rompimiento, el rechazo, el desafío y la hostilidad, la humillación, el abuso, el abandono emocional y el aislamiento, todo ocurre en el contexto de las relaciones cercanas.

El modelo interpersonal abarca dichos temas y más. Los aspectos culturales que describí en la sección sobre los componentes sociológicos de la depresión obviamente también son interpersonales. Por tanto, las relaciones de familia, los roles sociales y las transiciones en los roles (como el retiro o convertirse en padre o madre), así como la falta de habilidades o destrezas sociales, deseables y necesarias, son los objetivos de la intervención interpersonal.

En los estudios de resultados terapéuticos, la terapia interpersonal es calificada como la psicoterapia más efectiva en el tratamiento de la depresión severa. *Las buenas relaciones son esenciales para una buena salud mental.* Los capítulos 10 y 11 están dirigidos al desarrollo de habilidades concretas que te ayudarán en tus relaciones, para que atraigas a tu vida personas buenas y para hacer que tus relaciones presentes mejoren.

¿Qué cura la depresión?

La cuarta y última pregunta sobre la que este capítulo está basado me lleva a describir el resto de la presente obra. Escribí este libro para plantear dicha pregunta tan realista e incluyente como me fue posible hacerlo.

La respuesta a esta importante pregunta es, paradójicamente, tanto simple como complicada. Ésta es la respuesta simple acerca de lo que ayuda en una depresión: una buena psicoterapia, en la que la autoayuda es una parte integral (de ahí la razón de este libro) y, algunas veces, los medicamentos antidepresivos. La parte complicada es que cada persona es única y, su depresión, distinta de las demás.

¿Puede la depresión ser curada o permanece en estado latente hasta que otro episodio la dispara? En la profesión de la salud mental, la sabiduría convencional dice que es posible recuperarse de la depresión, pero no curarla. La depresión ha sido considerada un padecimiento "cíclico" o recurrente. La meta de algunos médicos ha sido que sus

APRENDE PRACTICANDO # 2

Descubriendo la relevancia de los modelos

Objetivo: identificar las maneras específicas en las que cada modelo psicológico de la depresión puede aplicarse en tu caso.

Hasta ahora, has visto brevemente los modelos psicológicos más importantes de la depresión. Las ideas y los métodos ofrecidos en cada modelo serán desarrollados con mayor amplitud más adelante, aunque con una primera lectura quizá hayas notado alguna afinidad hacia algún modelo. ¿Qué modelo(s) te atrae o te parece más relevante en esta etapa de la exposición?

Escribe uno o dos párrafos acerca de la relevancia que tiene para ti cada modelo. ¿Reconoces, por ejemplo, que a veces tu pensamiento es distorsionado, incluso si aún no estás seguro de qué hacer al respecto? o ¿reconoces, tal vez, que casi siempre son las relaciones (sucesos interpersonales) lo que te hace sentir mal? Como siempre, anota la fecha y guarda lo que escribiste para que, más tarde, veas dónde estaba tu pensamiento en el momento en que comenzaste el programa de autoayuda.

Utiliza los modelos siguientes para comenzar.

El modelo de distorsión cognitiva. A veces noto que reacciono de manera bastante emotiva ante las circunstancias, sólo para darme cuenta de que mi pensamiento estaba equivocado. Al parecer, el tipo de errores que cometo son...

El modelo de desesperanza aprendida. A menudo me he sentido o he sido una víctima y usualmente pienso: "¿Para qué me molesto?" Pienso que estoy indefenso para efectuar cambios y mejorar mi vida, por lo que ni siquiera intento...

El modelo de estilo atribuido. Interpreto las situaciones de manera que casi siempre me deprimo y, a menudo, después me doy cuenta de que lo que pensé no estaba, en realidad, sucediendo. Mi reacción casi violenta es ver el peor escenario...

El modelo conductual. Tengo miedo de probar algo nuevo, conocer personas o probar nuevas conductas, pero lo que conozco hasta ahora no funciona; me hace sentir inadecuado, incompetente y deprimido. Sé que mis acciones no me aportan los resultados deseados, pero lo sigo haciendo...

El modelo interpersonal. Soy muy sensible a las reacciones de los demás y es muy importante para mí tener buenas relaciones. Pero parece que alejo a las personas, o me adhiero tanto a ellas, que no puedo funcionar sin su apoyo. Con frecuencia, mis relaciones toman un giro equivocado que lastima a otras personas...

PAUSA PARA REFLEXIONAR # 1

¿Cuál es tu primera impresión?

¿Cómo te sientes en este momento? ¿Esperanzado? ¿Intrigado? ¿Dudoso? ¿De qué manera tus sentimientos influyen en el beneficio que esperas recibir de este libro? Toma una actitud positiva y ábrete a nuevas ideas y modos de actuar; aprende lo que puedas para mejorar tus respuestas ante la vida. ¡Sé que te sentirás feliz con los resultados!

Mi respuesta: deseo de que te sientas lleno de esperanza. Una dosis de verdadero optimismo para motivarte a participar es una base sólida sobre la cual construir las destrezas que aprenderás aquí. Aprenderás a actuar de manera distinta y con éxito. Sentirte bien será la respuesta a tu esfuerzo dirigido.

pacientes tengan menos episodios, de menor duración y con pocos efectos incómodos.

Yo lo veo de distinta manera. No pienso en la depresión como un "padecimiento recurrente". No creo que la depresión sea recurrente, sino que la *vida* es repetitiva. Nadie experimenta una pérdida sólo una vez o el rechazo en una sola ocasión. El dolor y las heridas decoran la vida de todos. Si cada vez que enfrentas una situación negativa tu respuesta es deprimirte más, entonces sí, la depresión será una compañera asidua.

De manera que, ¿qué es lo que cura la depresión? Un entendimiento realista de la naturaleza de la depresión, un plan de tratamiento realista, que incluya principios establecidos y técnicas efectivas de determinación y la voluntad para emplear un esfuerzo dirigido e inteligente en la dirección apropiada. Todos estos principios están a tu alcance con este libro.

En el capítulo siguiente describo en detalle las características de una psicoterapia efectiva, incluida la terapia de autoayuda. ¡Permite que tu recuperación comience!

CAPÍTULO 2

Menos análisis
y más acción

En este capítulo describiré lo esencial de un tratamiento efectivo para la depresión. Dicha información resulta vital por dos razones. La primera es que aprenderás cómo ayudarte con enfoques efectivos y evitar quedarte atorado en los aspectos del análisis, que pueden ser interesantes, pero el potencial de ayuda que contienen es muy reducido. La segunda es que, si alguna vez buscas ayuda profesional, contarás con información actualizada sobre la mejor manera de llevar una terapia para obtener el mayor beneficio.

El tratamiento deriva del diagnóstico

Las investigaciones indican que la mayoría de quienes se deprimen, y podrían beneficiarse con una terapia, nunca buscarán la ayuda profesional que necesitan. Pese a que una consulta profesional tiene gran valor, sólo uno de cuatro individuos con depresión irá con un profesional en salud mental

Existen, al menos, dos razones para esa falta de consulta. La primera es que quienes se encuentran clínicamente deprimidos no saben que lo están. (¿Recuerdas el caso de Alex en el capítulo 1?) Por el contrario, suelen pensar que lo que tienen es un malestar físico, que les resta energía y felicidad, por lo que consultan a un médico, que observa algunos de los síntomas clásicos de DSM-IV descritos en el capítulo anterior.

Eso estaría bien si la persona fue diagnosticada con depresión por un médico. Por desgracia, las investigaciones indican que sólo la mitad de las personas con depresión atendidas por médicos generales son diagnosticadas correctamente. ¿Por qué es así? Es posible que algunos médicos no tengan conocimiento de los síntomas de la depresión. Algunos tienen una opinión parcial e identifican sólo los trastornos orgánicos o físicos, o subestiman la importancia de la depresión, dando preferencia a los problemas médicos. Otros no hacen las preguntas relevantes como parte de la evaluación médica.

Otra razón por la que las personas deprimidas no son tratadas, a pesar de que *un buen tratamiento funciona,* se debe a la naturaleza de su depresión. En general, quienes sufren de depresión se sienten desolados –tal vez sienten que no mejorarán y no hallarán solución a sus problemas. Cuando uno se siente desolado, usualmente no se toma el tiempo ni gasta energía para buscar a un terapeuta con quien establecer toda una nueva relación. Puede parecer un proyecto demasiado azaroso, en especial, cuando la desolación te hace decir: "¿Para qué me molesto, si nadie puede ayudarme?"

Aunque *recuperarse de la depresión no sólo es posible, sino altamente probable,* tratas de convencerte de que buscar ayuda –incluso la autoayuda– es un esfuerzo inútil que sólo terminará en fracaso. Eso no es verdad, desde luego, pero es el pensamiento que puede ocasionar la depresión. O quizá en verdad buscas la ayuda de un terapeuta o de un libro de autoayuda, pero dejas de tratar cuando no hay resultados inmediatos o espectaculares. De hecho, las investigaciones indican que casi un tercio de las personas deprimidas dejarán el tratamiento antes de terminarlo. A veces se debe a expectativas poco realistas de una "cura instantánea" (en parte generada por la popularidad del *Prozac*), y otras, porque el terapeuta no elige el tratamiento atinadamente. Es correcto decir, sin embargo, que con el enfoque adecuado, el tratamiento (tanto el de autoayuda como el profesional) y con un paciente realista que reconoce la necesidad de participar de manera activa, la recuperación es una expectativa realista. ¡Sigue con el programa!

Consideremos lo que recientemente se ha dado a conocer a partir de las investigaciones y de la literatura clínica sobre el tratamiento exitoso. Enterarte de lo que funciona en el tratamiento de la depresión puede motivarte a que apliques en ti los principios y métodos relevantes. A medida que los conoces, quiero que sepas que no son únicamente producto de mi experiencia o de una opinión personal. Más bien, se han derivado de las experiencias y puntos de vista de miles de expertos que han contribuido con sus conocimientos y métodos a la literatura científica. Fueron acumulados, analizados e integrados en una serie de principios terapéuticos considerados elementos centrales de un buen tratamiento, sean provistos por un profesional de la salud mental o por un buen libro de autoayuda. Familiarizarte con la información incluida en este capítulo establece la pauta para que luego los utilices en tu beneficio.

Lineamientos de la práctica clínica profesional

En diciembre de 1989, una ley federal en Estados Unidos exigía el desarrollo de lineamientos en la práctica clínica a los proveedores de salud pública que tratan la depresión (así como otros seis trastornos). Para poder establecer los lineamientos, la agencia encargada del plan para el cuidado de la salud y la investigación (AHCPR, por sus siglas en inglés) fue establecida dentro del servicio de salud pública en EUA. AHCPR dispuso un panel multidisciplinario (psicología, trabajo social, psiquiatría, etcétera) de expertos para supervisar dicho proyecto.

Dicho panel o grupo de expertos inició la revisión de un cuerpo completo de investigaciones recientes acerca de la depresión y su tratamiento. Más de 100 mil publicaciones fueron revisadas, todas publicadas entre 1975 y 1990. Después de ser analizadas, sólo los estudios mejor estructurados y relevantes fueron seleccionados para ser usados en la formulación de los lineamientos del tratamiento. Toda la información integró una base de datos de casi 3,500 estudios.

Varios aspectos deben ahora ser evidentes. Primero, que la depresión ha recibido una cantidad enorme de atención por parte de investigadores y terapeutas. El hecho de que se hicieron más de 100 mil estudios publicados entre 1975 y 1990 es sólo uno de los indicativos de la seriedad con la que el tema de la depresión fue tratado por los profesionales de la salud mental. El segundo, es reconfortante ver que existe una vasta cantidad de información acerca de la depresión. Es decir, no tienes que confiar en la palabra de una sola persona (de tu doctor o terapeuta), de tu malestar o de lo que debes hacer al respecto. Más bien, puedes ser un consumidor informado de los servicios de salud y que sabe algo acerca de los estándares apropiados de atención y métodos terapéuticos. Tercero, cuando estableces tu programa de autoayuda, por medio de la guía de este libro, no tienes por qué probar *cualquier* opción. Por el contrario, tu esfuerzo para encontrar ayuda puede ser enfocado y sensato. Puedes dirigir tu búsqueda para resolver problemas específicos en vez de probar al azar, esperando que algo opere de manera positiva en tu vida. Cuarto, en vez de tratar de hacer caso a consejos abstractos o clichés ("Siempre hay más oscuridad antes del amanecer"), puedes reconocer que vivir y sentirse bien requiere habilidades concretas y cuidadosamente definidas. La necesidad de aprender y dominar dichas habilidades está señalada en la literatura clínica y de investigación. A través de este libro, te indicaré y enseñaré varias de éstas.

Ten en mente que los lineamientos del grupo de expertos son necesariamente generales. Proporcionan algunas recomendaciones específicas acerca de los tipos de psicoterapia apropiados y las razones fundamentales para emplear medicamentos antidepresivos. Pero no pueden especificar cuáles medicamentos debes tomar *tú*, o si debes tomar, o qué debes exponer en *tu* cuarta sesión terapéutica. Dichas opciones, necesariamente, deben ser producto tanto de juicio clínico como decisión personal. En este libro, me dirijo a los denominadores comunes de *todas* las modalidades en los tratamientos efectivos sin enfocarme en alguno en especial. Éste no es un libro de terapia cognitiva, aunque abogo e incluyo sus principios y métodos. Tampoco es un libro sobre las terapias conductuales o interpersonales, aunque reconozco su valor y, por tanto, incluyo sus técnicas, sin juzgarlas. La meta es que tú *descubras lo que funciona ¡y lo practiques!* Mi trabajo es ayudarte a que hagas exactamente eso.

Entonces, ¿qué funciona?

El grupo de expertos consultantes de AHCPR concluyó que tanto la psicoterapia como la farmacoterapia (tratamiento a base de psicofármacos) resultan efectivos para tratar la depresión. No es una ilusión, sino una *esperanza verdadera*, la que se ha acumulado tras años de práctica e investigación clínica. Ahora, la tarea es traducir toda la información en un plan realista para el individuo. Consideremos los dos enfoques principales del tratamiento; comencemos con los medicamentos.

Medicamentos antidepresivos

En el capítulo 1 establecí que es un error el uso del término "enferme-dad" en el diagnóstico de varios casos de depresión. De hecho, las in-vestigaciones muestran que en no más de uno, de cada cinco casos de depresión, la causa es de origen físico, pero no refleja todo lo que sabemos acerca de la depresión, desde su origen hasta su prevención, para ser considerada una enfermedad. Es más adecuado considerar la depresión como un "desorden" o una "alteración", que está correlacio-nada con una obvia consecuencia biológica. Tomando en cuenta lo an-terior como única base, el uso adecuado de la medicación de anti-depresivos puede ser enteramente justificado. En este punto me parece pertinente hacer la distinción entre "enfermedad" y "cura".

AHCPR recomienda el uso de medicamentos como primera elección, cuando están presentes las condiciones siguientes:

1. La depresión en el individuo es severa.
2. El individuo ha sufrido previamente, al menos, dos episodios depresivos.
3. En su familia existe una historia de depresión.
4. El individuo prefiere el medicamento como única ayuda (rehúsa la psicoterapia).

A las anteriores, puedo agregar una quinta condición: cuando la per-sona ha tomado medicamentos antidepresivos y su respuesta fue favo-rable. Es posible, entonces, que reanude la ingesta del mismo medica-mento o le sea recetado uno similar.

Medicamento antidepresivo es un término que abarca varias catego-rías de drogas conocidas por el efecto atenuante de algunos síntomas básicos de la depresión, como la alteración del sueño o la pérdida de la energía. Dichas categorías incluyen a los antidepresivos tricíclicos, las drogas que inhiben la amina-oxidasa, las que inhiben selectivos de la recaptación de la serotonina, y otro grupo con una variante amplia. Todos los antidepresivos mencionados actúan alterando la con-centración de ciertos agentes químicos, llamados neurotransmisores.

Las drogas que contienen antidepresivos tricíclicos o los que inhiben la amina-oxidasa han sido utilizadas durante décadas. Se trata de drogas efectivas, aunque en la actualidad su uso ya no es frecuente, debido a la aparición de los inhibidores selectivos de la recaptación de la serotonina y otras con compuestos de estructura variada. ¿Cuál es la razón? Las nuevas drogas antidepresivas causan menos efectos secundarios, aunque no puede afirmarse que no causen alguno. Los efectos secundarios que causaban los viejos medicamentos antidepresivos hicieron que muchos pacientes los descontinuaran y los consideraran inútiles. ¿De qué sirve un buen medicamento, si la persona se niega a tomarlo? Parte del éxito de algunos medicamentos antidepresivos es atribuido únicamente al alto grado de obediencia a tomarlos, además de la voluntad del paciente para continuar la ingesta.

El fenómeno *Prozac*

Con la aparición de *Prozac*, en enero de 1988, llegó una nueva época para la farmacoterapia de la depresión. *Prozac* funcionó de manera más directa en el neurotransmisor relevante (serotonina), generando menos efectos secundarios. (De hecho, *Prozac* está pasado de moda. Se ha difundido el uso de los inhibidores selectivos de la recaptación de la serotonina más novedosos y los compuestos de estructura variada.) *Prozac* alcanzó un estatus estelar, en especial cuando sus más entusiastas seguidores lo promovieron.

Prozac y las nuevas drogas no son más efectivas que las anteriores; el porcentaje de su éxito es casi el mismo. Sin embargo, lo que *sí* es verdad es que los nuevos antidepresivos no sólo tienen menos efectos secundarios molestos, sino que no existe la posibilidad de muerte por sobredosis (a diferencia de la vieja droga de antidepresivos tricíclicos, recetados para la depresión y para quienes tienden al suicidio. Irónicamente, esta droga fue la que las personas con tendencia suicida tomarían en dosis excesivas). Además, dichas drogas no son adictivas y pueden usarse con éxito en una condición coexistente, como un desorden alimenticio o trastorno obsesivo-compulsivo. De hecho, la tercera parte de las prescripciones de *Prozac* han sido destinadas a tratar otros padecimientos, no la depresión.

Los antidepresivos y tú

¿Pueden ayudarte los medicamentos antidepresivos? Es muy posible, porque sí ayudan a la mayoría de quienes los toman. Sin embargo es importante que tu enfoque sea realista y reconozcas su valor sin rechazarlos, pensando que si los tomas es porque eres débil y estás sucumbiendo ante la depresión. No es debilidad usar toda herramienta disponible para romper los patrones de la depresión.

Si decides consultar a un médico, en especial a un psiquiatra, acerca de su opinión sobre un tratamiento con antidepresivos, toma en cuenta los puntos siguientes: ningún antidepresivo es más efectivo que otro; no sabes cómo responderá tu cuerpo al medicamento en cuanto a efectos secundarios o su efectividad (lo que pronto podrás comprobar). Si tu cuerpo reacciona en forma negativa, lo sabrás en unos cuantos días; rara vez hay complicaciones graves. También notarás su efectividad en un período de dos a seis semanas. AHCPR sugiere que, si no hay mejoría al cabo de ese tiempo, debe considerarse seriamente un cambio de medicamento. Si el medicamento es efectivo, el episodio depresivo debe concluir en un período de 12 semanas; si no es así, cambiar a otro medicamento puede ser lo indicado. En general, dichas drogas no deben usarse durante el embarazo o si se planea estarlo.

¿Durante cuánto tiempo debes tomar medicamentos antidepresivos? Si el episodio ha sido resuelto y te sientes mucho mejor, los expertos recomiendan que continúes con la misma dosis, *al menos*, durante cuatro meses más, pero *no más* de nueve. Algunas investigaciones recientes sugieren que el paciente siga tomando los antidepresivos hasta completar 18 meses. De cualquier modo, la ingesta de antidepresivos debe suspenderse en algún momento.

Sopesemos los beneficios y los riesgos de la farmacoterapia. Dentro de la farmacoterapia, los beneficios de los antidepresivos son:

1. No son adictivos.
2. Es relativamente seguro tomarlos durante largos períodos.
3. Rara vez muestran complicaciones graves.
4. Pueden tener respuesta más efectiva en depresiones más severas (aún hay debates acerca de este punto).

5. Muestran una remisión de los síntomas más rápida que la psico-terapia por sí sola.

6. El efecto terapéutico no depende de la habilidad de quien lo prescribe.

Los riesgos de la farmacoterapia son:

1. Un porcentaje más elevado de recaídas, cuando las drogas son la única ayuda en un tratamiento.

2. La tendencia de una sobredosis con el uso de antidepresivos tricíclicos.

3. La presencia de efectos secundarios desagradables, que van des-de leves a severos de individuo a individuo, porque puede con-ducir a que el paciente reduzca su obediencia por seguir el trata-miento o por las complicaciones serias en pacientes con ciertas condiciones médicas (como una enfermedad del corazón).

4. El riesgo (entre 50 y 60 por ciento) de que la primera droga prescrita no funcione.

5. La carencia de una ventaja evidente del medicamento sobre la psicoterapia en casi todos los individuos.

6. El desprestigio social que debe ser enfrentado por tomar drogas que alteran el comportamiento.

7. La tendencia a reforzar el concepto de "enfermedad", que sugie-re que la depresión es algo que sucede (quizá incluso reforzan-do la pasividad y la mentalidad de "víctima").

8. El riesgo importante que representa para la mujer embarazada o la que planea estarlo, por el daño fetal que causa.

Mientras el medicamento no sea el único tratamiento y la ingesta sea como fue recomendada, casi siempre los beneficios sobrepasan a los riesgos. Deseo aclarar que elegir tomar un medicamento para ayudarte a salir de la depresión puede ser una buena decisión. También quiero hacer énfasis en que debes considerar con detenimiento y sentido la ingesta de un medicamento, lo que muestra tu buen juicio (¡al con-trario del individuo al que le gustaría agregar una buena cantidad de *Prozac* en las redes de agua potable de su ciudad!). Mi consejo sería que hables con un médico reconocido acerca de *tu* caso particular y del

---

APRENDE PRACTICANDO # 3

¿Por qué *Prozac* es un medicamento popular?

Objetivo: ayudarte a considerar el papel que desempeñan los psicofármacos en tu caso al evaluar el concepto "adictivo", las falsas ideas, así como el buen sentido común, según la opinión de los demás.

Numerosas personas aún tienen la idea inocente y pasada de moda de que tomar medicamentos para combatir la depresión es señal de debilidad personal. Sin embargo, *Prozac* (y sus parientes) ha tenido gran popularidad entre las personas, como ningún otro medicamento. ¿A qué puedes atribuirlo? Después de que hagas una lista con tus razones, pregunta su opinión al menos a una docena de personas: por qué es popular, cuándo creen que su uso es adecuado, y cuándo no lo es. ¿De qué puedes darte cuenta? Puedes utilizar los textos siguientes como guía para tus preguntas.

Nombre del encuestado	Por qué piensa que *Prozac* es popular	En qué circunstancia lo considera apropiado	En qué circunstancia lo considera inapropiado

---

valor que tendrían los medicamentos. Puedes y debes participar en el plan de tu tratamiento, no sólo pedir una receta para comprar *Prozac,* porque fue anunciado en la revista que acostumbras leer.

Desde luego, hay mucho más qué decir acerca de la farmacoterapia, pero es la psicoterapia y no los medicamentos en lo que he enfocado el presente libro. Veamos las sugerencias del grupo de expertos de AHCPR.

Psicoterapias para la depresión

Los lineamientos en la práctica clínica dictadas por AHCPR son especialmente valiosas, ya que ponderan el papel que desempeña la psicoterapia en el tratamiento de la depresión. La psicoterapia es tanto un arte como una ciencia. De manera tal que la destreza del médico es definitiva. En el caso de la autoayuda, *tú* eres el practicante, de modo que resulta esencial que conozcas lo que constituye un tratamiento efectivo.

AHCPR evaluó varios enfoques de cada fase de un tratamiento, incluida la *fase aguda* (cuando alguien busca ayuda para aliviar sus síntomas), la *fase de continuidad* (cuando la terapia provee apoyo, información y alivio) y la *fase de mantenimiento* (cuando los resultados son mantenidos mientras más atención es dirigida para prevenir las recaídas). Los expertos concluyeron que la terapia:

1. Debe ser un proceso *activo*.
2. Debe ser *limitada* (no indefinida).
3. Debe enfocarse en *resolver los problemas actuales* (no rebuscar en el pasado).
4. Debe tener como meta *atenuar los síntomas* (más que en asumir que los síntomas desaparecerán si algún problema abstracto de la personalidad es resuelto).

Las recomendaciones también fueron claras y específicas en cuanto a las principales características de una buena psicoterapia, como fue mostrado por cientos de estudios clave. La evidencia de que no todas las terapias son igualmente efectivas en el tratamiento de la depresión fue contundente y no apoya ideas pasadas de moda que sugieren que, esencialmente, "cualquier terapia sirve". (Todavía a muchos terapeutas se les enseña que cualquier terapia es efectiva, dándoles la idea errónea de que pueden practicar la que prefieran.)

Entonces, ¿cuáles psicoterapias son más efectivas para tratar la depresión? El grupo de expertos concluyó que la psicoterapia cognitiva, la conductual y la interpersonal son las más efectivas, así como los medicamentos antidepresivos en ciertos aspectos importantes (aunque no en todos). Es interesante notar que también especificó que identificar una psicoterapia breve y dinámica –una categoría de terapia generalmente dirigida al cambio de la personalidad y en aspectos de la historia personal– es el enfoque más débil. Al final de este capítulo entenderás por qué es así.

La psicoterapia debe ser la primera opción, según los expertos, cuando:

1. La depresión es de leve a moderada (como es en la mayoría), aunque también puede ser utilizada para tratar casos severos.

2. La depresión no incluye psicosis o impedimentos severos para juzgar la realidad objetivamente.
3. La depresión no es en extremo crónica (larga duración) o muy recurrente.
4. El individuo pide específicamente la psicoterapia, como la forma deseada para ser tratado.

¿Pueden combinarse la psicoterapia y los medicamentos? Sí, absolutamente. De hecho, muchos expertos en depresión sugieren tal clase de "terapia combinada". Una combinación puede estar indicada, cuando:

1. Existen episodios recurrentes de depresión con una rápida sucesión y sin remisión entre episodios.
2. Ni los medicamentos ni la psicoterapia por separado parecen funcionar.
3. Hay evidencia de un problema de personalidad que va más allá de una depresión severa.
4. El individuo expresa su deseo de ser tratado con una terapia combinada.

El grupo de expertos también llegó a la conclusión de que cualquiera de los tres enfoques principales de la psicoterapia (cognitiva, conductual e interpersonal) pueden ser utilizadas por separado o en combinación. Dichos enfoques están resumidos en el cuadro 1. Para determinar qué enfoque debe ser utilizado, debe estudiarse el caso particular del individuo. Los resultados positivos deben verse en las seis semanas siguientes, y es realista esperar una remisión del episodio depresivo después de 12 semanas. Esto puede darte una idea de cuánta mejoría debes esperar al trabajar para aliviar tu depresión.

A fin de ser realista, la remisión de tu episodio actual *no* debe marcar el fin de tus esfuerzos para conseguir tu autoayuda. Deseo hacer énfasis en que siempre es mejor prevenir. Pese a que no es posible prevenir todos los episodios posibles de depresión, muchos (quizá la mayoría) pueden ser prevenidos cuando domines las habilidades mostradas en este libro. No pienses que, una vez superada tu depresión, ya no habrá nada que hacer. Pensar así sería un error. Una de las mejores formas en que la psicoterapia aventaja a los medicamentos es la reducción de las posibles recaídas. Considero el componente de la prevención como parte vital en el plan de autoayuda que deberás desarrollar. Más adelante expondré más detalles acerca de la prevención, cuando cambiemos nuestra atención de la discusión general al reconocimiento de tus necesidades específicas.

¿Por qué resultan terapéuticas la psicoterapia cognitiva, la conductual y la interpersonal?

Los lineamientos dictados por los expertos de AHCPR destacan especialmente el valor de los enfoques activos, de larga duración, que se centran en resolver los síntomas y los problemas presentes. Éstas son las características generales que pueden indicar qué tratamiento es el adecuado. Pero ¿qué hace que los modelos cognitivo, conductual e interpersonal sean más efectivos que los demás en el tratamiento de la depresión? ¿Es porque los tratamientos, en sí, son efectivos? o ¿es que tienen un común denominador que conlleva efectividad?

Primero contestaré la última pregunta. Sí, existen denominadores comunes que identifico y examino en la siguiente sección de este capítulo. Éstos son aspectos que no están apegados a un enfoque determinado, sino contenidos en cualquier enfoque que tiene el potencial de ayudar. Lo importante no es que estudies un método, sino que aprendas a identificarlo y a manipular las variables de un buen tratamiento para tu beneficio.

Veamos, ahora, los tres modelos para identificar lo que hacen y lo que enseñan.

Terapia cognitiva

Como vimos en el capítulo 1, una cognición es un pensamiento. La terapia cognitiva está basada en entender cómo lo que pensamos y cómo lo pensamos afecta nuestras respuestas físicas, nuestra conducta y nuestras emociones. Si lo que piensas te daña y tus pensamientos están distorsionados, el resultado común será la depresión. El modelo cognitivo primero hace énfasis en identificar y luego en corregir los

Cuadro 1. Modelos de tratamientos recomendados en la psicoterapia de la depresión

Modelo	Objetivo del tratamiento	Metas	Métodos
Terapia interpersonal	Identificar y corregir el déficit de las habilidades sociales	Definir y solucionar asuntos en áreas relevantes: 1. Tristeza anormal después de una pérdida importante; 2. Disputas interpersonales; 3. Transiciones en los roles; 4. Déficit interpersonales	Técnicas de exploración, motivación del afecto, análisis de clarificación y comunicación; uso de relaciones terapéuticas
Terapia cognitiva	Identificar y corregir errores en el pensamiento (distorsiones cognitivas)	Enseñar estrategias de autoidentificación y autocorrección cuando se interpretan sucesos o se toman decisiones que pueden ser depresivamente inexactas	Uso de "experimentos" conductuales, tareas en casa, cuestionamientos del método socrático,* exploración del contenido y el estilo del pensamiento
Terapia conductual	Reducir conductas dañinas o poco asertivas, mientras se aprende y se incrementa el uso de conductas gratificantes	Identificar y desarrollar habilidades necesarias para manejar interacciones y tareas de manera hábil, consiguiendo una gratificación máxima	Entrenamiento de relajación, afirmación, caracterización de roles (role playing), modelaje o espejeo (modeling), asignatura gradual de tareas (gradual task assignments), manejo del tiempo

* **N. de las T.:** El fundamento de esa metodología reside en la idea de que el proceso de enseñanza-aprendizaje ocurre cuando a la persona se le enfrenta con una situación problemática, que le exige recuperar conocimientos anteriores y necesarios para la comprensión de un tema nuevo.

errores en el proceso del pensamiento. Dichos errores son llamados "distorsiones cognitivas".

Consideremos el ejemplo siguiente: María se sintió engañada por un individuo con quien tuvo una relación porque éste decidió regresar con su antigua novia. Aunque se vieron sólo unas cuantas veces, María sentía una fuerte atracción e imaginaba que tendrían una relación comprometida y seria. Herida, porque él regresó con su ex novia, María concluyó que "no es posible confiar en los hombres, porque siempre se alejan". Se hundió en la desesperación y pronto estaba renuente a conocer a más personas.

¿Te das cuenta cómo el pensamiento erróneo de María la daña? Hay una gran diferencia entre decir: "Él me engañó" a "Todos los hombres son iguales". Tal modo de pensar muestra una distorsión cognitiva, llamada *sobre generalización*.

La terapia cognitiva es una forma activa, tanto de adiestramiento como de remedio; incluye el proceso de aprendizaje para distinguir entre errores en el pensamiento (lo que te dices) y lo que realmente ocurre en el mundo. Es decir, debes desarrollar la habilidad de alejarte de tu propio pensamiento (sentimientos, interpretaciones, proyecciones, reacciones) el tiempo suficiente para obtener información relevante, examinarla y llegar a conclusiones sensatas; diseñar un plan de acción realista y luego evaluar la efectividad del plan. Éstas son habilidades o destrezas para resolver problemas, invaluables para una vida satisfactoria y libre de depresiones. Sin embargo, cómo fue que desarrollaste distorsiones cognitivas no es relevante en la terapia cognitiva. Aprender a pensar con claridad ahora y en el futuro, es la meta principal del tratamiento, sea éste una terapia formal o de autoayuda.

Los capítulos 6 y 7 presentarán las distorsiones cognitivas en detalle para que aprendas a reconocerlas y a corregirlas. Sin la habilidad de controlar y corregir tus errores de pensamiento, continuarás arriesgándote a sufrir más episodios depresivos y te tomará más tiempo recuperarte de la depresión que puedes estar padeciendo.

Terapia conductual

La terapia conductual está enfocada en el comportamiento que muestras en determinadas situaciones (cuando conoces personas o vas a una reunión) y cómo esa conducta afecta tus acciones posteriores. Sin duda, estás consciente de cuáles conductas te llevan al éxito o al fracaso y cómo estas situaciones desempeñan un papel importante en la percepción que tienes de ti mismo y del mundo.

Veamos otro ejemplo. Marcos trabaja constantemente. Si no está en su trabajo, está trabajando en casa. Tiene un puesto que implica grandes responsabilidades y está convencido de que, si no se mantiene alerta, perderá de vista algo importante que lo hará perder su empleo y la oportunidad de escalar profesionalmente. Marcos no ha tenido vacaciones en varios años. Pese a que quiere seguir recibiendo aumentos en su salario y promociones, como ha sucedido años antes, también está dolorosamente consciente de que la vida sigue adelante. Se siente estresado, deprimido y desesperanzado de poder llevar algún día una vida "normal".

Es obvio que reconoce sus logros, sus aumentos de sueldo, promociones y, sobre todo, la ausencia de errores por los que podría ser reprendido. Su conducta está regida por su concepto del trabajo. No tiene actividades sociales, vive solo, no tiene tiempo sino para trabajar. Si quiere mejorar su calidad de vida y la visión que de ésta tiene, Marcos debe aprender nuevas conductas. (¿Puedes nombrar dichas conductas?) Necesita organizar sus horarios y dejar tiempo para actividades sociales y recreativas. Debe llevar a cabo actividades divertidas y placenteras; practicar nuevas formas de conocer personas y de relacionarse, tener amistades, etcétera. También es necesario que aprenda técnicas de relajación para reducir el estrés. Todo ello representa nuevas conductas que lo ayudarán a recuperar el control de su vida, le traerán recompensas, así como buenos sentimientos asociados con el éxito. En resumen, si uno no hace algo para sentirse bien, ¿cómo espera sentirse bien?

El papel de la acción (conducta) es esencial para recuperarse de un estado depresivo. No es coincidencia que haya incluido varias actividades destinadas a estimular conductas nuevas y nuevos enfoques en la experiencia. La habilidad para actuar intencionada y efectivamente para lograr el resultado deseado influye en tu calidad de vida. *Si lo que has estado haciendo no te funciona, es tiempo de cambiar.* Las experiencias de aprendizaje estructurado, incluidas en este libro, te ayudarán a desarrollar la habilidad de "hacer algo diferente".

Terapia interpersonal

Mencioné que algunas sociedades de nuestro planeta parecen tener niveles bajos de depresión entre sus miembros. Son comunidades que dan preferencia a la comunidad, más que al individuo. También destaqué que quienes tienen una buena relación están menos propensos a deprimirse.

Vivimos una época que no favorece las relaciones. Los índices de divorcios son cada vez más elevados; en promedio, una persona realiza cambios cada siete años; cambia de trabajo cada cinco y las comunidades proporcionan la libertad de establecer lazos efímeros. Más personas trabajan en su hogar, interactuando sólo con máquinas de fax o computadoras. También se realizan citas que son concertadas a través de tales medios. Casi diez veces por semana, personas solitarias me plantean casi la misma pregunta: "¿Adónde puedo ir para conocer personas iguales a mí?"

Hacer contacto con los demás se vuelve más y más difícil conforme al ritmo de la vida. Cuando el énfasis es puesto en el trabajo u otros intereses, las personas pasan a segundo plano. Para algunos, desarrollar habilidades sociales no representa una oportunidad ni una prioridad. El resultado desafortunado es que la carencia de dichas habilidades hace difícil, si no imposible, crear redes sociales que podrían alejarlo a uno de la depresión.

He aquí otro ejemplo. Susana, a sus 22 años, desea tener una buena relación duradera para, con el tiempo, contraer matrimonio. Se ve con Guillermo, un sujeto agradable, que en cualquier momento o situación está dispuesto a divertirse. A Susana le gusta su compañía. Él no trabaja ni estudia y, además, vive aún con sus padres. No tiene ingresos ni una ambición evidente. Trata razonablemente bien a Susana y a ella le agrada él. Cuando sus amistades le preguntan por qué sale con tal "perdedor", ella responde agriamente a sus críticas diciendo que la profesión y el dinero no son lo único que existe. Mientras tanto, él se aparece cuando quiere, vacía el refrigerador de ella, toma prestado su auto. "Olvídate de tus amigos. Es obvio que no les interesa tu felicidad", le dice él. Ella está consciente de sus sentimientos encontrados, pero se imagina que "el tiempo dirá la última palabra". Según pasa el tiempo, está más resentida porque él siempre toma y no da nada a cambio, aunque siente que "no debería sentirse así". Poco a poco está más infeliz con su circunstancia.

Susana está inmersa en una relación de "dar" y no "recibir", que no es un intercambio saludable, casi en todos los niveles: es una situación parcial. A la larga, Guillermo podría desarrollar un interés por alguna profesión y asumir una actitud de adulto responsable, pero tampoco es probable que suceda. ¿Cómo puede saber Susana si su relación está bien fundamentada y es sana o si sólo se trata de "chatarra emocional", buena en el momento, pero que no perdura?

¿Puedes identificar dónde flaquean las destrezas sociales de Susana? Es obvio que busca explicaciones a la conducta de Guillermo para satisfacer a otros y a sí misma, pese a la evidencia de que sus amistades tienen razón y él nunca podrá llenar las expectativas de ella. Susana carece de la capacidad para fijarle límites a su comportamiento, como llegar "cuando le da la gana"; tomar el auto prestado constantemente y de pensar que tiene derecho a disponer de lo que haya en el refrigerador y de todo lo que ella posee. Susana debe hacer valer sus derechos y negociar lineamientos claros y realistas para continuar satisfactoriamente la relación (si puede). También debe poder expresar sus sentimientos abierta y de manera honesta, y ser escuchada (aun si él no está de acuerdo). Sin éstas y otras destrezas concretas, la relación con él, y también con los demás, sufrirá y será fuente de disgustos e infelicidad.

La psicoterapia interpersonal centra la atención en el desarrollo de destrezas específicas en el manejo de las relaciones con los demás. Ésta incluye construir nuevas relaciones, ajustarse a los cambios en las que ya existen (como convertirse en padre o madre) y enfrentar la pérdida de las que se consideran importantes (quizá provocada por fallecimiento o divorcio). Dicha psicoterapia enseña habilidades para resolver disputas, aclarar expectativas, establecer límites adecuados, hacer valer el derecho propio: todo aquello que es necesario para establecer y mantener buenas relaciones con los demás. Y, si eres flexible en tu modo de pensar, podrás incluso ver cómo esas mismas destrezas o habilidades te ayudarán en la relación contigo mismo.

Vivimos rodeados por los demás. Las buenas relaciones son algo maravilloso, pero aun las mejores relaciones tienen tiempos difíciles. A menos de que la persona tenga las habilidades necesarias para sortear las malas rachas, una buena relación puede cambiar y hacer mucho daño. Desarrollar destrezas sólidas en las relaciones es parte fundamental para evitar el dolor que causa la depresión. El tema será analizado con detalle en los capítulos 10 y 11.

La esencia de lo que sí ayuda

A pesar de que cada persona sigue su propio camino, debido a su historia personal, sus síntomas particulares, patrones, entre otros, existen denominadores comunes en los enfoques que, a simple vista, pueden parecer distintos. Hasta aquí te habrás familiarizado con los conceptos y métodos clave de los principales enfoques para el tratamiento de la depresión. Puedes empezar a tamizar los ingredientes centrales disponibles para el diseño de un programa de autoayuda. En lo que sigue de este capítulo, examino brevemente dichos puntos centrales. Éstos representan el fundamento de las ideas, métodos y ejercicios de *todo* el libro. Si te parece importante, estás en lo correcto.

Contenido *versus* proceso

Comienzo el final de este capítulo con este tema porque lo considero el elemento más importante. A lo largo de mi práctica profesional, no sólo he tratado personas con problemas, sino a personas que, a pesar de sus problemas, tienen otras conductas positivas en su vida. Después de todo, nadie es un fracaso total. Puedes estar deprimido pero aun así ser un gran amigo, un artista creativo, un compañero amoroso, empleado productivo y muchas otras variantes valiosas. Mientras trato algunos aspectos en la vida de una persona, también tengo la oportunidad de descubrir destrezas admirables en otras áreas de su vida.

La terapia cognitiva está enfocada en *cómo* piensas, no en *qué* piensas. Cuando cambias tu manera de pensar (de distorsionada a clara), lo que piensas (contenido) también cambiará. Así, cuando aprendes a no hacer conclusiones sin tener evidencias, por ejemplo, ese proceso en el pensamiento claro lo podrás emplear en varias situaciones y te ayudará el resto de tu vida, no sólo a solucionar la dificultad inicial. *Cada vez que aprendes un principio, determina si éste también puede aplicarse en otras situaciones.* Casi siempre es factible aplicarlo en varias circunstancias.

La terapia conductual está enfocada en *cómo* actúas en una situación específica y cómo dicha conducta tiene consecuencias deseables (o no). Te enseña a manejar situaciones con destreza, no sólo el problema inicial. Del mismo modo, la psicoterapia interpersonal te enseña cómo relacionarte con los demás (por ejemplo a marcar límites) y a utilizar habilidades sociales en todas tus relaciones personales. Puedes usar el problema actual para aprender y luego practicar dichas habilidades en otras relaciones.

En cada caso, la terapia te enseña habilidades específicas que trascienden la situación inmediata y que pueden aplicarse a situaciones similares. La vida presenta cientos de situaciones similares.

¿Ves claramente la diferencia entre contenido y proceso? La meta de este proyecto de autoayuda es cambiar no sólo tu depresión actual, sino también tu modo de manejar el origen de la dificultad; de esa manera puedes prevenir episodios similares. Es fácil engañarte pensando que estás deprimido porque te sucedió algo malo. Pero eso mismo, o algo parecido, les sucede a otros y *no* se deprimen. ¿En qué estriba la diferencia entre tu reacción y la de ellos? Y más importante aún, ¿Puedes aprender a responder de maneras que no te lleven a la depresión?

Problemas *versus* soluciones

Algo que nunca me gustó de mi formación académica como psicólogo fue tener que enfocarme exclusivamente en la patología o "enfermedad mental". Quizá te preguntes, "¿Qué no era ése el objetivo: el estudio intensivo de los trastornos emocionales, incluido el diagnóstico y el tratamiento"? Yo diría que, hasta cierto punto, así es. Sin embargo, si uno centra su atención en el estudio de las personas, ¿cómo es posible reconocer las soluciones? ¿Es el bienestar la ausencia de enfermedad? ¿Qué sucede con el estudio de las capacidades y el vigor de las personas para vencer los problemas de manera creativa?

Si ves el espectro completo de las experiencias humanas, te darás cuenta de que, en la persona promedio, varios acontecimientos son

---

PAUSA PARA REFLEXIONAR # 2

Aprende a distinguir el contenido de un proceso

Una mujer dice: "Me he casado y divorciado tres veces". Describe a sus tres maridos como individuos alcohólicos y abusivos. Desea saber la razón de que siempre atraiga a hombres así. ¿Cuál es el contenido y cuál el proceso de su problema?

Mi respuesta: el contenido lo constituyen sus tres maridos; hay cambio de rostros y nombres, pero no en el tipo de persona. El proceso es la manera en que elige (a pesar de que ella diga que la elección es por) el hombre con quien se casa.

Si cambia el proceso de cómo elige a sus parejas, ¿qué pasará con el contenido?

Cada persona que conocemos representa un cambio de contenido. El proceso es *cómo* conocemos a alguien, quienquiera que sea. Cada vez que sales a comprar algo a la tienda, haces una elección de contenido. Tu decisión para elegir aquello que compras es el proceso. Tu mejor amigo representa el contenido. La manera en que construyes esa relación íntima es el proceso. Una cita con una persona es el contenido. Con quién decides reunirte es el proceso. Las actividades que tengas en esa cita constituyen el contenido. Qué decisiones tomes para llevar a cabo dichas actividades es el proceso.

---

dolorosos. Personas a quienes amamos mueren; amigos en quienes confiamos nos traicionan; perdemos empleos y otras experiencias desagradables. Entonces, ¿por qué no *todas* las personas están deprimidas por las miserias de la vida? ¿Existe algo que debemos aprender de la mentalidad positiva que tienen algunas personas y que las aísla de la depresión?

Si realmente deseas aprender a manejar bien tu vida, habla con quienes lo hacen bien. Con frecuencia, la persona con quien hablarás no sabrá cómo explicarte lo que hace. Si ése es el caso, quizá no aprendas algo nuevo, pero no habrás perdido nada por preguntar. Si eres persistente y sigues indagando "cómo" lo hacen, tal vez alguien podrá darte alguna información útil. Habrá respuestas con perspectivas valiosas que te darán objetivos (maneras de pensar, sentir y actuar) a los que podrás aspirar. Como aprendiste en la introducción de este

APRENDE PRACTICANDO # 4

Aprende de las personas exitosas

Objetivo: descubrir que, cuando haces preguntas específicas de cómo los demás tienen éxito, con frecuencia (no siempre) aprendes estrategias efectivas.

Elige un problema que *no* tenga demasiada carga emotiva para ti. ¿Ya identificaste el problema? Bien, ahora encuentra, *al menos,* seis personas que hayan tenido la misma dificultad y trata de hablar con ellas en privado. La meta es averiguar cómo enfrentaron la complicación. Asegúrate de plantear preguntas concretas. Ahora, pregunta a quienes *nunca* hayan tenido ese problema cómo hicieron para evitarlo. De nuevo, asegúrate de que las preguntas sean específicas. Si haces preguntas que comiencen con "cómo", aprenderás a reconocer las estrategias de destreza por su proceso, no por su contenido.

Una manera que empleo para aprender estrategias terapéuticas efectivas que me acerca a diferentes personas es la siguiente. Por ejemplo, pregunto a quienes hacen ejercicio en el mismo gimnasio que yo: *¿Cómo* le haces para venir regularmente? ¿Qué pasa cuando estás demasiado cansado para venir? *¿Cómo* consigues hacer ejercicio aun entonces? ¿Cómo decides qué tanto esforzarte en el ejercicio? *¿Cómo* decides cuando es suficiente ejercicio por el día? Cuando comparo las respuestas de las personas en buen estado físico con las de quienes no lo están, aprendo. Cuando te acostumbras a enfocarte, "cómo" en vez de "por qué", tú también aprenderás.

---

libro, todos nos formamos proyecciones acerca de la vida y nuestras experiencias, aunque a algunos, obviamente, los hacen sentirse mejor y a otros peor.

¿Centras tu atención en los problemas o en las soluciones? ¿Das constantes vueltas alrededor de pensamientos negativos y cuán terrible es tu situación? o, ¿buscas con detenimiento e identificas nuevas actitudes que te ayudarán? Quizá no te hayas dado cuenta, pero tal vez a partir de hoy puedas comenzar a enfocarte en lo que puede aportarte nuevas soluciones.

Centrar la atención en las posibles soluciones significa saber que tus circunstancias pueden ser, en *algún* nivel, cambiadas. Aun si no puedes cambiar las circunstancias externas que te hieren, *podrás* cambiar tu reacción a éstas. Centrar la atención en las soluciones quiere decir estar lo suficientemente observante para reconocer que *tú no eres tu depresión.* Tú eres algo más que tu depresión, y puedes observar que algunas veces te sentirás mejor y otras, peor. ¿Qué sucede cuando te sientes mejor? ¿Qué es diferente en esas ocasiones? ¿Cómo puedes aprender a hacer más, tener más y ser más de la manera en que te sientes mejor?

Mirar hacia el pasado *versus* mirar al futuro

Varias personas suponen que antes de mejorar, primero *tienes* que explorar el pasado, examinar todos los recuerdos y expresar todos los sentimientos. ¡Falso! De hecho, hay evidencia clara de que la depresión no mejora cuando la persona se enfoca en situaciones que no son centrales en su problema actual. Centrar la atención en el pasado, en general, no es una forma efectiva para mejorar. Sé que esta idea puede parecerte contraria a lo que has escuchado o te han hecho creer quienes dicen que, si no entiendes tu pasado, estás sentenciado a repetirlo. Sin embargo, hay gran diferencia entre explicar un problema y cambiarlo. Hubiera deseado ganar un centavo cada vez que un paciente me decía: "Sé por qué lo hago; tal parece que no puedo dejar de hacerlo". El discernimiento no necesariamente conduce al cambio.

Si te dejas absorber por el dolor que te causa un pasado hiriente o las predicciones negativas del futuro ("*nunca* podré hacerlo"), estarás trabajando en tu contra. Quiero dejar claro que no eres una víctima indefensa de las circunstancias, destinada a sufrir. Puede que tu pasado sea doloroso, tus circunstancias pueden ser devastadoras, pero tu futuro no ha ocurrido aún. *¡Tu futuro aún no ha llegado!* Sí, necesitas cambiar tu enfoque del pasado al futuro y, para crear un mejor futuro, necesitas actuar *ahora*. Hacer todo de la misma nefasta manera, sólo te asegura los mismos nefastos resultados.

La necesidad de "hacer algo diferente" es obvia cuando lo que haces no te está funcionando. Pero, ¿qué pasa cuando quieres hacer algo diferente, pero no sabes *qué* hacer? Ahora comprendes la razón que tuve para escribir este libro. Las ideas y métodos incluidos, capítulo tras capítulo, están destinados a ayudarte a "hacer algo diferente". Y para que no te veas obligado a probar lo que sea, por sentirte desesperado, te animo a que desarrolles un *enfoque:* que apuntes tus esfuerzos

PAUSA PARA REFLEXIONAR # 3

Entender tu pasado puede no cambiar el futuro

¿Debes saber exactamente lo que en el pasado le sucedió a alguien para ayudarlo? Pretende que eres un terapeuta. Alguien muy cauteloso llega a tu consultorio para recibir terapia. Te dice que siempre ha "confiado en los contenidos", y lo que en realidad dice es que tiene dificultad para confiar en alguien más.

¿Qué puedes inferir del pasado de esa persona, sin preguntarle algo? Su creencia de que nadie puede ser digno de confianza es una falacia y, además, lo limita. Incluso si preguntaras quién y cómo defraudó su confianza, ¿no estarías enfrentando el riesgo de enseñarle a determinar quién es digno de confianza y quién no? Hacer que esa persona hable de su pasado no es lo mismo que cambiar su futuro.

Mi respuesta: entender el pasado no es necesariamente el vehículo para realizar un cambio. La persona descrita es un buen ejemplo de ello. Si exploras la relación que ha tenido con quienes lo traicionaron, comprenderá mejor su temor por confiar en los demás y la vulnerabilidad que implica. No habrá aprendido, sin embargo, una destreza específica, porque no sabe distinguir en quién puede confiar y en quién no. Dado que carece de tal destreza, utiliza la estrategia de "la misma vara para medir a todos" y no entrega su confianza a nadie. El precio que puede estar pagando es una paranoia, además de la soledad.

hacia un blanco significativo. Haré énfasis en el valor de establecer metas realistas, alcanzables y definir los pasos necesarios para alcanzarlas. Enfócate en el futuro que quieres construir a partir de ahora. No tienes que ignorar el pasado; sólo que no te dejes limitar por su influencia negativa.

Motivación *versus* habilidad

A primera vista, una de las ideas más destructivas provenientes de la "psicología *pop*" parecería ser útil: "Cuando hay voluntad, existen los medios". Éste es un axioma, una afirmación que parece tan obvia que desanima cualquier consideración profunda. Por tanto, múltiples personas creen que si verdaderamente quieren hacer algo o tener éxito al hacerlo, su ambición traerá el resultado deseado.

La psicología "profunda" no ha ido más lejos en este punto que la psicología pop. Generaciones de terapeutas han sido entrenados en la creencia de la misma idea peculiar: si deseas algo con vehemencia, encontrarás la manera de conseguirlo. Entonces, cuando un paciente no mejora con el tratamiento, el terapeuta pone en duda su motivación por querer mejorar y le ofrece "interpretaciones" como éstas:

1. El individuo sufre un "miedo inconsciente al éxito".
2. La persona tiene un "miedo inconsciente al fracaso".
3. El paciente tiene una "necesidad inconsciente de sabotear su progreso".
4. Las "ganancias secundarias" (término clínico de gratificaciones indirectas) de quedarse atorado pesan más que la necesidad de la persona por mejorar.

Cada una de las explicaciones del fracaso está enfocada únicamente en la motivación de la persona. La suposición subyacente es que si el paciente tuviera la motivación adecuada (en los niveles consciente e inconsciente), naturalmente tendría éxito. Se culpa al paciente por falta de progreso terapéutico y el terapeuta se sienta cómodamente y afirma o implica que el progreso es asunto del paciente. ¿No es raro que haya dos personas en la relación y se crea que sólo los esfuerzos de una de ellas controla el resultado?

Además de la motivación, el paciente debe tener habilidades. Si no tienes la habilidad para hacer algo, *sea lo que sea*, no sucederá. Y como la motivación sin habilidad significa poco, lo contrario también es cierto; la habilidad sin motivación es algo igualmente vacío. Cuando una persona tiene tanto motivación como habilidad, todo va por buen camino.

Por experiencia sé que los pacientes llegan a mí con su dolor y quieren que éste desaparezca lo antes posible. Casi siempre saben exactamente lo que quieren: una buena relación, un buen empleo, verse libres de la depresión, etcétera. Pero cuando les pregunto *cómo* creen que pueden lograrlo, descubro que no tienen idea de cómo lograrlo. Piensan que sólo con "tratar" lo suficiente, tendrán éxito. (Les han dicho, "Si no lo logras la primera vez, trata y vuelve a tratar". Está bien, acepto el comentario y puedo agregar: "Y, cuando vuelvas a tratar,

¡prueba algo distinto!") Cuando describen cómo han tratado de alcanzar sus deseos, casi inevitablemente observo lo que llamo *déficit experimental*. Dicho déficit es un hueco en la percepción de la persona acerca de una destreza importante o un paso en falso en su camino hacia la meta; una omisión que virtualmente impide su éxito. En tales momentos, lo que desconoces es lo que puede herirte y evita que consigas triunfar. *Una buena motivación no compensa las malas estrategias.* Ambas son importantes.

Me esfuerzo por enseñar a mis clientes destrezas específicas que hagan posible su triunfo. Algunas veces, su empeño es grande y sincero, pero su esfuerzo no está bien dirigido; prueban el fracaso y se hunden en la depresión. La secuencia es obvia: más deseo, más esfuerzo (mal dirigido), más fracasos, más depresión. ¡Un patrón que debe romperse!

Con frecuencia, las personas no conocen sus puntos débiles, su déficit experimental, pero piensan que saben lo que hacen. Cuando no reconocen sus distorsiones cognitivas o carecen de ciertas habilidades sociales, por ejemplo, hacen lo que saben hacer y luego sufren o celebran las consecuencias. *No es coincidencia que toda terapia experimentada en el campo de la depresión haga énfasis en el desarrollo de habilidades, y en analizar las motivaciones inconscientes.* Para recuperarte, es esencial que enfoques tus esfuerzos en identificar *tu* déficit experimental y en desarrollar las destrezas necesarias para construir el estilo de vida que deseas. También toma en cuenta tu motivación, pero si lees con cuidado este libro y aprendes todo lo que puedas, pienso que será razonablemente seguro decir que estás bien motivado. El verdadero reto es usar tu motivación para desarrollar la habilidad de vivir bien.

En este capítulo presenté los conceptos más críticos que debes conocer para superar la depresión. Lo que sigue, en los capítulos restantes, te dirá cómo usar esas ideas y métodos para diseñar y llevar a cabo tu plan de autoayuda. Utiliza tu conocimiento de lo que funciona en general para descubrir lo que funciona para *ti*, en particular.

APRENDE PRACTICANDO # 5

Identificando tus significados

**Objetivo: establecer información general acerca de la depresión de mane-
ra más personal y significativa y, por tanto, más efectiva.**

El presente capítulo ha cubierto los aspectos más importantes de lo que
funciona en un tratamiento y por qué. Es tiempo de comenzar a personalizar
esa información.

Revisa el capítulo y destaca con un marcador los puntos relevantes.
Después haz un breve resumen por escrito (en los márgenes o en hojas
sueltas) acerca de lo que significa para ti cada punto. ¿Cuál es tu conclusión
de los lineamientos del grupo de expertos? ¿Cuál acerca del común denominador en los tratamientos efectivos? ¿En qué difieren los puntos que he
discutido aquí de la opinión que tenías originalmente?

Si utilizas hojas, podrías hacer una lista como la siguiente:

Número de página	Concepto clave	Cómo se aplica a mí como individuo	Cómo confirma o reta mis opiniones originales

Capítulo 3

Dimensiones y síntomas de la depresión

Al leer éste y el siguiente capítulo, donde trato con más detalle los síntomas implícitos en los patrones de conducta que los generan, espero que podrás reconocer algunos datos de *tu* experiencia de la depresión. Recuperarse de una depresión puede parecer una tarea arrolladora, cuando reconoces que te sientes desdichado, totalmente aturdido y no sabes enfocar tu esfuerzo para lograr la autoayuda.

La experiencia de la depresión

Sea que la llames tener baja la pila, tristeza, una vida miserable, estar atrapado, ser negativo o un negro panorama, la experiencia de la depresión puede hacer que la vida te parezca una empresa difícil y sin recompensas.

La depresión, en verdad, es una experiencia universal; en un momento dado y en distinto grado, es parte de la vida de *cualquiera*. ¿Por qué? Porque nadie escapa a situaciones que disparan una depresión normal. Depresión normal es enfrentar el fallecimiento de un ser querido o cuando debes mudarte y empezar de nuevo, en especial si hay relaciones involucradas, pero te garantizo que todos sufrimos los embates de la vida. "No dejarse vencer" no es síntoma de salud mental. La señal de que tienes salud mental es cuánto tiempo te toma recuperarte. El término *elasticidad* transmite exactamente lo que quiero decir. Y ser elástico es dar valor al hecho de que: *tú no eres tu depresión; eres más que un estado de ánimo.* Saber esto ayuda a mantenerse durante épocas difíciles y, con el tiempo, salir de éstas.

Ya que la depresión tiene distintas causas y diferentes síntomas en cada persona, debes ser capaz de reconocer lo que ocurre en *tu* caso particular. A continuación encontrarás numerosos ejemplos y bastante información para que puedas determinar dónde necesitas concentrar tus esfuerzos.

APRENDE PRACTICANDO # 6

¿Qué te hace pensar que estás deprimido?

Objetivo: caracterizar tu experiencia individual de la depresión para determinar dónde pueden ser concentrados tus esfuerzos de auto-ayuda.

¿Cómo sabes cuando estás deprimido? ¿Cuáles son los síntomas o patrones que reconoces te conducen a pensar que estás deprimido? Haz una lista de éstos *antes* de seguir leyendo. Después podrás agregar otros síntomas, si descubres que los tienes.

Dimensiones de la depresión

Me he dado cuenta de la ayuda que significa identificar los patrones en los síntomas que mis clientes me presentan, de acuerdo con las diferentes dimensiones de la experiencia. Tales dimensiones son aspectos en *todas* las experiencias, sean buenas o malas. Con respecto a la depresión en particular, dichas dimensiones incluyen:

1. Síntomas físicos.
2. Problemas de conducta.
3. Pensamiento distorsionado.
4. Dificultades afectivas y de estado de ánimo.
5. Relaciones problemáticas.
6. Situaciones específicas que parecen disparar episodios depresivos.
7. Significados espirituales o simbólicos adjuntos a la depresión.
8. Historia personal que condujo al estilo de vida que parece estar ligada con la depresión.

Si conoces tu manera especial de vivir la depresión, podrás tratar mejor con los aspectos más relevantes asociados con ésta. De lo contrario, es posible que retrases tu mejoría al centrarte en los asuntos que no tienen importancia. Por ejemplo, si con frecuencia tu depresión sale a la luz en situaciones específicas, como cuando vas a reuniones sociales o a casa de tus padres, confiando en la ayuda de las drogas (medicamentos antidepresivos que han sido prescritos), que deben tomarse a diario y que actúan sólo en lo físico, no tendrás una buena solución. Veamos cada dimensión y los síntomas relacionados por separado para que puedas identificar las dimensiones centrales de tu propia experiencia de la depresión. Por cada dimensión analizada, comenzaré una viñeta que ilustra algunos puntos clave.

Dimensión física

EL CASO DE IVÁN

Iván despertó con un sobresalto. Igual que su patrón predecible, de inmediato se esforzó por escuchar si algún ruido inusual lo había despertado. "Todo lo que escucho es el sonido de la respiración profunda de Sandra, dormida a mi lado", pensó. "Daría todo para dormir como ella." Satisfecho de que nada inusual estaba sucediendo, miró el reloj. Se dio cuenta de que no tenía que levantarse hasta después de dos horas más; eso sólo lo hizo enojarse aún más. Momentos después, su mente daba vueltas, ideas acerca de su trabajo se interponían con lo que planeaba hacer ese día y con los sucesos del día anterior. "¿Por qué tengo la cabeza repleta de ideas dándome vueltas, cuando debería estar dormido? Otro día igual de fatídico: me despierto demasiado temprano, me quedo en la cama tratando de volverme a dormir, recorro mentalmente todo lo que odio en mi vida, estoy demasiado cansado todo el día por no haber dormido, me voy a acostar pensando que por estar tan cansado voy a poder dormir muy bien, y mañana de nuevo empiezo el mismo ciclo. ¿A quién estoy engañando? Algo malo me sucede, quizá debo ir a ver a un especialista del sueño o algo así."

Iván se dio vuelta, lejos del reloj que seguía señalándole cuánto tiempo *no* estaba durmiendo. Pensar que tenía un trastorno del sueño y que un especialista lo podría ayudar, lo hacía sentir un poco mejor por el momento. "Quizá sólo necesito algún tipo de pastilla para dormir por un tiempo hasta que aprenda a relajarme", concluyó. Cuando por fin salió de la cama después de media hora de dar vueltas, Iván miró a Sandra y deseó que ella tampoco pudiera dormir. Sintió una punzada de remordimiento por haber tenido un pensamiento tal, pero la emoción tardó en desaparecer, mientras la observaba. ¿Por qué tendría que sufrir igual que él? Intentó recordar cuándo había sido la última vez que hicieron el amor, pero no pudo. Había pasado mucho tiempo sin que sintiera deseo de tener relaciones sexuales. Otra punzada de culpa lo acometió.

Su mente continuó dando vueltas, con cientos de distintos pensamientos, pero ninguno era importante cuando los evaluaba. Iván prendió el televisor y vio algunos programas sobre jardinería a la media noche o de madrugada. Pensó que viéndolo se aburriría hasta quedarse dormido. "Odio esto; desearía poder dormir y despertar sintiéndome descansado y fresco aunque fuera sólo una vez, en vez de quedarme sentado viendo esta porquería mientras Sandra y el resto del mundo duerme sin preocupación alguna." Iván aprendió cómo podar rosales y no era exactamente lo que le interesaba saber esa mañana.

Para cuando Sandra se levantó, Iván apenas podía contener su irritación al ver cómo ella, tras haber dormido bien, despertaba alegre. "Odio las mañanas", dijo Iván en voz alta, dirigiéndose a nadie en especial mientras se rasuraba. "Son la peor parte del día. Y hoy va a ser horrible, ya lo estoy viendo, aunque casi todos los días son así."

Iván continuó penosamente con su rutina matinal: rasurarse, bañarse, vestirse, murmurar unas cuantas palabras a Sandra y luego irse a trabajar. Ya se sentía cansado y tenía un prospecto de día cargado de trabajo y no había podido dormir. Su nivel de ansiedad se elevó mientras pensaba en todo lo que debía hacer. Esbozó una sonrisa social aceptable, aunque falsa, al entrar en la oficina y se puso a hacer el trabajo del día. Al finalizar la jornada, camino a su casa, Iván se dio cuenta de que había olvidado programar una cita con un especialista del sueño. "Quizá todo lo que tengo es un tipo diferente de metabolismo y tengo que aprender a aceptarlo", se dijo, sin creerlo realmente. Sus pensamientos se volcaron hacia las noticias de la noche y lo que Sandra pensaba hacer de cenar, aunque no sentía hambre.

Casi al amanecer de la mañana siguiente, Iván aprendió acerca de la dicha de cosechar sus propios tomates.

Discusión del caso de Iván

Iván muestra algunas señales clásicas y físicas de la depresión: despertarse muy temprano (una forma de insomnio común en personas deprimidas), rumiar sobre ideas, fatiga y letargo, sentirse peor en las mañanas, disminución del deseo sexual, ansiedad y falta de apetito.

Como puedes ver, la mayoría de los síntomas de Iván son de origen físico. Más allá de los que él muestra, hay otros síntomas físicos de la depresión: sueño excesivo (al contrario del insomnio de Iván), cambio marcado en el peso corporal asociado con la variación en el apetito, quejas menores que no tienen causa detectable o quejas exageradas que sí tienen una base conocida.

Muy a menudo, los síntomas físicos de la depresión son lo que llevan a un individuo a buscar la ayuda de un médico. Casi siempre, el doctor de la familia o médico general es el primero en atender a una

PAUSA PARA REFLEXIONAR # 4

Mente, cuerpo y estado de ánimo

La evidencia indica que la mayoría de las depresiones no tienen base física (es decir, genética o bioquímica). Entonces, ¿por qué tiene síntomas físicos? La tentación puede ser tratar esos síntomas físicos con el uso de los medicamentos. ¿Es éste un enfoque razonable o puede distraer de problemas más notorios?

Mi respuesta: a veces la depresión es llamada trastorno del *cuerpo completo*, porque reconoce los síntomas físicamente obvios de esa condición. Por ser unidades integradas, lo que pensamos afecta cómo nos sentimos emocional y físicamente y viceversa. El hecho de que exista una fisiología para *todo* lo que vivenciamos es prueba de la íntima relación mente-cuerpo. Además, la mayoría encontramos más fácil lidiar con un síntoma físico concreto (como un dolor de estómago) que con una emoción abstracta (como un disgusto en el trabajo). Por ello, tratar sólo la manifestación física puede ser pasar por alto la oportunidad de atender el aspecto emocional implícito. Ignorar las señales físicas, sin embargo, puede resultar peor. En tal caso, resulta sensato consultar a un médico y asegurarse de que los síntomas no sean generados por una causa física, y evaluar la pertinencia de los medicamentos antidepresivos.

persona deprimida. Un doctor con experiencia es capaz de identificar los síntomas de la depresión y hacer recomendaciones apropiadas. Muchos síntomas depresivos pueden asociarse con diversos problemas físicos. También la depresión puede ser un efecto secundario de la ingesta de varios medicamentos. Lo primero que hay que hacer es hacerse un examen físico completo y, con franqueza, reportar a tu médico tus síntomas y tus preocupaciones. Es posible que tu depresión tenga un origen físico.

Dimensión conductual

EL CASO DE DANIEL

Camino a casa después del trabajo, Daniel decidió detenerse para comprar unas flores a Valeria. Se sentía mal por la pelea que habían tenido en la mañana. Se esforzaba por recordar lo que había iniciado su discusión, pero, como era usual, no pudo hacerlo. Había estado de peor humor que lo usual esa mañana, pero durante años Valeria había aprendido que Daniel no era alguien que amanece de buenas. Se mantenía neutral en las pocas conversaciones que él toleraba o lo acompañaba sin decir palabra. De pronto, Daniel recordó lo que dijo Valeria. Ella había iniciado la pelea por haber mencionado, con demasiada tranquilidad, para su gusto, que había visitado a su amiga Judy después del trabajo. Judy acababa de comprar muebles nuevos y quería que Valeria fuera a su casa para que los viera.

Daniel se encontró pensando: "Las prioridades de Valeria apestan. Hay un millón de cosas que puede hacer en casa y está perdiendo el tiempo por ir a ver muebles. Nunca está cuando necesito algo, pero si una de sus amigas le habla para algo estúpido como ver muebles, luego, luego está ahí". Ese pensamiento lo dejó perplejo. "¿Es así como me sentía esta mañana? ¿Es por eso que estallé airado?" Daniel no recordaba si había pensado *algo* después de que Valeria le anunciara su intención de visitar a su amiga. Sólo estaba consciente de su enojo. No se dio cuenta siquiera de que le estaba gritando, hasta que ella salió corriendo de la cocina a la recámara y cerró la puerta con llave. Daniel decidió que no tenía tiempo para su juego a las escondidas y se fue a trabajar, dando un golpazo a la puerta como su única despedida. No se enteró de que Valeria estaba acurrucada en un rincón, llorando de nuevo.

Manejando a su trabajo esa mañana, Daniel se movía de un lado a otro, esquivando el tráfico, haciendo gestos obscenos a todos los demás. Mientras estaba parado ante un semáforo, cierta tristeza lo alcanzó, se estremeció y comenzó a llorar. Se enojó y trató de controlarse, pero ese episodio de lágrimas se parecía a otros tantos; como si llegaran de pronto y de la nada. "Lo malo es que nunca se van tan rápido como llegan", pensó. Después de un rato, las lágrimas pararon, una simple curiosidad para Daniel. Decidió detenerse a tomar un desayuno rápido, pero cuando el "desayuno rápido" no fue suficientemente rápido, exigió ver al gerente. Se sintió decepcionado cuando el gerente parecía un muchacho, quizá sólo un poco mayor que quien tomó su orden. Esperaba ver a un oponente de grandes proporciones. Gritó lo que pudo, luego tomó su comida y la engulló. Nadie se sintió triste cuando lo vieron irse.

Cuando Daniel llegó a trabajar, la situación fue de mal en peor. Compañeros incompetentes, supervisores incompetentes, políticas estúpidas de trabajo, procedimientos burocráticos ridículos, todos en luces de neón que sólo Daniel parecía "percibir". No solía hacer cumplidos, no se le ocurría algo positivo que decir a alguien ese día, aunque pensó intentarlo. Cuando no se le ocurrió nada, pidió no ser molestado, cerró la puerta de su oficina y abrió la gaveta de su escritorio. En la parte de atrás, fuera de la vista, había una botella. Murmuró: "¡El alivio está en camino!" No se sentía muy bien acerca de la fuente de su "alivio", pero decidió que era por su bien y por el de los demás tratar de suavizarse un poco.

En ese momento pensó comprar unas flores camino a casa. Sólo lloró una vez más ese día y también sólo durante un rato. Después de eso se sintió más calmado.

Discusión del caso de Daniel

Quizá Daniel no sea el compañero ideal con quien pasar tus vacaciones de verano, aunque, cuando no está maldiciendo, es un sujeto agradable. ¿Por qué atraviesa una transformación tipo doctor Jekyll y señor Hyde? Daniel muestra muchos de los patrones observables en individuos deprimidos: rabietas, conducta agresiva, impulsividad, disparidad con sus verdaderos sentimientos, perfeccionismo, conductas adictivas y berrinches. Existen, también, otros comportamientos típicos de la depresión: cambio marcado en el nivel de la actividad (usualmente en descenso), movimiento retardado y farfullar (hablar arrastrando las palabras), agitación y ansiedad (mecerse, tronarse los dedos, etcétera), pasividad (darse por vencido y no tratar de cambiar algo para mejorar) e intentos suicidas. Ten en mente que *ninguna conducta sola es indicativa de la depresión,* pero puede tomarse como una posible señal de problemas.

Es claro que Daniel muestra una disparidad entre sus emociones y su conducta. ¿Puede Daniel aprender a ser más consciente de sí mismo, controlado y receptivo? Sí, y para hacer lo necesario con objeto de conseguirlo, debe aceptar su enojo y cómo lo utiliza para manipular a los demás.

Dimensión contextual o de situación

EL CASO DE LINDA

El teléfono sonó varias veces antes de que Linda, completamente dormida, se percatara de que estaba sonando. En silencio maldijo a quien tenía la audacia de despertarla, en especial por tratarse de un domingo por la mañana, cuando podía dormir hasta tarde. Cuando oyó el saludo de su padre con su voz altisonante, se dijo que sólo podía tratarse de él. ¿Quién más podía estar llamando tan temprano? ¿Quién podía ser tan molesto, sino su padre, aunque viviera en un sitio tan apartado? Cuando él fingió

PAUSA PARA REFLEXIONAR # 5

El enlace conducta-sentimientos

¿Cómo describirías la relación entre conducta y sentimientos? ¿Refleja tu comportamiento lo que sientes de modo consistente? ¿Por qué sí o por qué no? Piensa en alguna situación reciente en que tu conducta no fue un reflejo de lo que sentías. ¿Cuáles eran tus verdaderos sentimientos? ¿Podrías aprender a expresar tus verdaderos sentimientos más directamente? ¿Cómo podría ayudarte?

Mi respuesta: existe una íntima, aunque imperfecta, relación entre la conducta y los sentimientos. Las personas pueden decir y hacer cosas que no desean, en especial, bajo ciertas condiciones, como al sentir temor o enojo. Las emociones profundas pueden provocar una reacción impulsiva, haciéndolo a uno perder de vista los objetivos y el mejor modo de lograrlos. Describir tus verdaderos sentimientos a tus amistades de manera inmediata, te dará la oportunidad de desahogarte o ventilarlos. De tal modo, la presión interna no alcanzará niveles tan intensos o elevados, que te hacen perder de vista tu objetivo o lo que constituye una conducta apropiada para situaciones futuras.

inocencia y preguntó: "Ay, ¿te desperté?" Linda quiso contestar con todo el sarcasmo de que era capaz, pero contestó dócilmente: "No, ya me estaba levantando". No es que a su padre le hubiera importado si así fuera, pues creía que, cuando un padre llama a su hija, sin importar la hora, ella tenía que estar emocionada al escucharlo… genuinamente emocionada. Linda aprendió años antes (por desgracia de la manera más difícil) el precio elevado que debía pagar si no cumplía con las expectativas de su padre. Él podía ser bastante grosero. Linda le preguntó cómo estaba.

Su padre ignoró su pregunta y le anunció que llegaría a visitarla. Sólo por una vez a Linda le habría gustado que le preguntara si tenía tiempo o interés de verlo. Él nunca preguntaba, sólo informaba. El corazón de Linda se le hundió en el pecho y fingió sorprenderse: "¿Cuándo lo decidiste, papá? Hace apenas dos meses que estuviste por acá". Cuando le respondió que él podía decidir según sus deseos, la contestación de Linda fue estrictamente para sí misma: "También podría hacerlo yo".

Luego se sintió culpable. Se preguntaba si las demás chicas de su edad se sentirían igual que ella con sus padres. ¿Era ella una persona terrible, que tenía dificultad para convivir con su padre? ¿Era inmadura? o, ¿estaba emocionalmente dañada?

Sin embargo, en el fondo de su ser, ella no se veía a sí misma de ese modo. Se decía que era una mujer exitosa y competente; vivía bien estando sola. Manejaba con precisión sus compromisos para salir y se mantenía alejada de situaciones riesgosas, evitando a los hombres que parecían ser un mal presagio. Aunque no era rica, podía mantenerse y vivía de manera confortable. Tenía buenas amistades y estaba en excelentes condiciones físicas, debido a un régimen de ejercicio regular y una buena dieta. En su trabajo todo marchaba bien y, dada la naturaleza errática de manejar una oficina para cuatro profesionales activos, podía sentirse satisfecha con su desempeño. En verdad le extrañaba lo bien que funcionaba en todo lo demás, menos en la relación con su padre. De alguna manera, él la hacía sentir tan pequeña, tan insignificante, que odiaba estar a su lado. El mal humor de él le impedía hablar de temas que le incomodaban, y uno de esos temas era la relación que tenían. Las hijas deben obedecer a sus padres. Así es como debe ser y punto.

Linda colgó el auricular mientras murmuraba algunas palabras de afecto, que en realidad no sentía. Luego todo su mundo se resquebrajó. Linda estaba a dos semanas de que su padre llegara, estaría una con él y, al menos, pasaría otra para recuperarse, después de que su padre se hubiera ido, y sabía que le tomaría todo un mes superar la depresión.

¡Cómo detestaba lo débil que se sentía cuando él estaba cerca! Tenía la fantasía de mandarlo a volar, incluso de ser físicamente violenta. Algunas veces disfrutaba tener tales fantasías y se sentía mejor, pero enseguida se sentía muy mal. Admitía que complacía a su padre en todos sus caprichos con tal de no enfrentarlo. El recuerdo de episodios desagradables de su niñez (cada nalgada, cada grito, cada situación en que la avergonzaba) flotaban sin control en su mente. Decidió quedarse en cama; se sentía muy deprimida para hacer algo. Al llegar el lunes por la mañana, tuvo que reunir toda su energía sólo para llamar a su trabajo y reportarse enferma. Con seguridad, su padre habría reprobado su irresponsabilidad y, en su ausencia, ella misma se regañó. Dedicó el resto del día a pensar si recogería a su padre a tiempo en el aeropuerto o si lo haría esperar un buen rato, luego pospuso su decisión para más tarde.

Discusión del caso de Linda

En varios casos, los episodios de depresión están asociados con detonantes específicos; éstos pueden ser ciertas personas, lugares en particular, algunos objetos y ocasiones especiales (estaciones del año, días festivos, aniversarios, etcétera; incluso horas del día, semanas o meses).

Hay personas que tienen control de su vida hasta que se encuentran en un contexto que las desestabiliza. Linda puede manejar bien su vida hasta que tiene que enfrentarse con su padre. Por alguna razón —podemos imaginar varias— Linda se vuelve indefensa, desvalida y pasiva cuando interactúa con él. Eso sólo le sucede frente a su padre. Por lo general, ella está feliz con la vida que se ha creado para sí misma; pero si su padre aparece, aunque sea en una visita breve, tiene experiencias de depresión por largos períodos. Su caso demuestra cómo la sensación de control, que casi siempre la aleja de la depresión, se derrumba, disparando la depresión cuando enfrenta una situación en particular.

Cuando es evidente que la depresión depende de una situación, las expectativas de una recuperación son especialmente buenas. Aprender a manejar una situación problemática de manera competente es una solución franca para prevenir la mentalidad de "víctima" que con tanta frecuencia termina en depresión. En esa solución está aprender a crear distancia emocional de, por ejemplo, el aniversario de la muerte de un ser querido, la fecha de un rompimiento o cualquier otra experiencia dolorosa. Los viejos detonantes pueden ser "desactivados" mediante la creación de habilidades y experiencias nuevas.

Hay un tipo de depresión situacional que merece atención especial. Se trata del estado conocido como trastorno afectivo estacional (SAD, por sus siglas en inglés), identificado en varias personas que sufren de depresión, que viven en climas de países del Hemisferio Norte. Es típico que dichas personas caigan en depresión durante los días cortos del invierno y no se recuperen hasta la primavera. Hay evidencia considerable de que el trastorno afectivo estacional es una depresión con base biológica: la disminución de horas de luz en los días de invierno evita la estimulación necesaria de ciertos neurotransmisores. Para quienes sufren de tal anomalía, la cura sorprendente es tan sencilla como tener horas adicionales de actividades normales cerca de una luz fluorescente especial. Si piensas que esto es relevante para ti, consulta a un especialista psiquiátrico (recomendado por tu médico).

Dimensión simbólica

EL CASO DE ELIZABETH

Elizabeth se despertó con inusual lentitud. Por razones que no pudo identificar de inmediato, le estaba tomando demasiado tiempo abrir los ojos y aclarar la mente, como cuando está completamente consciente. Sintió

APRENDE PRACTICANDO # 7

¡Sonríe! Estás en cámara escondida

Objetivo: descubrir la relación que existe entre las influencias situacionales y tu conducta para que, con el tiempo, puedas crear situaciones que hagan resaltar mejor tu desempeño.

Proponte ver algunos episodios en la televisión de *Cámara Escondida* (hay algunos que pueden rentarse). Podrás observar las respuestas de las personas cuando irrumpe un factor nuevo. Se trata de un programa que trata de ser divertido al mostrar cómo se diluyen patrones aprendidos. La interrupción de dichos patrones es lo que sugiero como parte esencial de tu programa de autoayuda. ¿Cuál es el papel que desempeña la circunstancia en tu conducta, sentimientos y pensamientos? ¿Qué situaciones podrías crear para sacar lo mejor de tus sentimientos *positivos*? Las situaciones nuevas son excelentes maestras.

Utiliza la siguiente guía para ayudarte a identificar situaciones que expanden tus puntos de fuerza.

SITUACIONES QUE EXPANDEN TUS PUNTOS DE FUERZA

Situación	Destreza(s) que expanden
Ejemplo: tomar una clase	Destreza para leer
	Destreza para relacionarse con los demás
Planear una fiesta	Destreza para organizar y planear de antemano
	Destreza para mantenerse en un presupuesto

un poco de miedo, pero no supo por qué. Cuando al fin pudo abrir los ojos, se sorprendió al darse cuenta de que no estaba en su cama. Por un instante, no supo dónde se encontraba; de pronto la certeza de que estaba en un hospital fue confirmada por el altavoz que pedía la comparecencia del doctor Andrews. Acto seguido, una enfermera se presentó para informar a Elizabeth todo lo que requería saber. "Está en el cuarto piso del hospital de la universidad. Fue atacada y golpeada. Tiene varias cortadas y moretones, además de hinchazón en varias partes de su cuerpo, aunque no tiene ninguna fractura. Tampoco sus heridas son graves, de modo que con seguridad su recuperación será rápida. Estará con nosotros sólo por pocos días, hasta que podamos verificar que está bien y se sienta suficientemente fuerte para irse a su casa."

De inmediato, Elizabeth se sintió reconfortada al saber dónde estaba y que pronto se recuperaría. Luego, como si le hubieran dado un puñetazo en el estómago que le hiciera perder el aire, imágenes arrolladoras y aterradoras llegaron como bombardeo. Intentó moverse y gritó de manera involuntaria por el dolor que eso le causó. Permaneció inmóvil, mientras la memoria fragmentada comenzó a surgir. Se estacionó en un sitio reducido del garage, cerca del gimnasio. Deseaba una buena sesión de ejercicio. Tomó la maleta con sus cosas para el gimnasio y cerró el auto. Escuchó el grito espantoso de un hombre. Se volvió para mirar quién gritaba. Un hombre de mirada desquiciada y expresión atormentada llegaba ante ella. La tiró, arrastró, y la golpeó... Ahora estaba en ese sitio.

Elizabeth tembló. Trató de recordar más, pero todo había sucedido demasiado rápido para que su mente hubiera grabado todo con detalle.

Luego surgió la pregunta más dolorosa: "¿Por qué?" "¿Por qué me pasó esto a mí?" "¿Por qué me golpeó ese loco?" Buscó alguna razón y, a la larga, dio con algunas. "Quizá me confundió con alguien que odia. Tal vez estaba ebrio o drogado y buscaba pelea. O, es posible que..." Sintió un desvanecimiento cuando surgieron otros pensamientos. "Quizá Dios me está castigando por ir al gimnasio. Tal vez debía haber estado en casa haciendo la comida para mi esposo y mi hija. Dios me castigó por no ser tan buena esposa y madre como debería ser."

Conforme tenía tales pensamientos, Elizabeth se hundió en la desesperación. Creía en Dios y, pese a que no participaba de manera activa en la iglesia de su comunidad, pensaba que Dios tiene un plan para todos y cada uno de nosotros, incluidas las lecciones que desea que aprendamos mediante lo que nos ocurre. "Este ataque debe ser una lección", concluyó. Elizabeth se paralizó por las tremendas implicaciones que su visión tenía del "significado" que dio al asalto. Ello indicaba que era una mala persona, alguien marcado por Dios para sufrir. Significaba que era un fracaso como esposa y también como madre. ¿Cómo podría seguir adelante sabiendo eso de sí misma?

Días más tarde, el cuerpo de Elizabeth sanaba adecuadamente, pero nadie se percataba cómo iba entrando en una profunda depresión. Supusieron que era consecuencia del trauma padecido. Casi no comía y, cuando lo hacía, tenía pesadillas. Casi no hablaba, y cuando lo hacía sólo murmuraba disculpas a Dios, prometiendo portarse mejor. Tanto su esposo como su hija estaban intrigados por las referencias religiosas que surgían en sus conversaciones, pero no le decían algo al respecto. Ambos coincidían en que unos días más en el hospital la ayudarían, y mencionaron su idea al doctor. El doctor estuvo de acuerdo en que si permanecía ahí, podría recuperarse mejor. Cuando le informaron a Elizabeth que se quedaría unos cuantos días más en el hospital, palideció y preguntó en voz alta hasta cuándo dejaría Dios de castigarla. La negra nube sobre su cabeza quizá nunca se alejaría.

APRENDE PRACTICANDO # 8

Crea un símbolo de la depresión, y véncelo

Objetivo: dar forma y sustancia a tu experiencia de la depresión para que tu oponente no sea invisible y amorfo. ¡Veámoslo para vencerlo!

Aunque no seas un artista, este ejercicio puede parecerte interesante. Utiliza lápices de colores o crayones para dibujar una imagen de tu experiencia con la depresión. ¿Tiene color? ¿Qué forma y tamaño tiene? ¿Tiene textura? ¿Se ve invencible o ves alguna manera para superarla? Aun si no eres escritor, puedes escribir una historia, breve pero inspiradora, sobre la conquista de la depresión.

Discusión del caso de Elizabeth

La terrible experiencia de Elizabeth, el ataque físico, la llevó a hacer lo que todos hacemos cuando nos sucede algo inexplicable: buscar una explicación. Por desgracia, la respuesta que eligió incluía el castigo de Dios por los errores que ella creía haber cometido. Su interpretación simbólica del "significado" del ataque la condujo a culparse, devaluarse y considerarse un ser humano totalmente inútil y despreciable. Cuando tus interpretaciones de las experiencias te hacen ser inflexible y duro contigo mismo, la consiguiente depresión es algo seguro.

Elizabeth mostraba varios síntomas de depresión en una dimensión simbólica, incluidos los pensamientos destructivos, pesadillas recurrentes, imágenes perturbadoras y explicaciones arbitrarias, aunque creídas por ella, del "significado" de la depresión. Quizá la mayoría de las personas tienen una manera simbólica de pensar acerca de la depresión. ¿Es tu caso? Algunas piensan que es como una nube negra que los cubre, como en el caso de Elizabeth. Otras se sienten atrapadas en una jaula o que son perseguidos por un animal salvaje, o públicamente humillados, o se sienten en una montaña rusa emocional, u otras representaciones simbólicas significativas de la depresión.

La manera en la que representes el *significado* o la *forma simbólica* de tu depresión es tu manera de relacionarte con ésta. Tu representación tiene un papel importante en el proceso terapéutico; considera el tratamiento de una persona que ve la depresión como un castigo de

Dios y el de alguien que la ve como una nube negra. Ambas son dolorosas, pero ¿puedes predecir cuál es más fácil de superar?

Dimensión emocional

EL CASO DE JAIME

El desierto siempre había sido el lugar favorito de Jaime para ir de vacaciones, en especial, durante la primavera. "Dios sabe que necesito apartarme, hoy más que nunca", se dijo. Intentaba reunir el suficiente entusiasmo para ese viaje. Pero no funcionó. Su mente siempre parecía volver a revisar los últimos ocho meses. Sabía que Marcela no había sido feliz a su lado en cierto grado; ella arrastraba los pies por la casa con una mirada de derrota que Jaime odiaba. Poco a poco se fue apartando de ella y llevando su frustración hacia sus dos hijos. "Nunca debí involucrarme con una mujer divorciada y con hijos", se dijo por la millonésima vez. "Debí haberlo sabido mejor."

Mientras terminaba distraídamente de cargar su camión con los suministros de campamento para su huida fin de semana, Jaime recordó las palabras de despedida con tanta claridad como si las estuviera diciendo en ese momento. Le dolieron tanto como entonces. No quería volver a sentirse herido, no después de ese embrollo y después de su divorcio corrosivo de Roberta años antes. Jaime había sufrido terriblemente hasta que dejó que Marcela lo ayudara. Había pasado años solo, sin hacer otra cosa que ir a trabajar y llegar luego a casa y... deprimirse. Sintiendo que nunca más sonreiría; sintiendo que nunca más se podría relacionar con alguien, ni siquiera con una persona soltera. Se sentía miserable.

En el trabajo, Jaime pudo evadir a los demás. Escuchaba a otras personas reír y contar chistes, y a veces lo hacía llorar no encontrar lo divertido en sus cuentos. A menudo, le enojaba la superficialidad de dichas personas, lo insensibles que eran ante su sufrimiento. ¿No sabían que tenía una pena? ¿A nadie le importaba ayudarlo? ¿Cómo podían ser tan felices, cuando él se sentía miserable?

Luego, llegó Marcela, de la nada o así parecía. Se conocieron en forma extraña, salieron y, de pronto, se prometieron amor eterno. Fue algo confuso. Los primeros años todo iba bien, pero los sentimientos de Jaime cambiaron. ¿Por qué? No sabía. Pero Marcela lo notó. Y él notó que ella se había dado cuenta. Jaime lo sabía por la mirada derrotista de ella. Lo hacía preguntarse, ¿por qué se sentía tan indiferente hacia alguien tan bueno?

Jaime sabía que necesitaba esas vacaciones. Necesitaba encontrar, de nuevo, una chispa en su vida. Eso, o darse por vencido y desaparecer para siempre. Había perdido todo interés. Su jefe le había llamado la atención por el deterioro en su desempeño. Sintió ganas de decirle: "Perdón, pero creo que me confunde con alguien que le importa un bledo", pero sólo lo pensó. Ni siquiera ese pensamiento le divertía. Nada lo divertía ya.

Cargar el camión lo había agotado. Se sentía triste de ir solo y, por un momento, pensó en no ir. A veces, él mismo se volvía loco por sus constantes cambios de humor. Ir de viaje o quedarse en casa. Vivir o morir.

Sintió que algo en su interior –no sabía qué– lo empujó a subirse al camión, arrancó y se fue. Trató de convencerse de que la pasaría bien en su lugar favorito. Por una fracción de segundo, casi lo creyó.

Horas más tarde, hizo todo lo adecuado para armar un campamento confortable, revisó el horizonte y no vio evidencias de otro ser humano, sólo cactus, arbustos y un cielo oscuro lleno de estrellas. Jaime miró hacia arriba y echó un vistazo rápido a la vista maravillosa. De pronto se sintió aún más deprimido, cuando se dio cuenta de que ni en ese lugar se sentía mejor. Se sintió culpable de no sentir alguna diferencia; aún se sentía miserable. "Si esto no me ayuda, nada lo hará." Ese pensamiento lo asustó y lo hizo sentir todavía más desvalido que cuando pensó que el desierto curaría su dolor. Encendió una fogata y cocinó algo, pero como estaba preocupado, quemó la comida. Después de comer lo que aún era comestible, se quedó sentado en silencio. Un pensamiento recorrió su mente una y otra vez: "Si algo malo me sucediera aquí, pasaría mucho tiempo antes de que me encontraran".

Discusión del caso de Jaime

El sufrimiento emocional intenso de la depresión es la razón principal para su clasificación formal como "trastornos de los estados afectivos" por los profesionales de la salud mental. Jaime mostró los peores síntomas asociados con la depresión: ambivalencia (sentimientos mixtos que evitan progresar en la vida), no sentirse gratificado, pérdida del sentido del humor, sentimientos de inadecuación, pérdida de vínculos emotivos (ser apático o mostrar poco interés), tristeza, culpa excesiva, ira, falta de motivación, inhabilidad para sentir placer, falta de energía total y desolación, además de una exagerada baja autoestima.

Tal sufrimiento emocional intenso es lo que lleva a las personas a tener pensamientos suicidas, como en el caso de Jaime. Ninguno de los pacientes suicidas que he atendido realmente quería morir. Más bien, querían escapar de lo que parecía ser un dolor insoportable de vivir. El suicidio es una acción horriblemente desesperada de la cual no

---

APRENDE PRACTICANDO # 9

Cerca y lejos de alcance

Objetivo: ayudarte a aprender que tus sentimientos no siempre son ciertos ni son la mejor parte de tu experiencia sobre la cual enfocarte.

¿Crees posible que las personas dediquen demasiada atención a la manera como se sienten? ¿Cuándo resulta (si así es) un mal consejo "ponerse en contacto con los sentimientos"? Por ejemplo, si pones tu atención en cómo te hace sentir formarte en la línea del banco, ¿eso realza tu experiencia? ¿Cuándo son tus experiencias un punto focal apropiado y favorecedor y cuándo lo contrario? Haz una lista de, al menos, una docena de contenidos específicos para cada experiencia. Utiliza los ejemplos y guías que siguen.

Ejemplo de situaciones sobre valoradas por enfocarme en mis sentimientos	Ejemplo de situaciones empobrecidas por enfocarme en mis sentimientos
Decidir con quién citarme	Formarme en la fila del banco
Expresar aprecio a otros por su consideración	Marcar límites apropiados a los hijos
Decidir qué hacer con mi tiempo libre	Hacer una presentación en el trabajo

---

hay recuperación. Hablaré sobre el suicidio en el capítulo 5. Lo que quiero que sepas ahora, sin embargo, es que la situación puede mejorar, y cuando eso suceda, espero que estés presente.

Dimensión de relación

EL CASO DE ENRIQUE

Con un suspiro, Enrique dio el último vistazo a sus dibujos. Satisfecho de que su cliente estaría feliz con su último triunfo arquitectónico, enrolló los planos y los colocó dentro de un tubo de cartón. Luego, con cuidado, puso el tubo en la esquina de una repisa donde había, al menos, otros seis más.

Cuando Enrique abrió la puerta de su oficina, percibió en el aire el olor a tocino del desayuno. Alicia había salido y ninguna de las hijas adolescentes estaba en casa. Enrique no sabía dónde estaban y se sentía un poco culpable por no preocuparse más por ellas. "Bueno, de cualquier modo, ellas no hablan mucho conmigo", pensó. "Han sido más hijas de Alicia que mías."

Ésa era una de esas ocasiones cuando trabajar en casa era una desventaja. Terminar un proyecto importante a media mañana lo hacía sentir tan realizado, que le era difícil empezar otro proyecto de inmediato. Prefería disfrutar esa sensación un rato más, antes de seguir trabajando. "Además, no hay nadie en casa y el silencio es tan relajante que me gustaría disfrutarlo unos momentos." Enrique amaba la soledad. Tener cerca a Alicia y a dos adolescentes normales –por tanto, ambiciosas– a toda hora lo había hecho sentirse atareado tiempo atrás.

Enrique sentía que no podía hablar asuntos importantes con ellas. A su juicio, eran demasiado superficiales. Deseaba que ellas vieran la vida con más profundidad, como él, pero parecían más interesadas en las formas de decorar la casa o en qué modas usar. Cómo deseaba poder compartir con ellas sus perspectivas acerca del existencialismo, sus opiniones sobre ideologías políticas o ¡sus experiencias con estados alterados de conciencia! Pero tan pronto mencionaba filosofía o algún interés parecido, la magia operaba: las personas desaparecían. Siempre había sido así, para ser honesto. Desde la escuela primaria hasta la universidad, lo habían considerado un extraño. Mientras los demás jugaban y socializaban, Enrique leía libros de autores europeos oscuros sobre temas aún más oscuros. Las demás personas eran un misterio para él.

De alguna manera, Alicia se sintió atraída por ese hombre callado y pensativo. Enrique tenía respuestas torpes ante los intereses de ella, pero Alicia era amable y persistente y, con el tiempo, ganó su afecto. Enrique no tenía manera de saber que ése era el plan de Alicia para suavizarlo y llegar a tener un esposo de tiempo completo. Cuando vio que sus esfuerzos fracasaron, finalmente se dio por vencida y dejó a Enrique en la profundidad unidimensional de su reclusión. Ella estaba consciente de que evitaba el contacto con Enrique y a él eso lo frustraba, pero ella sabía que era una forma necesaria de autopreservación, para no perderse en el espacio profundo de Enrique.

Enrique permaneció sentado durante largo rato en la sala de su casa, viendo todo a su alrededor. Él vivía ahí, en toda la extensión de la palabra. Ahí leía, trabajaba, llevaba la contabilidad del hogar, además de pasar el tiempo libre que le sobraba. Sólo salía para recoger o entregar planos de construcción o atender las inevitables citas con sus clientes.

Hacía tiempo que Enrique se había hecho a la idea de que era un solitario. Se convenció a sí mismo de que eso era aceptable, aunque no estaba completamente seguro. Otras personas le parecían groseras y le desagradaban, de manera que era inevitable seguir solo, pensó. Incluso conocía a personas bien educadas, que llevaban una vida aparentemente significativa, que lo sorprendían con su superficialidad. Si debía ir a una fiesta (por razones de trabajo), de inmediato trataba de conocer a alguien como él: dispuesto y capaz de discutir las complejidades de la vida. Sin embargo, siempre sucedía lo mismo. Interrumpía los chistes y giraba la conversación hacia temas que él consideraba sustanciales. En ocasiones lograba el interés educado de los demás, pero la conversación pronto terminaba, regresando a temas mundanos.

En varias ocasiones, Enrique intentó hacer amigos. Con frecuencia pensaba que sería bueno tenerlos, pero nunca parecía ser posible. A veces, Enrique deseaba ser tan superficial como todos los demás, pero la mayoría del tiempo aceptaba la soledad como el precio por tener un intelecto superior.

Empezó a sentirse ansioso por haber pasado tanto tiempo pensando, analizando su estilo de vida. Tomando en cuenta la poca contribución que hacían a su vida, Enrique decidió abruptamente que las demás personas no valían su tiempo ni su energía. Se acercó a un librero, buscando algo que leer. Finalmente se decidió por un libro escrito por Ayn Rand sobre la virtud del egoísmo.

Discusión del caso de Enrique

El mundo solitario de Enrique es un ejemplo de cómo la fuerza poderosa de las relaciones (o la falta de éstas) da forma a la imagen que tenemos de nosotros y a nuestro estado de ánimo. Enrique muestra los conflictos internos y estrés de una persona que no está cómoda sola ni en compañía de otros. Es socialmente retraído y está aislado; con frecuencia desea tener contacto con otras personas, pero permanece apático. Es demasiado crítico, no encuentra algo compensatorio en los demás, ni siquiera en las personas más cercanas. (¿Puedes imaginar el efecto que ha tenido en la autoestima de sus hijas? Esperemos que no hayan aprendido a culparse por las limitaciones de su padre.) Las habilidades de Enrique para comunicarse son tan pobres que es incapaz de compartir sus sentimientos y sus discernimientos. Su estilo es tan rígido que, pese a que ha sido rechazado durante años, no ha aprendido lo que se requiere para construir una relación, ni cómo manejar la transición de un primer contacto superficial a, con el tiempo, un vínculo más profundo.

Detrás de la incapacidad para relacionarse, dolorosa para Enrique, hay otros patrones de dimensión que pueden llevarlo a la depresión; el más común es adoptar la conducta de "víctima", posición en que uno se coloca a merced de lo que dicta otra persona en vez de funcionar como un igual. Si eres totalmente dependiente de otro y eres

APRENDE PRACTICANDO # 10

Especificaciones de las habilidades interpersonales

Objetivo: enseñar el principio de que en las relaciones existen roles y estrategias. "Habilidades sociales" es un término global que necesita ser dividido en partes específicas de lo que puedes decir o hacer y que, probablemente, acentuarán tus relaciones, así como tu autoestima.

Si un alienígena de otro planeta aterrizara en la Tierra y requiriera que le explicaras cómo se relacionan los humanos, ¿qué le dirías? Haz una lista de factores que constituyen las habilidades interpersonales positivas y luego define cada una en términos de una conducta real. Por ejemplo, "la atención" es parte importante de una buena comunicación. Incluye el contacto visual, escuchar sin interrumpir, respetar a la otra persona evitando comentarios despreciativos y otras conductas similares. Utiliza el ejemplo siguiente para empezar a hacer tu lista.

HABILIDADES INTERPERSONALES POSITIVAS

Habilidad	Conducta asociada
Atención	Hacer contacto visual; escuchar sin interrumpir y aceptar, sin juzgar, el valor inherente de la otra persona
Reconocimiento, aprecio	Notar los esfuerzos de otros, su utilidad, y hacer comentarios positivos de esos esfuerzos.
Empatía	Reconocer las circunstancias de otros; imaginar cómo pueden ser éstas y reconocer, de manera respetuosa, cómo deben sentirse esas personas.

incapaz de ver por ti mismo, estás invitando a que te tomen por víctima. Otro patrón común es buscar la aprobación de los demás al grado de dejar que se aprovechen de ti. Por último, actuar como mártir puede significar que te responsabilizas demasiado, o muy poco, por los pensamientos y acciones de los demás. Ese patrón principal de la depresión será discutido en capítulos posteriores.

Como pudimos ver en el modelo interpersonal de la depresión, con frecuencia la dimensión de las relaciones es el eje de la depresión en un individuo. Éstas son algunas de las situaciones con más carga emocional que podemos encontrar: sentirse atrapado en una mala relación; el rechazo de un ser amado; estar aislado de una buena relación; sufrir la muerte de una persona valiosa; verse actuar de manera que aleje a otros, cuando lo que se quiere es su aceptación; así como otras situaciones relacionadas con las personas. Su potencial, como detonadores de la depresión, es un resultado esperado. Aprender a manejar relaciones de manera adecuada es vital para superar la depresión y prevenir su recurrencia. Ampliaremos el tema más adelante.

Dimensión cognitiva (del pensamiento)

EL CASO DE ANA

Ana salió de la cama con su típico tropiezo. Prefirió no verse en el espejo, mientras se lavaba los dientes, porque estaba casi segura de que no le gustaría lo que vería. Cuando finalmente tuvo que mirar, estaba bastante segura de que sus ojos conspiraban para formar grandes bolsas debajo de ellos; preocuparse tenía ese efecto. Su familia y amigos solían bromear de cómo siempre sabían si algo malo le sucedía sólo viendo "la señal de la bolsa", como llegó a ser conocida. De por sí, a Ana no le gustaban sus ojos, pero odiaba que éstos transmitieran mensajes secretos.

Llevaba una bata vieja que debió haber desechado hacía años. Consciente de eso, salió a buscar el periódico. Después de buscar durante varios segundos (más de lo que le hubiera gustado), vio el periódico atorado en un arbusto cerca de la calle. Estaba segura de que el repartidor lo había aventado ahí sólo para irritarla. Ana pensó que seguramente tenía un imán que atraía personas abusivas hacia ella. Los ejemplos estaban por doquier: cajeras en los supermercados que le daban mal el cambio, automovilistas que no la dejaban cruzar la calle, personas de servicio que llegaban tarde; ese tipo de situaciones. Sentía que dichas personas deliberadamente la desairaban por alguna u otra razón, y la frustración de no saber por qué la llevaba a las lágrimas. Todo lo que podía concluir era que ella debía ser una persona inútil para ser tratada así por los demás.

Llevó el periódico adentro y se sentó a la mesa de la cocina, como solía hacer todos los días. Sorbía jugo de naranja entre página y página hasta que llegó a la sección "Solicito ayuda". Mientras tocaba con suavidad el área debajo de cada ojo, comenzó a buscar. Ana sabía que era perder el tiempo, pero, a regañadientes, reconoció que era necesario hacerlo. Había buscado en el periódico todos los días las últimas tres semanas, desde que le dijeron que su puesto no sería renovado en la compañía. De una u otra manera, los demás *siempre* la aventajaban, o así le parecía.

Desde luego que tenía una casa propia, un logro nada despreciable para una mujer soltera. Y sí, era bueno tener un coche nuevo, una familia amorosa, un novio maravilloso y una robusta cuenta de ahorros, pero... Bueno, nada de eso importaba, porque lo que necesitaba era un empleo. Nunca había estado desempleada más de un mes, incluso tenía pendiente una prometedora oferta de trabajo que le habían hecho. Pero, nada de eso importaba. Todo era horrible en su vida porque cada día empezaba con la visita de un repartidor de periódicos insensible y la lectura de la sección "Se solicita ayuda".

Algo captó su mirada y la hizo mirar más de cerca. Un nuevo listado de empleos, ¡y en verdad parecía importante! Por una fracción de segundo se sintió emocionada: "Nunca conseguiré esa clase de empleo. Apuesto a que ya contrataron a alguien y sólo publican el anuncio para no violar alguna ley. Apuesto a que no contratarían a una mujer. No voy siquiera a conseguir una entrevista". Ana vaciló por un momento y luego otro. Quería llamar para pedir información, pero sintió que no valía la pena molestarse; sabía que no lo conseguiría. Una hora más tarde, aún estaba en la cocina, tratando de decidir si llamar a ese número. Mientras tanto, ingirió varios bocados pequeños y pensó en la injusticia de la vida.

Luego, en un momento de inusual optimismo, Ana marcó el número. Una voz femenina sospechosamente amable contestó el teléfono. Esperaba que dicha mujer cambiara su tono amable después de que mencionara el propósito de su llamada, y se sintió aliviada, cuando la mujer le hacía algunas preguntas sobre sus antecedentes y sus habilidades. Ana había subestimado su caso intencionalmente. No veía razón para presionar. Después de unos minutos de intercambio de palabras, su interlocutora preguntó si quería fijar una cita para una entrevista. Vaciló, luego estuvo de acuerdo. Odiaba tener esas vacilaciones, aunque las tenía todo el tiempo.

La entrevista fue acordada para el mismo día. Ana apreció eso, porque habría tenido demasiado tiempo para pensarlo y arrepentirse.

Se bañó y fue a su armario para elegir lo que se pondría. Sacó al menos 12 prendas, considerando con cuidado y luego rechazando cada una. Media hora después, aún se encontraba frente al armario. Ese día fue peor que lo usual. Por lo general, "sólo" le tomaba 15 minutos decidir qué ponerse. Finalmente, encontró algo menos intolerable que el resto y se vistió. Se percató de que había perdido tiempo valioso buscando ropa, aceleró el paso y tomó su currículo, su bolsa y salió corriendo por la puerta, cepillándose el cabello mientras caminaba. En el coche, se aplicó maquillaje y perfume mientras conducía, habilidad que había perfeccionado con los años. No tuvo ningún contratiempo; "es una buena señal", pensó.

Llegó dos minutos tarde a la cita y fue recibida por la mujer de la sospechosa voz agradable que había escuchado más temprano. Ésta le entregó una solicitud y la invitó a sentarse cómodamente a la mesa de la esquina para que la llenara. Ana se sentó, miró a su alrededor y se preguntó si ése sería su próximo lugar de trabajo. No sabía si le gustaba o no.

Llenó la solicitud y la entregó. Se sorprendió cuando, después de un par de minutos, fue llamada a la oficina de contratación. Ahí la recibió una mujer que creyó reconocer, pero luego se dio cuenta de que no era así. Parecía amigable, pero Ana sintió que la atravesaba con su mirada. Ana se movía de un lado a otro en la silla, mientras la entrevistadora aclaraba su garganta y revisaba la solicitud y luego el currículo. Asintió varias veces, lo que Ana tomó como mala señal. Los entrevistadores siempre mueven la cabeza varias veces antes de decidir que no te soportan.

Luego de unas cuantas preguntas, la mujer y Ana compartieron algunos comentarios amables acerca del empleo y cierta información acerca de la compañía. La mujer le hizo saber que debía entrevistar a otras personas más. Ana recobró su porte y se despidió. Se sentía mal por la entrevista, estaba segura de haberle caído mal a aquella mujer, aunque se había mostrado amigable. La amabilidad, creía Ana, era la defensa de los entrevistadores. Estaba segura de que no le darían el empleo. De inmediato se deprimió más que en las últimas tres semanas. Se preguntaba cuánto tiempo podría soportar el abuso que la vida le mandaba antes de darse por vencida. La idea del suicidio recorrió su mente, pero la imagen de que nadie se molestaría en ir a su funeral la hizo rechazar tal pensamiento. Al menos por ese momento. Ana condujo a casa y se preocupó cuando se dio cuenta de que no sabía si se había detenido en las señales de alto.

Cuando llegó a casa, se sentó, sin expresión alguna, frente al televisor; cambió los canales con el control remoto sin poder decidir qué ver. Televisión por cable, muchos canales, pero nada que ver.

Varios días después, Ana recibió una llamada. Alguien más había conseguido el puesto. "Gracias por haber llenado la solicitud; nos quedaremos con su currículo para futuras referencias; mucha suerte." Paralizada, Ana colgó el teléfono.

Ana no tenía forma de saber que la sobrina del jefe de personal había sido contratada sin la entrevista formal.

Discusión del caso de Ana

De todas las dimensiones de la experiencia que tienen mayor influencia en la depresión, la dimensión cognitiva está entre las más potentes. Tus pensamientos, ideas, creencias y percepciones son factores poderosos y fundamentales de la depresión, simplemente porque *cómo pienses* y *lo que pienses* determina gran parte de *lo que haces* y, por tanto, define tu experiencia.

APRENDE PRACTICANDO # 11

La posibilidad de una segunda oportunidad

Objetivo: aprender a pensar en términos de dar solución. Reconocer que las situaciones en la vida son repetitivas; de pasadas experiencias, es posible aprender cuáles son las situaciones que no manejas del todo bien. De tal conocimiento, podrás desarrollar nuevas respuestas que funcionarán bien, y las tendrás a mano cuando sean necesarias la próxima vez.

Toma algún tiempo para pensar en algunas situaciones recientes que no manejaste del todo bien. Identifica qué pensamientos puedes recordar que provocaron tu conducta. Ahora cambia esos pensamientos, y recrea mentalmente la situación con un desenlace nuevo y exitoso. Anotar cada uno ayuda a verlos con claridad. ¿Cómo cambia tu modo de sentir recrear dichas situaciones para que la consecuencia sea exitosa? La idea es enfrentar situaciones parecidas con mejores recursos, en vez de sólo enfocarse en lo que estuvo mal. ¡Piensa en términos de solucionar! Utiliza el ejemplo siguiente.

CAMBIANDO LAS RESPUESTAS ANTE LA SITUACIÓN

Situación	Respuesta previa	Respuesta nueva
Primer ejemplo: La interacción con un jefe que dirige ataques personales injustificados, disfrazados de una crítica constructiva	Aceptación pasiva de la crítica injustificada	Negarse a aceptar de manera categórica los malos comentarios; enfocar la opinión del jefe sólo a los asuntos del trabajo
Segundo ejemplo: La interacción de una entrevista de trabajo	Sentirme demasiado intimidado para preguntar lo que deseo saber	Preparar una serie de preguntas por escrito y plantearlas en el momento oportuno

Pensar incluye dar significado a las experiencias de la vida, establecer conexiones entre situaciones que parecen no tener relación y un sinnúmero de otras actividades asociadas con dar forma a nuestras experiencias. Lo que ha sido demostrado, sin lugar a dudas, es que las personas deprimidas a menudo cometen errores de pensamiento, lo que los expertos llaman "distorsiones cognitivas". Dichos errores conducen a interpretaciones fallidas, reacciones inadecuadas y al dolor de la depresión. ¿Puedes distinguir algunas distorsiones en el caso de Ana?

Ana mostró varios síntomas típicos de la depresión en su manera de pensar: expectativas negativas que la llevan a sentirse desolada ("Nunca conseguiré ese empleo..."), autoevaluación negativa ("...lo que puedo concluir es que debo ser una persona bastante inútil"), interpretación negativa de eventos neutrales ("...el repartidor de periódicos lo tiró ahí sólo para irritarme"), pensamientos suicidas, indecisión, mentalidad de "víctima" en la que siempre resulta perdedora, preocupación, rumiar (dar vueltas a los mismos pensamientos negativos una y otra vez) y enfocarse sólo en lo negativo de la vida, casi llegando a la exclusión de lo positivo.

Existen otros patrones cognitivos asociados con la depresión. En el "pensamiento global", la persona tiende a pensar en la "imagen completa", perdiendo de vista detalles importantes que harían el escenario más exacto. Ésta es una razón por la que, a menudo, las personas deprimidas se sienten abatidas con facilidad. Si consideras el rompimiento de los patrones de la depresión como una meta enorme, por ejemplo, pero no entiendes que hacerlo requerirá varios pasos, puede parecerte un objetivo imposible de alcanzar. Los pensadores globales casi siempre saben lo que quieren hacer (o experimentar), pero no tienen idea de los pasos más pequeños que deben darse para que eso sea posible.

Aprender a pensar con claridad, incluida la manera de separar lo que fabricas en tu mente de lo que realmente está sucediendo "afuera en el mundo", quizá sea la habilidad más importante que debe ser dominada por una persona deprimida o una persona que está en riesgo de estarlo. La mayoría de las actividades que te pido practicar en las secciones *Aprende practicando* son para ayudarte a considerar situaciones con una forma más realista –no depresiva– de pensar.

Dimensión histórica

EL CASO DE MARLA

Marla permanecía sentada en la sala de espera en la oficina del psicólogo de la escuela. Se miraba las uñas, tocaba su cabello, se movía en su silla y reproducía toda una serie de conductas conocidamente nerviosas. Intentaba descifrar por qué se sentía tan nerviosa, en especial a partir de esa undécima vez que fue llamada a la oficina del señor Lawrence. Aunque parecía extraño, a Marla le agradaba el señor Lawrence. Y no eran muchas las personas que pensaban así.

Marla deseaba no llorar ese día. Se enojaba consigo misma cada vez que lo hacía, aunque no podía evitarlo. El señor Lawrence le había dicho que estaba en malas condiciones y que tendría que hacer cambios significativos, si deseaba continuar en la escuela. Marla llevaba todas las materias reprobadas; faltaba a clases y permanecía en casa cada vez que no podía manejar la situación, que era la mayor parte del tiempo. Había tenido que consultar a un terapeuta clínico, el doctor Mitchell, el tipo de psicólogo que hablaba de *toda* su problemática, no sólo del apuro que tenía con sus estudios. A ella le agradaba el psicólogo, pero parecía que no podía hacer nada para ayudarla. Siempre le pedía que hablara de situaciones pasadas y cómo se había sentido.

Cuando se dio cuenta de que el doctor se sentía, como ella, impotente para ayudarla, se quedó en casa a llorar y desear nunca haber nacido. Su madre no se enteró de su inasistencia a la escuela, sino hasta la semana siguiente, cuando tuvo que llamar para informarse sobre un asunto administrativo, que no involucraba el desempeño de Marla. Cuando se enteró, hizo lo mismo de siempre: gritarle a Marla, insultarla, decirle la carga que era, y siempre había sido, y lo distinta que sería su vida si fuera una buena chica o se fuera de casa para causar problemas en otra parte.

Marla se mordió el labio mientras las lágrimas escurrían por su rostro. Odiaba a su madre. También la quería porque, después de todo, era su madre, pero en realidad sentía odio. La detestaba por haberse casado con su padre, un hombre malo que abusaba del alcohol y que nunca tuvo ni la menor idea del significado de la responsabilidad. Marla tenía cinco años cuando se fue, pero recordaba bastante los años vividos con él. Recordaba los gritos, los portazos, las veces que –temerosa– iba a esconderse debajo de su cama, hasta que la situación se calmara. Recordaba ver a su madre con moretones en la cara, y las veces que corría para abrazar a su padre cuando llegaba a casa. Algunas veces la alzaba en brazos y le decía algo agradable. Otras veces, sin embargo, le gritaba: "¡Vete con tu madre y déjame en paz!", haciéndola a un lado o, peor, dándole una nalgada. A simple vista nunca pudo discernir en qué estado llegaría; si iba a recibir un abrazo o una nalgada, pero seguía buscándolo. Gran error.

De pronto, su padre desapareció, y Marla se encontró en casa junto a otro hombre a quien tenía que decirle "papá". No entendía y tampoco estaba segura de querer entender. Ese nuevo padre también gritaba, aunque no tan seguido, pero hacía algo mucho peor cuando lo hacía: no sólo le daba nalgadas, sino que la golpeaba con fuerza. A su madre le dijo lo que ocurría, pero nunca estaba presente cuando eso pasaba, de modo que no le creyó. Su madre siempre se ponía de parte de él, y decía que si la golpeaba era porque lo merecía, aunque Marla sabía que no era así.

La vida de Marla se convirtió en un infierno. A diario imaginaba que le gritarían o, de nuevo, la golpearían por nada, o si podría escapar al enojo del supuesto padre y permanecer a solas en su habitación, su único santuario. Siempre sentía un nudo en el estómago cuando las labores en la escuela llegaban a su fin, porque sabía que debía regresar a su hogar. "La vida es muy injusta y nadie me quiere", es lo que pensaba constantemente y, algunas veces, cuando se miraba en el espejo, pensaba que lo merecía. Tenía muchos kilos de sobrepeso: un hecho que no escapaba a las miradas de ciertos chicos insensibles en la escuela. Debía usar anteojos, tenía granos en la piel y su cabello… no era siquiera tema de conversación.

La amabilidad del señor Lawrence era la única razón por la que aceptaba verlo. Antes la posibilidad de encontrar a un hombre que la escuchara parecía imposible. Los únicos con quien había tenido contacto verdadero eran sus dos "padres", ambos fuera de vista, pero difíciles de olvidar. Los odiaba y odiaba lo que le habían hecho a su existencia. Tenía la seguridad de que nunca sería importante para alguien, por ello era inútil tratar de aprender algo o ser diferente. A su madre no le importaba lo que hiciera, con tal de que no la molestara, y ¿a quién más podría importarle? Con ese pensamiento como fundamento, Marla decidió que la amabilidad del señor Lawrence era sólo parte de su trabajo. Juntó sus pertenencias y salió de prisa de su oficina, pensando que no tenía ningún caso estar ahí. A nadie *verdaderamente* le importaba.

Más tarde esa noche, mientras leía una revista, su madre le preguntó distraídamente si había visto al señor Lawrence. Marla contestó que sí. Su madre volteó una página sin decir nada. Marla se dirigió a su cuarto y esperó sentada en su cama a que algo más sucediera, algo que nunca ocurrió. Igual que antes.

Después de un rato, oyó que su madre se acostaba. Marla abrió su armario, sacó una pequeña maleta, empacó algunas prendas y se escabulló de la casa.

Dos días después, la mamá de Marla recibió una llamada por teléfono de la policía, a miles de kilómetros de distancia. Le avisaron que tenían a Marla; la encontraron durmiendo en la estación de autobuses. Avergonzada, furiosa, pero aliviada, la mamá de Marla sacó su agenda para ver cuándo podría tener tiempo de ir a recoger a su hija.

Discusión del caso de Marla

En la actualidad, cuando hay tantas parejas que se separan y los hijos son considerados una mercancía sacrificable, quienes resultan más afectados son esos hijos. No es una coincidencia que los jóvenes tengan la

---

APRENDE PRACTICANDO # 12

Valores aprendidos, valores erróneos

Objetivo: como resultado de lo que aprendiste o no en tu desarrollo, descubrir las destrezas específicas, que piensas no tener.

¿Qué aprendiste a valorar durante tu historia personal? ¿A despreciar? Si aprendiste a actuar o pensar de determinada manera para transmitir tus emociones, definir tu profesión, tu familia, etcétera, entonces aprendiste ciertos patrones de conducta. ¿Cuáles *no* aprendiste? Por ejemplo, si aprendiste a cuidar de los demás, quizá no aprendiste a cuidar bien de ti. Haz una lista detallada de lo que aprendiste y lo que no aprendiste. Ten a mano esa lista porque irás agregando datos conforme lees. Usa el modelo y ejemplos a continuación para comenzar.

VALORES QUE APRENDÍ

Lo que aprendí a valorar	Lo que no aprendí
Cuidar de otros	Cuidar del mismo modo de mí
Mantener mis emociones para mí	Aceptar y expresar mis sentimientos, como una parte importante de mi persona
Ser definido por mi trabajo	Aprender a relajarme y disfrutar de mi tiempo libre

---

mayor incidencia de depresión. La situación de Marla puede causarte una sacudida si crees en la santidad de la familia y la paternidad. Sin embargo, la cruda verdad es que el caso de Marla es típico en millones de jóvenes en la actualidad. ¿Cuál puede ser el futuro de Marla?

Podemos deducir que Marla ya es una persona con depresión crónica. Su historia es de rechazo, de abuso emocional, incluso físico. Tuvo a dos figuras masculinas hostiles que la rechazaban y desempeñaban el importante papel del "padre". También su madre fue una persona tan inmersa en lo suyo, que casi no estaba al tanto de Marla. La vida de Marla describe con claridad su depresión actual, y, por desgracia, es posible predecir que está en riesgo de no salir de esa depresión, a menos de que alguien intervenga.

Los típicos patrones de la depresión incluyen: una larga historia de pérdidas significativas (la muerte de seres queridos o apartarse de la

PAUSA PARA REFLEXIONAR # 6

Hallando síntomas

Relee cada una de las viñetas en este capítulo para identificar los síntomas, conforme van apareciendo en los sentimientos, pensamientos y conductas de las personas en los ejemplos. ¿Resulta efectivo tener una lista de síntomas para detectar los tuyos en la vida real? Podrás notar que he incluido tanto estilos anecdóticos como verificación para ayudarte a identificar tus propios patrones de síntomas.

Para que un individuo sea considerado deprimido, no necesita tener todos o la mayoría de los síntomas descritos. Algunas personas que han aprendido a ajustarse a sus propias experiencias negativas, aceptan los síntomas depresivos como parte básica de su estilo de vida, y ya casi no los notan. Para otras, los síntomas son mucho más inmediatos y dolorosos, y siempre dominan su estado consciente.

familia), circunstancias dolorosas e incontrolables, que convierten a la persona en una víctima (castigos arbitrarios, abandonos, humillaciones, abusos de cualquier clase), exigencias y ambientes inconsistentes (ser premiado un día y castigado al siguiente), además de llevar una existencia que nunca permite el desarrollo de maneras efectivas y mundanas para enfrentar los retos que presenta la vida. Cuando uno lucha sólo por sobrevivir, resulta casi imposible hacer algo más.

Marla está tan consumida por el odio y la rabia hacia sí misma y el mundo que la rodea, que le tomará bastante tiempo darse cuenta de que existen buenas personas allá afuera. Aún no ha conocido a tales personas, sólo a los profesionales a quien paga para que la atiendan.

Si en tu vida no están presentes las experiencias que proveen un sentido de bienestar, de seguridad y valía, si careces de las destrezas sociales, como parte de tus antecedentes, estás en riesgo de desarrollar patrones de vida hirientes. No se trata de saber si deseas o necesitas sufrir, sino la importancia que tiene no saber cómo tener acceso al tipo de experiencias positivas. Si deseas romper los patrones de la depresión, aprender ahora lo que quizá deberías haber aprendido será el camino para obtener alivio. Identificar lo que debes comenzar a creer de ti mismo y tomar responsabilidad por tu propia felicidad es el primer paso del proceso.

APRENDE PRACTICANDO # 13

Signos de mejoría

Objetivo: ayudarte a reconocer tus síntomas de depresión y la(s) dimensión(es) en que pueden tender a agruparse y definir los signos específicos para saber cuándo estás mejorando (más allá de sólo "me siento mejor").

Regresa a la lista original de síntomas que asociaste con la depresión en el ejercicio *Aprende practicando # 6*, y, si lo consideras apropiado, agrega otros a la lista. Luego clasifica cada síntoma de acuerdo con la dimensión en la que se encuentra (física, conductual, cognitiva, etcétera). ¿Cuál dimensión(es) parece más prominente en tu experiencia? ¿Por qué piensas que es así?

Por escrito, califica cada síntoma en una escala del 1 al 10 (1 fácil, 10 difícil) en cuanto a qué tan fácil o difícil piensas que será resolverlo. Luego, en cada síntoma afirma de manera *específica* cómo sabrás cuando estás mejorando. ¿Cómo será el escenario? ¿Qué podrás hacer que no puedes hacer ahora? ¿Cómo será el cambio en tus sentimientos?

Si tienes dificultad para ser específico, eso puede estar diciéndote algo acerca de por qué no has mejorado.

Utiliza el cuadro de abajo para ayudarte a comenzar.

SÍNTOMAS, DIMENSIONES Y SIGNOS DE RECUPERACIÓN

Síntomas	Dimensión	Calificación de 1 a 10	Signos de mejoría
Trastorno del sueño	Física		Un aumento en la cantidad de sueño ininterrumpido
Indecisión	Cognitiva		Tomar decisiones, pequeñas y grandes, más rápidamente y con menos equivocaciones
Irritabilidad	Afectiva		Disfrutar más de las interacciones, ser menos irritable con los demás, tener mejor sentido del humor
Aislamiento	De relación		Participar en actividades sociales, entablar relaciones uno a uno de manera más consistente, crear más oportunidades sociales

Enfocarse en el dolor del pasado *no* es una buena solución. Puede conducirte a desarrollar mayor discernimiento para conocerte mejor, pero hacer énfasis para explicar tu pasado o tu presente no crea nuevas perspectivas o destrezas para manejar mejor el futuro. Conocer el pasado de Marla explica sus sentimientos y perspectivas, pero no arregla los problemas que le provocan. Cuando te enfocas sólo en el pasado, intencionalmente te centrarás en los problemas, no en las soluciones. Lograrás más si te enfocas en las soluciones.

Evaluando *tu* experiencia de la depresión

Como podrás notar por los diferentes ejemplos y síntomas descritos en este capítulo, el problema de la depresión puede tomar distintas formas y ser causado por diversas circunstancias de la vida.

El grado de tu depresión sólo está parcialmente determinado por el número de síntomas que sientes. Aunque ciertos síntomas pueden no estar presentes, la intensidad de la experiencia de la depresión es una evaluación subjetiva. Es comparable al concepto de un umbral de dolor. Algunas personas logran soportar dolores físicos intensos y rara vez, si acaso, buscan los servicios de un médico o dentista. Otros buscan intervención médica o dental por una leve punzada de malestar.

Debido a que la depresión es un asunto individual, su tratamiento debe ser igual. Si verdaderamente quieres romper los patrones de la depresión en tu vida, necesitarás ser hábil en identificar cuáles patrones de tu estilo de vida te hacen vulnerable. La autoayuda es posible cuando apuntas al blanco apropiado.

Capítulo 4

Patrones de depresión

Los patrones que describo en este capítulo representan distintas maneras en que las personas organizan sus experiencias y dan estructura a su visión personal de la "realidad". Lo que en ocasiones difiere enormemente de una persona a otra es su cultura, y ésta es el modo en que las personas perciben incluso los aspectos más fundamentales de la vida, como la estructura en la familia, el papel que desempeña el hombre y la mujer, la profesión, el amor y *casi* todo lo demás. Muchos de los patrones que desarrollamos nos aportan felicidad, satisfacción, un sentido del propósito y otros buenos matices. Sin embargo, algunos nos conducen a malas elecciones, muestran una conducta socialmente inadaptada y dan respuestas inadecuadas a los problemas de la vida.

Los objetivos, entonces, son identificar lo que desconoces que te lleva a consecuencias dolorosas y aprender nuevas maneras de pensar, sentir y conducirte que te ayudarán. Puedes aprender a evitar problemas (por malas elecciones o el mal manejo de tus situaciones) y puedes también aprender a manejar las complicaciones que no has creado (como ser despedido cuando tu empleador quiebra o perder a un ser querido por fallecimiento).

Vayamos, de nuevo, de lo general a lo específico y consideremos las fuerzas que dan forma a los patrones individuales de las personas.

Socialización y desarrollo personal

Es una verdad conocida que consideramos "normal" aquello con lo que crecimos; se convierte en un parte incuestionable de nosotros mismos. Sin embargo, aquello que *no tuvimos* durante nuestro desarrollo puede convertirse en un asunto medular en nuestra vida. Por ejemplo, crecer con amor nos hace menos propensos a necesitarlo o despreciarlo. Crecer sin amor puede convertirse en la meta de la vida, aunque

---

APRENDE PRACTICANDO # 14

Reglas de familia

Objetivo: identificar las fuerzas en los antecedentes de tu familia que han ayudado a dar forma a tus perspectivas.

¿Cuáles eran las reglas en tu familia? ¿Cuáles eran manifiestas y cuáles implícitas? ¿Qué te enseñaron a valorar? ¿Cómo sabías lo que era correcto decir o hacer? Puedes escribir tus respuestas en forma de listas, usando la guía y ejemplos a continuación.

Valor o regla de la familia	Cómo era comunicado ese valor o regla	Cómo era premiada o reprendida mi respuesta
Valor: viajar	Los viajes eran planeados y realizados con frecuencia por la familia	Colaborar y cooperar, así como expresar felicidad e interés era premiado por ser respuestas deseables
Regla: primero es el trabajo, después la diversión	El valor o regla era directamente manifestada	Divertirse no era permitido sin antes haber cumplido con alguna tarea

---

es triste que, a veces, no lo reconozcamos pese a que lo tengamos frente a nosotros.

La familia inmediata es el primer agente de socialización durante los primeros años de infancia. Después otros agentes de socialización toman creciente importancia en el mundo del infante. Tales fuentes de experiencia y retroalimentación son la familia; los medios de comunicación (en especial la televisión); la escuela y, en particular, los maestros; las instituciones religiosas y otros representativos de la sociedad a la que la niña o niño está expuesto. Todos y cada uno estamos expuestos a fuerzas que continuamente dan forma a nuestras percepciones, sentimientos e ideas. Dichas fuerzas requieren que desarrollemos maneras de pensar y responder; maneras que funcionarán a favor o en contra nuestra cuando manejamos distintas situaciones de la vida.

Cuando has aprendido patrones que funcionan en tu contra, la depresión puede ser una consecuencia predecible. Infiero que los patrones que aprendiste mediante tus antecedentes individuales y culturales te condujeron a este libro. *Para que puedas sobreponerte a la depresión, tendrás que identificar no sólo los patrones clave que causaron tu estado actual de angustia, sino que necesitarás desarrollar los patrones que te ayudarán a ser feliz y a sentirte bien otra vez.*

En este punto, espero que estés leyendo entre líneas y que estés consciente de que gran parte de lo que es la depresión es algo *aprendido*. A partir de que sea posible *desaprender* la depresión, podrás enseñarte a prevenir serios episodios futuros y manejar con más efectividad los que puedan ocurrir para que sean menos dolorosos.

Pienso que la depresión es, en la mayoría de los individuos (sin generalizar), un subproducto de un aprendizaje erróneo. Cuando afirmo que es un "aprendizaje erróneo", *no* estoy culpándote. Estoy estableciendo que *eres como eres porque así fue como aprendiste a ser* mediante todas las fuerzas de socialización mencionadas. Que tus antecedentes te han llevado a desarrollar los patrones que ahora tienes, es simplemente un hecho. El pasado es tu pasado. Ni tú ni yo podemos cambiarlo. Sin embargo hay mucho que puedo decirte y bastante más que *puedes aprender* para mejorar tu presente y tu futuro. Como verás en el próximo capítulo, el futuro no es meramente "más de lo mismo". Si tomas algo de tu tiempo, como lo estás haciendo ahora, para aprender todo lo que puedas de ti mismo y acerca del manejo de las situaciones de tu vida con mayor efectividad, entonces tu depresión podrá convertirse en algo del pasado.

Existe un aspecto central de tus características que resulta más significante que las otras: tus valores. De hecho, la mayor parte de tus patrones están directamente relacionados con tu sistema de valores. Deseo que te enfoques en tus valores y veas cómo se relacionan con tu vida interior. Luego, después de exponer tus valores, podremos ver más de cerca los patrones que más influyen en tu experiencia de la depresión.

Socialización y la función de los valores

Hasta ahora, la socialización ha sido considerada sólo desde el punto de vista del desarrollo del niño. En la realidad, las interacciones con otras personas, así como con las diversas instituciones de la sociedad

---

APRENDE PRACTICANDO # 15

Valores aprendidos, cambio de valores

Objetivo: descubrir fuerzas más allá de tu familia que han formado tus valores y tu visión del mundo.

Más allá de tu familia inmediata, ¿cuáles han sido las influencias más prominentes en el desarrollo de tu sistema particular de valores? En una columna escribe el título *Fuerza,* en otra el título *Valor aprendido* y una tercera que titularás *Cómo expreso ese valor.* Lo que voy a pedirte que hagas es ser muy específico acerca del lugar donde aprendiste el valor, cuál era ese valor y cómo se presenta dicho valor en tu conducta diaria y tu manera de pensar. Al realizar este ejercicio, descubrirás que algunos de los valores que conservas funcionan muy bien; otros terminan por funcionar en tu contra, en algún grado. En consecuencia, ello te pone en posición de modificar tus valores de antaño para producir experiencias satisfactorias en tu vida. Utiliza la información y ejemplos siguientes.

Fuente	Valor enseñado	Cómo expreso ese valor
Maestro de piano	Persistencia	Al aprender una nueva destreza, reconozco que al principio quizá resulte poco diestro, pero mejoraré con la práctica
Beisbol	Ser un jugador de equipo	Pondré el éxito de un proyecto antes que mi propio ego, haciéndolo a un lado si con ello logramos el objetivo
Religión	La "regla de oro"	Confío demasiado en los extraños y a veces se aprovechan de mí

---

suceden a lo largo de la vida. Considera la función de la socialización en tus primeras dos décadas. Durante tus primeros 20 años, según concuerdan varios expertos, se desarrolla y se integra gran parte de tu sistema de valores personales.

¿Qué constituye un sistema de valores? Tu sistema de valores es un marco interno de referencia, en gran parte inconsciente, pero de amplia influencia, que te hace formar juicios acerca de, y reaccionar ante, los acontecimientos de tu vida. A través de ese sistema de valores juz-

---

Cuadro 2. Ejemplos de las polaridades en los valores

1. Logros *vs* sólo "estar"
2. Expresividad emocional *vs* contención emocional
3. Ser más emotivo *vs* ser más lógico
4. Materialismo *vs* espiritualidad
5. Estar conectado con otros *vs* estar aislado
6. Estar orientado en favorecer a los demás *vs* estar orientado en sí mismo
7. Estar orientado al trabajo *vs* estar orientado hacia las personas
8. Ser un conformista *vs* ser un individualista
9. Ser competitivo *vs* ser cooperativo
10. Mantener la tradición *vs* hacer cambios
11. Tomar riesgos *vs* conservar la seguridad
12. Profundizar *vs* buscar la variedad en las experiencias

---

gas cada una de las experiencias que tienes, evaluando si fueron normales o anormales, buenas o malas, correctas o incorrectas, aceptables o inaceptables, importantes o triviales. Todos *debemos* juzgar nuestras experiencias para encontrar una manera significativa para relacionarnos con ellas. Por ejemplo, todos juzgamos a los demás porque tales juicios nos dan un modo organizado, *incluso si es incorrecto,* de reaccionar. En breves palabras, juzgar es necesario para formular un plan de acción.

Basándote en tu sistema de valores, es probable que busques un tipo de experiencia deseable, de modo que excluyes otro tipo de experiencia. Desarrollas ciertas capacidades que te parecen importantes o que valen la pena, e ignoras otras que consideras menos necesarias o valiosas. ¡No puedes estar en todas partes y aprender todo! Si, por ejemplo, estuvieras aprendiendo cómo lidiar con un ambiente familiar difícil, entonces no estarías aprendiendo cómo relajarte y disfrutar relaciones fáciles de llevar y armoniosas. Tal concepto es sencillo pero relevante, particularmente si se concibe la depresión como resultado de aprendizajes incompletos o incorrectos. *Lo que ignoras cómo hacer puede causar depresión,* como podrás constatar a partir de los ejemplos en este capítulo. Finalmente, la salud mental es la habilidad de adaptar tus destrezas de manera efectiva a la variedad de situaciones que enfrentas.

APRENDE PRACTICANDO *# 16*

¿Cuán firmes son tus valores?

Objetivo: reconocer tus valores más débiles y los más firmes, y cómo tus elecciones influyen en la calidad de tu vida.

Revisa cada uno de los puntos del cuadro 2. Asigna números del 1 al 10 para reflejar cuán firme (10) o débil (1) crees que tiene cada valor. ¿Cómo lo sabrás? Detalla tus conductas que reflejen cierto valor. Cuanto más al extremo estén tus números, mayor facilidad tendrás para identificar cuál valor representa tu mejor potencial y tus mayores debilidades. Utiliza la guía siguiente para ordenar tus pensamientos.

Valor	Su fuerza relativa	Conductas que reflejan ese valor

Polaridad en los valores

Tal vez te resulte útil pensar que un valor existe en un espacio continuo, con opuestos a los extremos y bastante espacio en el medio donde pueden estar diferentes puntos de vista de ese valor. Es posible describir distintos valores que cada individuo puede tener. La influencia de algunos valores sobre tus puntos de vista y tus respuestas es más poderosa que la de otros. En el cuadro 2 aparece una lista de diversos valores que pueden desempeñar un papel central en la experiencia de varios individuos con depresión.

Conforme veas las polaridades mostradas en dicho cuadro, toma algo de tiempo para considerar la relevancia de cada uno en tu experiencia personal. Recapacita acerca de cuántos valores conservas y cuán arraigados están. Considera, por ejemplo, el valor designado con el número seis: "orientado hacia los demás *vs* orientado hacia sí mismo". Nadie está por completo orientado hacia uno u otro aspecto. Sin embargo, la historia individual de socialización puede conducir marcadamente hacia uno de los dos. Tal desequilibrio puede llevar a complicaciones en la vida.

Considerando el papel que un valor desempeña al procesar todas las experiencias de tu vida, es fácil observar cómo la educación puede crear patrones que te ponen en riesgo de tener gran variedad de experiencias negativas, incluida la depresión. Por ejemplo, ¿debe sorprendernos que, en la educación de la mujer, el diagnóstico depresivo sea el doble que en el hombre debido al valor que afirma: "Tus expectativas y exigencias deben estar orientadas hacia el servicio de los demás"? En un caso tal, la polaridad de ese valor, además de la "necesidad para amoldarse", pone de manifiesto la manera en que el aprendizaje puede conducir a buscar experiencias en la vida que, finalmente, funcionarán afectando el bienestar general.

Cada uno de los valores mostrados en el cuadro 2 son neutrales, ninguno es implícitamente negativo o positivo. Más bien, cada uno obtiene su valor sólo en relación con los varios aspectos de la vida. Tomemos en cuenta, por ejemplo, al hombre que sitúa su valor en conseguir triunfos, pues, desde niño, la socialización de su cultura lo enseñó que su valor estaba en sus logros. No sería sorprendente, entonces, que tenga altas expectativas en cuanto a su profesión y trabaje duro para alcanzarlas, quizá en detrimento de la relación con su esposa y su familia, que pasan a segundo plano. Tan pronto como las circunstancias se lo permitan, expresará su necesidad de sobresalir y alcanzar "logros" que puedan ganarle la aprobación de los demás: el éxito financiero, un estatus profesional, etcétera. Si, por el contrario, sus circunstancias cambian, puede sobrevenir una crisis. Si el hombre en nuestro ejemplo hipotético es incapaz de continuar sus logros, por la razón que sea, perderá el enfoque central de su vida y el desenlace será, inevitablemente, un estado depresivo. *Los valores pueden crear rigidez; y, si esos valores son retados, dicha rigidez puede ponerte en resigo de sufrir una depresión.*

Los valores representados en el cuadro 2 pueden representar un estilo de vida completo. Es posible que los períodos de crisis en la vida de un individuo sean agudos, depresiones serias que con frecuencia ocurren por la falla en el sistema de valores sobre los que dicho individuo basó su vida. También es posible predecir la proporción de tales crisis cuando el individuo ha estado subiendo por la escalera de su profesión y, de pronto, su carrera se ve destrozada por un despido o

---

APRENDE PRACTICANDO # 17

Identifica tus puntos vulnerables

Objetivo: identificar los factores de riesgo debidos a un desequilibrio en tus valores. He aquí la oportunidad de prevenir, no sólo limpiar por encima.

Revisa los valores del cuadro 2 y sopesa el valor que has otorgado a cada uno en el ejercicio *Aprende practicando* previo a éste. Evalúa en qué lugar se hallan los puntos vulnerables, de acuerdo con tu estilo de vida. Por ejemplo, si estás orientado "al trabajo y nada de diversión" (valorando el éxito profesional más que nada), y, por cualquier razón, no puedes trabajar, esa situación representaría una crisis potencial en tu vida. Revisa todos tus demás valores para identificar circunstancias específicas que podrían ser una amenaza a tu sentido de bienestar. Al identificar tus áreas vulnerables, estarás en mejor posición para elegir aquello que quieras o no hacer para protegerte en cada área vulnerable, o si sólo deseas reconocerla y mantener tu estilo de vida actual. Tener la opción de elegir es mejor que no tenerla. Utiliza el ejemplo siguiente para ayudarte a organizar tus pensamientos.

Valor que poseo	Situaciones que representan un riesgo para mí
Trabajo, productividad	Vacaciones (no puedo relajarme)
	Despido (me quedo sin trabajo)

---

una enfermedad grave. En una mujer es predecible el desenlace de la crisis, cuando ha construido su vida alrededor de los demás (esposo, hijos) y se queda sola. Si tanto el hombre como la mujer de los ejemplos son capaces de enfrentar sus situaciones, ajustándose con rapidez a los cambios impuestos, entonces tendrán menos probabilidad de sufrir una depresión.

Si examinas cada uno de los valores del cuadro 2, podrás ver que poner énfasis en uno de los dos extremos de una experiencia te lleva a circunstancias depresivas. Es posible que suceda cuando descubres un déficit o deficiencia en tus habilidades basadas en el valor de las experiencias que se hallan en el otro extremo. Esto es precisamente a lo que me refiero al mencionar un *déficit experimental*, es decir, desequilibrios y aprendizajes erróneos como la base común de las depresiones. Es posible prevenir episodios depresivos cuando te anticipas a tus puntos vulnerables (*factores de riesgo)* de la depresión, porque podrás romper los patrones y desarrollar una mejor y equilibrada manera de vivir.

PAUSA PARA REFLEXIONAR # 7

Deseos personales en el mundo real

Esta sección tiene el propósito de subrayar cuán equilibrada debe estar tu conciencia acerca de tus valores, con las acciones que tomas en la vida. Considera tu experiencia interna cuando respondes a un sentimiento o una situación, según lo que piensas que debes sentir o lo que piensas que debes valorar, cuando en realidad no es así como te sientes. Estar cierto de cuáles son tus valores y vivir de acuerdo con esos valores, pero también equilibrar tus creencias internas y deseos en yuxtaposición con las realidades externas, son aspectos importantes para sentirte bien.

Mi respuesta: es difícil, pero necesario, tomar en cuenta la línea que separa tus sentimientos de tus acciones. Cuando las personas actúan sólo de acuerdo con sus sentimientos, pueden decir o hacer algo que esté en contra de sus metas. Por ejemplo, es posible que no sientas gran interés por los dibujos que tu hijo hizo en la escuela, pero podrías verlos y decir algo agradable acerca de ellos. ¿Por qué debes actuar de manera inconsistente con respecto a tus sentimientos? Por el bien de tu hijo. Algunas veces debes poner de lado tu estado de ánimo y sentimientos para asistir a los demás, anteponiendo sus necesidades a tus deseos. En otras ocasiones, es tu deber decir lo que sientes ("Estoy enojado por tu tardanza y porque no te molestaste siquiera en llamar") a fin de alcanzar tu meta de que los demás respeten tus necesidades y deseos.

Antes de que la depresión ataque, casi siempre están en operación los factores de riesgo que te conducen a ella. Con demasiada frecuencia, las personas notan y responden sólo a lo que obviamente dispara un episodio, y nunca se dan cuentan de los factores de riesgo invisibles (como sus valores) que, en primer lugar, las hicieron vulnerables. Este aspecto tiene un valor tremendamente preventivo. De ahí que sea obligado examinar tus valores para determinar la habilidad que cada uno te permite, así como las limitaciones asociadas que después pueden ponerte en riesgo.

Para conseguir vivir una vida placentera, debes reconocer tus valores y buscar mantener un estilo de vida que los refleje de manera consistente. Algunas veces la depresión surge de situaciones donde nos decepcionamos al decir o hacer algo que viola nuestros propios valores o la manera en que pensamos que "debemos" ser. Para sentirnos bien, también es importante reconocer el valor que tienen nuestras experiencias, que yacen fuera de los límites de previas experiencias. Aprender a hacerlo puede desarrollar de inmediato un mayor grado de flexibilidad. *Mantener el equilibrio en tu vida significa tener la capacidad de cambiar con las épocas de cambio, ajustándote con comodidad a las circunstancias, según sea necesario.*

También recuerda que los valores que aprendiste al inicio de tu vida pueden tener muy poca relación con vivir una buena vida *hoy*. Por ejemplo, asumir que una vez que te casas con alguien, él o ella *siempre* estarán contigo es un concepto anticuado, aunque positivo, acerca del matrimonio, y uno que no se ajusta al presente debido al alto índice de divorcios.

No puedes dar por hecho que alguien siempre estará contigo sin condiciones. Por el contrario, debes encontrar alguien que comparta tus valores y destrezas para hacer posible que tu matrimonio sea duradero.

¿Corresponden tus valores con tu realidad actual? Creo firmemente que, si lo que haces no funciona, ¡debes ajustarte a la realidad de las circunstancias y hacer algo más!

Otros patrones de tu experiencia

Hasta ahora, me he enfocado en el rol que desempeñan tus valores y que dan forma a tu experiencia. Existen otros patrones que también desempeñan funciones significativas en tu diario vivir. En esta sección, describo algunos.

Estilo cognitivo (pensamiento)

¿Cómo es tu manera de pensar?

Las teorías cognitivas de la depresión, presentadas en secciones anteriores, describen maneras de pensar que nos hacen responder en forma de patrones ante las exigencias de la vida. Tu estilo de pensamiento puede ser descrito de diversas maneras, una de ellas es si piensas en términos abstractos o concretos.

Las personas que piensan de manera abstracta son capaces de conceptualizar y relacionarse con conceptos menos definidos que no existen en su marco de referencia, como la preocupación por la paz mundial. También pueden tamizar los significados y principios por experiencia, y reconocer paralelos y similitudes en experiencias aparentemente sin alguna relación. Por ejemplo, pueden transferir la necesidad de tomar riesgos hacia juegos de mesa o cambios de profesión. Por el contrario, quienes piensan en términos concretos tienden a enfocarse únicamente en lo que está bien definido e inmediato y es probable que no vean las similitudes en sucesos aparentemente sin relación.

El grado en que seas abstracto o concreto en tu manera de pensar incide de manera directa en la experiencia que tienes de ti y de los demás. Ello influye en situaciones como cuán rápido aprendes de la experiencia, cuán precisas son tus metas y acciones y cuán claro es tu pensamiento. Vivo en California, donde algunos terapeutas hablan de "compartir energía", "estar aterrizado", "bien conectado" y "tener espacio". Ésas y otras frases abstractas parecen tener significado para algunas personas, pero no significan nada para quienes requieren mayor definición y explicaciones reales. En otro ejemplo, los políticos hablan de "patriotismo", "hacer lo correcto", "agenda liberal o conservadora" y otros conceptos etéreos. Ésos son términos abstractos pobremente definidos que representan ideas elevadas más que experiencias reales.

Con frecuencia, los pacientes presentan objetivos tan abstractos, vagos y escasamente definidos, que no tienen conexión con la "vida real". Es probable que los pacientes que quieren "autorrealizarse" o "descubrir su esencia" no tengan un buen desempeño al seguir un tratamiento, porque no tienen una definición concreta de lo que debe suceder. El pensamiento abstracto puede ser maravilloso, pero *no* cuando tu bienestar está en riesgo.

Los pacientes dicen: "Todo lo que quiero es ser feliz". Pero ésa es una meta mal definida como para ser aceptada. Debo averiguar de lo que, en verdad, están hablando. ¿Qué quiere decir "feliz"? ¿Cómo sabrías si lo eres? ¿Qué sería diferente? ¿Qué harías o sentirías entonces, que no puedes hacer o sentir ahora?

Si, por un lado, tu manera usual de pensar es con patrones abstractos, la falta de procesos de pensamiento concretos y bien definidos podría indicar la necesidad de tratamiento. Si, por otro lado, tiendes a ser tan concreto en tu manera de pensar que no percibes las similitudes entre experiencias diferentes, así como las diferencias entre experiencias similares, también puede ser un déficit que requiere atención.

Te animo a *pensar siempre que los patrones efectivos que aprendes en una situación pueden aplicarse en situaciones similares.* Recuerda que la tendencia a generalizar en extremo –usar el patrón que funcionó en cada situación similar– también es evidencia del pensamiento concreto. Por ejemplo, sentir y actuar de manera indefensa, como lo haría un niño dentro de una familia abusiva, puede ser una respuesta realista en ese ambiente, pero no tiene sentido actuar como si fueras indefenso en cualquier circunstancia, aun como adulto. Ese enfoque "unitalla" es un ejemplo del pensamiento concreto, no crítico.

¿Eres un pensador global o detallado?

Existe otro estilo de pensamiento que me gustaría que identificaras. ¿Es tu pensamiento "global" o "detallado"? Tal modo de pensar implica tu habilidad para descomponer las experiencias completas (globales) en las partes que la componen, y tu habilidad para usar los detalles para ver la "escena completa". Hablando de manera metafórica, es examinar si un individuo es capaz de "ver los árboles y no el bosque" (detallado) o "el bosque y no los árboles" (global).

El enfoque de las personas deprimidas ante los problemas de la vida tiende a ser global. Por ejemplo, podrías tomar todos los problemas que parecen existir en tu vida y combinarlos en una gran depresión, avasalladora y paralizante. *Descomponer en partes y evaluar la prioridad de los problemas, así como ordenar tus tentativas para resolverlos de manera efectiva es la mejor forma de manejar tu vida.* Si alguna vez te ves pensando o diciendo algo como: "No puedo enfrentar *todo* esto", o "Mi vida es un desastre *total*", o "*Nada* de lo que hago está bien", entonces estás haciendo afirmaciones globales. Ésas son maneras de trabajar en tu contra, perdiéndote entre tus sentimientos en vez de enfocarte en resolver problemas específicos. Cuando te sientes demasiado agobiado, al punto de darte por vencido, te encuentras en un estado global y necesitas que tu plan de acción sea más específico y enfocado.

El pensamiento global conduce a una parálisis de la voluntad y a una pérdida de motivación. El mismo patrón se manifiesta en otros problemas, además de la depresión; otra complicación es postergar alguna decisión. Si todo el tiempo estás pensando acerca de *todo* lo que tienes que hacer, te sientes agobiado y luego no haces *nada*, o muy poco, es evidente que tienes un pensamiento global. De nuevo, evitas tomar *alguna* acción, pensando que tienes que enfrentar *todo a la vez*. ("Toda la casa necesita una limpieza general de arriba abajo. *Nunca* voy a acabar: así que mejor me quedo aquí, viendo la televisión.") *Aprende a descomponer en partes pequeñas las situaciones que tienes que atender, en acciones más manejables.*

Otra forma global de pensamiento surge en las comparaciones autocríticas que a menudo haces de ti y de otras personas. Por ejemplo, cuando ves el éxito de otras personas, estás observando el resultado final de un esfuerzo sostenido a lo largo del tiempo. Una persona de pensamiento detallado, que reconoce y entiende la secuencia de pasos necesarios para lograr algo, puede apreciar la cantidad de trabajo y esfuerzo invertidos para alcanzar dicho éxito. El pensador global tiende a ver sólo el producto final y no considera el tiempo y el esfuerzo invertidos, por lo que se siente agobiado y deprimido por ser "incapaz" (en su mente) de lograr un éxito similar.

Lo que quieres alcanzar (felicidad, éxito, una buena relación) es posible, pero si no conoces los pasos para lograrlo, entonces parecerá imposible de obtener. Sólo porque no sabes cómo alcanzar tus metas en este momento, no quiere decir que no puedas aprender las habilidades para lograrlo. Con frecuencia, la terapia incluye el aprendizaje de cómo descomponer una experiencia global ("una buena relación") en pasos manejables para poder mostrar la secuencia específica necesaria para obtener un resultado determinado.

Es vital para tu sensación de bienestar que inviertas el tiempo y la energía –si es lo suficientemente importante para ti– en averiguar, a partir de fuentes capacitadas, las habilidades y los pasos necesarios para lograr los resultados que deseas. Es importante hacer énfasis en que: no saber *cómo* hacer algo es muy diferente de suponer que *no puedes* hacerlo. Puedes superar tu pensamiento global mediante *el aprendizaje de pasos específicos en una secuencia organizada que puede conducirte a resultados deseables.* Si no sabes hacer algo, aprende de alguien que sí

---

*APRENDE PRACTICANDO # **18***

Los pasos hacia el éxito

Objetivo: subrayar el hecho de que *cualquier* meta que alguien alcanza con éxito se debe a una estrategia, una serie de pasos intencionales que pueden ser identificados y seguidos para crear buenos resultados.

Éste es un ejercicio clave que te ayudará a desarrollar habilidades específicas en áreas donde son necesarias. Identifica cinco actividades que, sin lugar a duda, haces bien (como envolver un regalo o conducir un coche). Identifica cada paso, incluso los más obvios, involucrados en esa actividad. Luego diseña una gráfica de flujo para orientar a alguien que no conoce dicha actividad, paso a paso del proceso. ¿Te sorprende cuántos pasos están involucrados en esa acción que sabes hacer muy bien? ¿Con qué claridad puedes identificar cada uno de los pasos necesarios para llevar a cabo la secuencia correctamente? ¿Qué pasaría en tu éxito general si te faltara uno o dos pasos? Y, ¿cómo te sentirías al respecto?

---

lo sabe y que, además, tenga la habilidad de enseñar de manera detallada. Con frecuencia hay personas que tienen destreza al hacer algo, pero no saben cómo lo hacen. No ofrecen ayuda alguna; ni saben cómo explicar sus métodos o sus procesos de pensamiento.

¿Cómo te explicas las situaciones de la vida?

El tercer aspecto de tu estilo de pensamiento está relacionado con lo que se llama "estilo atribuido". Dicho estilo, como recordarás del capítulo 1, es la explicación que te das de los sucesos de la vida en forma de patrones. Por ejemplo, si por lo general, en tus explicaciones acerca de los sucesos negativos, te culpas a ti mismo, ello significa que tu respuesta es global; y si, además, crees que las circunstancias no cambiarán con el tiempo, entonces la depresión es la consecuencia predecible. Además, si reconoces que los efectos negativos no siempre son resultado de tus errores, las peores circunstancias pueden cambiar. Sí cambiarán. Si, además, limitas tus conclusiones a la solución específica inmediata, entonces es menos probable que tengas experiencias depresivas. Esto subraya la necesidad de tener la capacidad de reconocer consistente y hábilmente si algo está o no bajo tu control, si es temporal o permanente y si afectará una o varias áreas de tu vida.

La ansiedad y el estilo atento

¿Eres centrado o distraído?

Algunos de los síntomas más perturbadores de la depresión son la agitación y la ansiedad. La ansiedad es, tal vez, la condición de comorbilidad más común en la depresión. Deteriora la habilidad para centrarse y pensar con claridad. Físicamente es tan incómoda, que las personas quisieran salirse de su cuerpo. Para hacerle frente, a menudo dichas personas recurren a las drogas o al alcohol. Opción equivocada. *Las drogas y el alcohol empeoran la depresión.* Cualquier sustancia que alguien use para manejar la ansiedad lo calma hasta cierto grado, pero sólo es una *cura temporal* y tiene los inconvenientes siguientes:

1. Las drogas disfrazan los problemas que necesitan verdadera ayuda.
2. Las drogas retardan o incluso impiden el desarrollo de estrategias efectivas y refinadas de autocontrol, haciendo más probable que el daño se repita.
3. Las drogas pueden crear adicciones físicas, a lo sumo; dependencia emocional, cuando menos.
4. Las drogas afirman tu sensación de estar fuera de control y difícilmente es un estímulo para la autoestima.
5. Las drogas pueden estimular o agravar los mismos conductos nerviosos que la depresión.

Es común que quienes sufren de depresión abusen de las drogas. Más de una en cuatro personas (27 por ciento) de las que sufren depresión severa tienen un problema con el alcohol o las drogas, o ambos. A menudo, la persona puede terminar pidiendo ayuda para remediar su problema con las drogas, pero la depresión subyacente no es atendida. Éste es el camino a la reincidencia.

La ansiedad puede adquirir diversas formas, igual que la depresión. La ansiedad genera temor y descargas de adrenalina en la mayoría de

---

APRENDE PRACTICANDO # 19

Aprende a relajarte

Objetivo: **animarte a que busques tranquilidad y crees una sensación personal, que pueda ayudarte a enfocar tus habilidades en resolver problemas. Quiero subrayar la importancia de dichas habilidades, que calman y ayudan a centrarse.**

He creado una serie de grabaciones de audio diseñadas para ayudarte a desarrollar las habilidades de relajación y estados mentales positivos. Cada una está dirigida a un aspecto determinado de los problemas más comunes, asociados con la depresión.

Puedes conseguir cintas o discos compactos con grabaciones de autoayuda en una librería y practicarlas en casa para relajarte. Advierto, sin embargo, que la calidad de las grabaciones varía enormemente. Si la que compraste no te gusta después de unos días o no parece ayudar a relajarte, entonces busca otra. No asumas que no puedes relajarte. Mejor piensa que la grabación falla y consigue otra para probar.

Practica sentarte en silencio y relajado en distintas horas del día. Al principio, quizá notes cómo tu mente divaga y nada útil sucede. Pero toma nota de cómo tanto tu habilidad para relajarte como tu enfoque mejoran con la práctica. Aprender a sentarte calladamente mientras te enfocas en ideas positivas y perspectivas significativas puede ser una fuente maravillosa de pensamientos y sentimientos buenos.

---

las personas y dificulta la relajación, la atención y el buen dormir. En vez de tomar drogas o beber, algunas personas tratan de mantenerse ocupadas todo el tiempo. Tener una dotación constante de trabajo o de tareas, las mantiene enfocadas en algo seguro y externo; además, es más fácil evitar pensamientos que provocan ansiedad, los que tendrían si redujeran su actividad lo suficiente para notarlos. El problema de dicha estrategia puede parecerte obvio: no es posible permanecer ocupado de manera perpetua y evadirse siempre. Con el tiempo, tendrás que parar y estar contigo. La mejor meta, entonces, es aprender a estar contigo de manera calmada y efectiva, para reconocer, corregir o incluso prevenir pensamientos que detonan la ansiedad.

Existen varias técnicas de relajación y de introspección que pueden ser útiles, éstas incluyen: hipnosis, meditación, relajación guiada y visualización. Dichos métodos enseñan a la mente distraída a centrarse en una dirección específica. Los ejercicios de enfoque basados en los movimientos, como el Tai chi o acercamientos más vigorosos, como el ejercicio físico (correr, nadar, artes marciales, ciclismo), también son una ayuda invaluable para reducir la ansiedad y desarrollar la atención. Esas habilidades requieren práctica constante, por lo que tal vez quieras solicitar la ayuda de un cónyuge o amigo para que te motive. Una vez que empiezas, los resultados positivos hablarán por sí mismos, y ¡te sentirás bien!

Autoaceptación

¿Rechazas alguna de tus características?

Una de las perogrulladas en el mundo de la psicoterapia es la frase: "Cuanto más trates de controlar un aspecto o característica, más te controlará". Un patrón que con frecuencia veo en individuos con depresión es que tratan de "deshacerse" de las características que consideran negativas. Cuanto más trates de deshacerte de un aspecto tuyo (como si ello fuera posible), más energía y atención perderás.

Sea que alguien se esfuerce por eliminar su antojo por los dulces y se dedique a comer chatarra o que trate de suprimir sus sentimientos sexuales y termine actuando de modo sexualmente irresponsable, el punto es el mismo: proponerse suprimir una característica propia de la personalidad es una estrategia que está destinada a fallar. Una respuesta bastante más efectiva es aceptar la realidad y lo inevitable de tales aspectos, así como aprender cualquier valor positivo que pueda tener en la vida. Por ejemplo, el enojo es una emoción básica y necesaria. Es una emoción importante que puede conducir a defenderte, establecer límites apropiados en cuanto a los demás, te motiva a luchar contra las injusticias y, además, te ayuda a ventilar la frustración. Con claridad, el enojo tiene un potencial positivo. Sin embargo, para que expreses tu enojo, no es necesario ni aceptable hacer berrinches o abusar de otros verbal o físicamente o actuar con violencia.

Si aceptas que los sentimientos de enojo no pueden ser evitados, tus problemas serán más realistas y se aclararán: aprenderás a reconocer el enojo en sus primeras etapas (cuando es un simple disgusto, por ejemplo) y a responder ante éste de manera realista, eligiendo expresarlo

APRENDE PRACTICANDO # 20

El valor está determinado por el contexto

Objetivo: ayudarte a mejorar tu autoestima al reconocer que cada aspecto tuyo fue una parte valiosa en algún punto de tu existencia, y que cualquier aspecto que antes no te haya gustado puede contribuir y ser útil en tu vida.

Haz una lista de los aspectos o características de ti mismo que normalmente no catalogarías como "malas" o negativas. Ahora genera, *al menos, tres* ejemplos de situaciones en que esos aspectos tengan un valor positivo. Lo que ilustrará este importante ejercicio es que, si empleas el aspecto "erróneo" en determinado contexto, casi todos los problemas serán producidos; no serán el resultado de una debilidad personal o de una enfermedad. Utiliza la guía y ejemplos a continuación.

Mi aspecto "malo"	Situaciones donde puede tener un valor positivo
Enojo	Defenderme de una crítica injusta Defender a otros contra una injusticia Marcar límites apropiados a los demás
Competitividad	Retarme a mí mismo para mejorar en un área Pertenecer a un equipo de deportes Luchar por proveer un mejor producto o servicio para tener éxito en los negocios

y cómo hacerlo de manera constructiva (al plantear tus diferencias y crear nuevas maneras para tratar a los demás con respeto).

Aceptar y utilizar correctamente todas tus características es el fundamento para un manejo responsable y satisfactorio de tu vida. En algunos casos, el mejor objetivo es *no* proponerse cambiar, sino ponerse en situaciones que definan esas características como partes valiosas de uno mismo. Por ejemplo, si eres un "espíritu libre" y deseas y necesitas bastante libertad para tomar decisiones personales, pero te enrolas en el ejército porque deseas la seguridad de un pago mensual, ¡no estarás creando una buena situación para favorecer tu autoestima! O, si deseas practicar la monogamia y luego te relacionas con alguien que no valora la fidelidad, estarás haciendo una elección que será la fuente de mucho dolor. Cuando uno puede identificar con veracidad y aceptar los distintos aspectos de uno mismo, entonces será posible elegir en qué ambiente estar o crear para dar apoyo a dichos aspectos.

Estilo perceptivo

¿Qué ves, océanos o vasos de agua?

Siempre se ha observado que numerosos individuos con depresión magnifican sus experiencias negativas y, simultáneamente, reducen las positivas. Por ejemplo, "crear catástrofes" o convertir pequeños problemas (o complicaciones en potencia) en crisis mayores puede causar malestar innecesario. "Situar en perspectiva" significa reconocer que tus sentimientos están, de alguna manera, fuera de proporción de acuerdo con la situación a mano. Puedes estar haciendo un océano de un vaso de agua o viceversa (exagerando o restando importancia a lo que sucede).

    ¿Te dicen con frecuencia que exageras la nota? ¡Quizá lo haces! O, tal vez los demás desean minimizar la controversia porque no desean enfrentarla. Mantente objetivo en cualquier situación. Procura tener retroalimentación de fuentes objetivas y confiables, cuando te sea posible.

    Ser optimista ante las experiencias de la vida es, decididamente, mejor que ser pesimista o incluso realista. Existe evidencia sustancial que indica que los optimistas viven más que los pesimistas; sufren menos problemas de salud, presentan menos complicaciones de estados de ánimo y son mejores trabajadores. Sin embargo, el optimismo puede abarcar más percepciones distorsionadas que aquellas de los "realistas depresivos". Ten en mente que tales percepciones son hechas a partir de contextos específicos. Una persona puede ser realista acerca de ciertos conceptos, pero terriblemente idealista acerca de otros. De igual manera, puedes ser optimista y pesimista.

Encasillamiento de la percepción

Otro aspecto del estilo perceptivo que vale la pena considerar es el encasillamiento de la percepción. Existe la misma oportunidad de ver lo malo y lo bueno en casi cualquier situación que enfrentamos. Muy pocas son completamente malas o buenas; tampoco la vida de alguien es una muestra de un absoluto éxito o fracaso. Ver sólo la parte negativa o sólo la positiva es una distorsión o encasillamiento de la percepción.

Las percepciones pueden ser seleccionadas y distorsionadas para bien o mal. Cuando y como te sea posible, busca información objetiva para descalificar cualquier interpretación automática negativa.

Las personas pueden estar tan atrapadas en sus ideas y marcos de referencia negativos (incluidas las interpretaciones negativas, expectativas negativas, etcétera), que dejan de responder a una realidad externa. Digamos que haces repetidos esfuerzos por ganar la aprobación de tus padres, que parecen coartarte. Si lo intentas y vuelves a intentarlo con mayor ahínco, para obtener dicha aprobación y siempre haces algo que *tú* piensas debe ser premiado, es un ejemplo de lo que llamo "experiencia internamente generada". *Tú* intentaste hacer algo que *les* agradaría. ¡*Tú* fuiste quien lo ideó! Ésos fueron *tus* pensamientos, *tu* idea de su respuesta, no la de ellos. En este caso, estar orientado hacia ti mismo *no* te orienta de manera realista hacia tus padres. No te planteaste las interrogantes más importantes: ¿pueden ellos *tener* la capacidad de aprobarte? o, ¿expresar aprobación es algo que no pueden hacer? Si tienen algunos, ¿cuáles son sus valores en relación con mis habilidades, que los conducirían a expresar aprobación? ¿Expresarían su aprobación sólo ante situaciones que son difíciles de lograr? A menos que los evalúes de manera realista, dedicarás demasiada energía y tiempo en aspectos que no funcionan y, en consecuencia, sentirás mayor frustración y depresión.

Resulta en extremo importante, como podrás notar a partir del ejemplo anterior, salirte de ti mismo para *determinar la realidad objetiva de la situación antes de que te dediques a alcanzar una meta que has generado internamente.* Lo que piensas puede ser *irrelevante* con respecto a lo que sucede afuera, en el mundo real.

Localización del control

¿Quién está a cargo?

Si, en una situación dada, piensas que tienes control sobre ese acontecimiento, ello influirá en la manera en que te sentirás. Como sugiere

PAUSA PARA REFLEXIONAR # *8*

Si es real en el interior, ¿es real en el exterior?

¿Cuál crees que sea la razón de que la respuesta a sentimientos, percepciones y deseos internos de las personas sea más contundente que la que tienen hacia hechos externos? ¿Cuál es el beneficio y el impedimento de ser así?

Mi respuesta: las personas no somos criaturas racionales, aunque es claro que tenemos el *potencial* para pensar y actuar de manera racional. Se requiere hacer un esfuerzo para dejar de lado sentimientos e impulsos y determinar si son apropiados. Es más difícil buscar información que está más allá de tus narices, y más fácil contentarse con lo que resulta familiar. El beneficio más relevante de ser subjetivo en tu enfoque hacia la vida es que puedes explorar y desarrollar una verdadera apreciación de todas tus características únicas y especiales. Sin embargo, el impedimento más importante es que puedes con facilidad perderte en ti mismo, a costa de conocer y enfrentar la "realidad" de manera efectiva.

el modelo de evaluación antes descrito, si te consideras víctima de las circunstancias, es decir, si fuiste herido por situaciones que no pudiste controlar, el resultado predecible será la depresión. Sentirte víctima por evidentes circunstancias incontrolables es lo que llamamos "localización externa del control". Si, por el contrario, eres incapaz de sostener cierto control sobre una situación hiriente, es probable que la experiencia de una depresión se reduzca. Sentirse en control de una situación es llamada "localización interna del control".

En general, desarrollar y mantener una localización interna del control, en que percibes correctamente tu habilidad para elegir y llevar a cabo dichas elecciones, puede reducir los episodios depresivos. Sin embargo, la clave es ser preciso. Si crees tener control, cuando no es así ("Haré que mi jefe me dé un ascenso"), puedes estar en riesgo de deprimirte por lo que yo llamo una "ilusión de controlar".

La falta de claridad puede llevarte de modo equivocado a intentar controlar algo que ni tú ni nadie puede controlar (ilusión de controlar). Considerar una situación de manera objetiva, también puede conducirte a *no* controlar lo que sí puede ser controlado (desvalorización aprendida). De modo que aprender a hacer un juicio claro con respecto al control de cada situación que enfrentas constituye una habilidad vital que debes desarrollar. Sólo entonces podrás responder de manera efectiva a las diversas situaciones que pueden presentarse en tu vida diaria. El concepto de control resulta tan importante que es el tema del capítulo 9.

Orientación temporal

¿Estás orientado hacia el pasado, el presente o el futuro?

Cada individuo forma una relación con la dimensión del "tiempo". La manera en que te relacionas con el tiempo es también un patrón aprendido que afecta tu punto de vista de ti mismo en particular y la vida en general. Algunas personas son enseñadas a valorar las tradiciones y, por tanto, permanecen muy ligadas a todo cuanto ha ocurrido antes. Ello favorece una relación bastante más cercana con el pasado, de ahí que sea llamada "orientación hacia el pasado". Otras son enseñadas a tener metas y a hacer un esfuerzo continuo por alcanzarlas. Aprenden a llevar una vida enfocada en cómo las acciones diarias pueden ayudar a conseguir tales metas, lo que es calificado como "orientación hacia el futuro". Otras más han sido bombardeadas con tantas tareas diarias por cumplir, que casi toda su atención está centrada en la experiencia del momento. Luchan tan sólo por existir. Cuando son instruidos en la filosofía de "vive ahora, mantente en el presente", desarrollan una "orientación hacia el presente".

Los individuos con depresión tienden a tener una orientación temporal hacia el pasado, que significa que viven en el pasado. ¿Revisas continuamente heridas causadas en el pasado, fracasos, episodios que fueron dolorosos? Cuando repites argumentos del pasado, desde luego, éste se extiende hasta el presente, causándote dolor. Recuerda: pensar acerca de situaciones de dolor en el pasado te causan dolor en el *presente.* De igual manera, si tu pasado es tu punto de referencia no sólo para tus pensamientos en el presente, sino también para predecir tu futuro, estás contaminando tu futuro.

Si aún no tienes la capacidad de entender que *el futuro no tiene que ser un reflejo del pasado*, entonces resulta comprensible que sólo tengas

PAUSA PARA REFLEXIONAR # 9

Controladores y no controladores

¿Por qué resulta tan importante para algunas personas estar en control de todo, no sólo de sí mismas, sino también de los demás? Algunas, incluso, están dispuestas a dominar a otros mediante amenazas de violencia. ¿Por qué algunas personas ceden con facilidad el control a otras? Algunas están dispuestas a permanecer en una relación abusiva sin rebelarse. Lee algún periódico. ¿Cuántas historias encuentras de personas que luchan por su libertad en contra de su opresor? Controlar a otros conlleva una eventual rebelión. Conocer los límites de tu control puede ahorrarte bastante dolor.

Mi respuesta: las personas que desean moldear el mundo según sus necesidades, se sienten amenazadas por el prospecto de que el mundo no será como desean que sea. Dado que se sienten personalmente inseguras, su confianza no surge de manera espontánea, de modo que procuran planear cada pequeño detalle. No admiten un intercambio entre dar y recibir; sólo exigen aquello que desean. Con frecuencia se engañan a sí mismas con un sentido inflado de importancia, y sienten el derecho de hacer lo que lo sea. A grandes rasgos, ésa es la descripción de alguien lo bastante tonto como para creer que sus deseos son por el bien de *todo el mundo*. Su presa es quienquiera que deje a un lado su derecho a elegir por ser una tarea que exige. Pero incluso la persona más dócil puede convertirse en un atacante si es presionada.

expectativas negativas. Algunas veces, la capacidad de imaginar cambios positivos está tan deteriorada que conduce a los problemas más serios asociados con la depresión; sobre todo, con el suicidio. Los individuos con tendencias suicidas equivocadamente piensan que sus experiencias pasadas y presentes de dolor son lo que les depara el futuro. A partir de esa perspectiva distorsionada, el suicidio puede parecer una alternativa racional. Supongo que así puede parecer en algunas circunstancias extremas. Sin embargo, con más frecuencia es una forma indigna de morir.

Uno de los dones más preciados de nuestra naturaleza es la capacidad de imaginar y tomar acción para lograr aquello que aún no existe. Es obvio que creo en la capacidad de cambio en las personas (sí, también me refiero a ti); si no fuera así, me ganaría la vida de otra forma. Tampoco invertiría mi tiempo y mi energía en escribir un libro como éste.

Enfocarse en el pasado es como tratar de conducir un auto viendo hacia atrás. La capacidad para crear expectativas positivas, además de realistas, resulta vital para sobrellevar cualquier sentido de desamparo que puedas estar sintiendo. No te adhieras tanto al pasado o al presente, que provoques que tu visión del futuro se empañe. Aún existen muchas cosas importantes que todavía no has vivenciado. Me centraré con detalle en la capacidad de crear un futuro positivo para ti en el siguiente capítulo, pues considero que es la habilidad más importante de todas.

Habilidades para separar la experiencia en compartimientos

¿Qué harías si tuvieras un sitio para poner todo en cada lugar?

Otra habilidad importante para mantener una buena salud mental es distinguir los distintos aspectos de tu experiencia. Es la habilidad para "dividir en compartimentos". Es posible que algunos individuos sientan dolor o desilusión que afecta profundamente cada aspecto de su vida. En cambio, otros, que también sufren experiencias de heridas y desilusión, limitan sus efectos a una parte determinada de su vida.

Imagina un edificio con diferentes habitaciones. Cada una es un compartimiento comunicado con el edificio, pero separado de otras partes. Lo que sucede en un cuarto, no afecta directamente lo que ocurre en otro. Ahora, piensa que tú tienes *diversas* habitaciones. Al separar los aspectos de la experiencia, la herida se mantendrá en su lugar, evitando que aumente en tamaño e intensidad.

El siguiente es un ejemplo de la vida real. No hace mucho, atendí a un joven deprimido, llamado Eduardo; me dijo que a veces tenía discusiones con su novia Cristina, con quien vivía. En ocasiones, las discusiones ocurrían temprano en la mañana, antes de que cada uno se fuera a trabajar. Eduardo comentó que, pese a que dichas discusiones rara vez eran sobre algo importante, él se sentía tan molesto que era incapaz de dejar a un lado la herida y los sentimientos de enojo y funcionar con normalidad. A veces, se molestaba tanto que se repor-

---

APRENDE PRACTICANDO # 21

Desarrollar la habilidad para elegir

Objetivo: ayudarte a reconocer que eres más que tus sentimientos. Debes percatarte de tus sentimientos y considerarlos con sensibilidad, pero si siempre son tu enfoque completo, limitarás gravemente tu habilidad para responder de manera efectiva.

Es casi un cliché para los psicólogos decir a sus pacientes: "Necesitas estar en contacto con tus sentimientos". En esta sección, presento la idea de que en ocasiones es más importante dejar de estar en contacto con tus sentimientos.

Por escrito identifica algunas situaciones –tantas como puedas– en que sería provechoso dejar de estar en contacto con tus sentimientos. Por ejemplo, durante una revisión de tus libros de contabilidad por la oficina recaudadora de impuestos sería buen momento para desconectarte de tus sentimientos, y así evitar la experiencia de ira o temor.

---

taba enfermo al trabajo y luego pasaba el día en cama, reviviendo la discusión y magnificando sus temores de que ella lo dejara. En resumen, Eduardo se ponía frenético y después se sentía desesperado por no poder sobreponerse a algo tan trivial como una discusión.

Que un pequeño desacuerdo o diferencia de opinión pudiera detonar una reacción así de fuerte, es indicativo de que Eduardo tenía poca habilidad para separar por compartimientos los aspectos de su experiencia. Por otro lado, es claro que Cristina es más capaz de separar los aspectos personales de los profesionales en su vida. Evidentemente podía limitar los efectos de la discusión matinal para que no interfirieran con sus labores a lo largo del día. El ejemplo de Cristina muestra que somos *más que nuestros sentimientos, más que nuestra historia y más que cualquier otro aspecto que nos compone.* Cristina sabía que ella era más que su relación con Eduardo. Él necesitaba desarrollar una perspectiva similar. La habilidad para separar por compartimientos te permite tolerar un fracaso sin "sentirte como un fracasado" o perder sin sentirte "un perdedor". *Una parte no es el todo.*

Considera otro tipo de ejemplo. Es sabido que las mañanas son un momento difícil para varios individuos deprimidos. Una vez que el ímpetu positivo de acción es iniciado, el día se va haciendo más fácil. Por la noche, usualmente, se sienten mejor. Es interesante notar que algunos individuos deprimidos me reportan que "las mañanas es lo más difícil" (ejemplo de marcada separación por compartimientos); en tanto que para otros una mañana difícil "les arruina el resto del día" (ejemplo de poca separación por compartimientos). ¿Puedes distinguir la diferencia entre "una mañana difícil" y "todo un día arruinado"? ¿Puedes separar diferentes aspectos de las experiencias, para que un incidente con una persona no arruine todo tu día, o un sentimiento negativo no detone todo un episodio depresivo?

Aprender a separar diferentes porciones de tu experiencia es una habilidad importante que debes desarrollar, especialmente para que puedas separar los pensamientos o sentimientos distorsionados del conjunto de tus acciones. Estarías separando por compartimientos lo que sientes para poder responder de manera efectiva a una situación inmediata. Tus sentimientos serían un aspecto por considerar, pero *no* el único. Aunque muchos de mis colegas aún hacen hincapié en la importancia de "estar en contacto con tus sentimientos", yo quisiera recomendar que aprendas a discernir cuándo es mejor "salirte" de tus sentimientos. *Para tener opciones* acerca de cuándo estar en contacto y cuando desconectarte de tus sentimientos, necesitas separar por compartimientos los diferentes aspectos de tu experiencia. Debes tener claro que realmente eres más que sólo tus pensamientos, aunque a veces puedan ser muy importantes.

Desde luego, *cualquier* desequilibrio representa un peligro en potencia. Es posible exagerar al separar en partes la experiencia. Por ejemplo, algunos individuos están tan absortos en manejar todo de manera lógica, que se hallan por completo desconectados de sus sentimientos. Como siempre, la meta es el *equilibrio*. El equilibrio en tu habilidad para separar por compartimientos crea la opción para entrar o salir de una experiencia particular.

Dada la importancia de este tema, le dedico un capítulo completo: el capítulo 10.

Autoevaluación de patrones relevantes

Ahora sabes que conforme desarrollas un aspecto de tus experiencias repetitivas, en general lo haces a costa del desarrollo de otros aspectos de la experiencia, y estarás en mejor posición de apreciar mi énfasis en que debes crear, deliberadamente, experiencias que te proporcionen equilibrio interno. Para funcionar de manera sana y equilibrada, debes aprender a hacer lo que por *falta* de conocimiento hoy ignoras y te causa aflicción. Ahora, en vez de que tu depresión sea un misterio para ti, empiezas a reconocer los patrones que te dañan. Varias de las ideas para generar cambios están presentadas en lo que resta del libro.

A medida que aumenta el conocimiento de ti mismo, reconocerás dónde hay desequilibrios en tu vida. Entonces, podrás llevar a cabo lo necesario para ampliar la gama de tus experiencias y así superar cualquier depresión presente y además evitar las repeticiones.

Veamos otro ejemplo. Si reconoces que, por lo general, dependes demasiado de los demás (demasiado "orientado hacia los demás") o de un individuo particular, esa dependencia puede ser un "accidente que esperas". Si necesitas que otras personas estén contigo al grado (desequilibrado) de que, cuando estás solo, te sientes incómodo, entonces, aunque otros estén presentes, te arriesgas a tener una reacción depresiva aguda si la persona de la que dependes no está disponible. Ésa es una oportunidad de prevención. Si sabes que estás en extremo incómodo estando solo, debes tomar medidas *activas* para aprender a sentirte cómodo cuando no estás acompañado. (Quizá puedas forzarte, de modo lento pero seguro, de ir tú solo a lugares y hacer cosas tú solo, recordándote que eres perfectamente capaz de hacerlo.) Ello no disminuye la importancia y el valor de tener a otras personas en tu vida; sólo redefine tu relación con ellas en una relación de iguales, más que de dependencia. Es *querer* estar con otros, no *necesitar* estar con otros. De manera similar, vale la pena notar *cualquier* patrón que, según observes, reduce tu capacidad de funcionar de forma efectiva y completa. En ese momento puedes diseñar un plan de acción para mejorar en dichas áreas.

En este capítulo, he descrito patrones que son fundamento de tus experiencias. Espero que consideres si alguno es aplicable en tu caso y te ayuden a identificar en cuáles sobresales y en cuáles eres vulnerable. Esto te indicará dónde debes enfocar tus esfuerzos para romper los patrones de la depresión. También puede sugerir maneras importantes para reducir el riesgo de episodios depresivos en el futuro.

APRENDE PRACTICANDO # 22

Identifica tus patrones y tu nivel de equilibrio

Objetivo: **identificar detenidamente tus patrones para organizar la experiencia interna y notar cómo éstos son la causa o cómo contribuyen a tu depresión.**

Revisa cada uno de los patrones presentados en este capítulo. Identifica en términos concretos cómo se relaciona cada patrón con tus estilos de pensamiento, sentimiento y conducta. Luego, identifica las áreas específicas en las que reconoces desequilibrios. Usa tantas experiencias como sea posible para mostrar que el patrón es realmente un reflejo de tus acciones comunes. Usa el listado de abajo para comenzar.

Patrón	Cómo lo manifiesto	Áreas en mi vida que reflejan un desequilibrio
Pensamiento abstracto		
Pensamiento concreto		
Pensamiento global		
Pensamiento detallado		
Atribuciones internas o externas		
Atribuciones temporales o permanentes		
Atribuciones globales o específicas		
Estilo de enfoque atento		
Estilo de atención difusa		
Autorechazo		
Estilo que magnifica		
Estilo que reduce		
Localización interna del control		
Localización externa del control		
Orientación hacia el pasado		
Orientación hacia el presente		
Orientación hacia el futuro		
Poca separación por compartimientos		
Marcada separación por compartimientos		

CAPÍTULO 5

Más allá de un día
a la vez

Quizá éste sea el capítulo de mayor importancia de todo el libro. Te recomiendo que centres la atención en el factor que controla, más que cualquier otro, lo que pasará el resto de tu vida. Es el único factor que ayuda a determinar si te recuperarás de la depresión; cuánto tiempo te tomará y si podrás participar en los ejercicios terapéuticos asignados (en este libro o los que tu terapeuta indique); cuán completa será tu recuperación y si estás propenso a sufrir otros episodios depresivos. El factor al que me refiero es tus "expectativas", que se relacionan con tus percepciones acerca del futuro en general y *tu* futuro en particular.

Un pensamiento claro y realista del futuro influye en todos los aspectos del tratamiento de la depresión. No podrás recuperarte si no identificas y diriges tus creencias, así como tus expectativas. He aquí la razón: si piensas que un libro de autoayuda no puede en verdad ayudarte y, por tanto, no *esperas* algún beneficio, ¿por qué molestarte en leerlo y participar en las actividades que te sugiere? ¿Por qué buscar la ayuda de un psicoterapeuta si crees que nada puede cambiar? Una expectativa negativa puede llevarte a realizar las mismas viejas acciones de la misma vieja manera, y desear que suceda un milagro para que la consecuencia sea distinta. "Nada puede ayudarme" es una afirmación de expectativa negativa. Tritura cualquier motivación aun para intentarlo. Si crees que "Nada puede variar; estoy atrapado" (otra afirmación de expectativa negativa), ¿por qué dedicar tu tiempo y energía en aprender a actuar de diferente manera?

Situemos el concepto de lo que esperamos, nuestras expectativas, en términos del mundo real. Quizá recuerdes que, en enero de 1994, la ciudad de Los Ángeles fue estremecida por un terremoto. En el epicentro, la destrucción fue devastadora. Si hubieras ido a ese sitio justo después del temblor, habrías observado que varias personas estaban atareadas, tratando de reparar sus hogares y juntando las partes rotas de su vida. Otras emprendían una apresurada retirada hacia otras partes de la nación. Algunas más permanecían sentadas afuera de sus hogares, lamentando su suerte, hundiéndose más y más en la desesperación, incluso en la depresión.

¿Cómo podrías explicar esas distintas respuestas (contrarrestar la devastación, mudarse a otro lado, darse por vencidos), es decir, la expectativa? Si crees que cuando sucede un terremoto "es tiempo de sobreponerse y arreglar lo que se pueda", entonces tu expectativa es que *la vida puede y debe regresar a la normalidad.* Ésa es una perspectiva motivadora y optimista. Si, por el contrario, piensas que "para qué preocuparse por arreglar algo, si va a volver a suceder", entonces tienes la expectativa negativa de que cualquier esfuerzo que puedas hacer para continuar con tu vida será inútil debido a tu predicción pesimista de un desastre futuro. Entonces no habría razón para reparar puentes, autopistas, edificios, hogares o vidas, si piensas que "va a volver a suceder". Desde luego que nadie puede asegurarte que *no* volverá a suceder, de modo que podrás sentir justificación de tener una expectativa negativa.

Como podrás notar, ya no sólo estoy hablando de las expectativas, sino también de los estados de ánimo, el nivel de motivación, la flexibilidad de reaccionar ante una adversidad, así como la voluntad para tomar nuevos riesgos, especialmente los riesgos inteligentes, bien calculados. Estar dispuesto a hacer lo necesario para mejorar tu vida siempre implica un riesgo. La expectativa está en el centro de todo lo que puede suceder ante una dificultad o una circunstancia dolorosa de la vida.

La vida sin previsión

Uno de los aspectos más incómodos de la estructura humana es nuestra limitada capacidad para anticipar las consecuencias de nuestras acciones. Si consideramos el estado actual del mundo, turbulento como es, en casi en todas partes veremos evidencia de la falta de perspicacia de la humanidad. Por ejemplo, en algún nivel, la mayoría nos damos cuenta que los recursos naturales de nuestro planeta son irremplazables, pero el abuso continúa. Por nuestra conveniencia a corto plazo y nues-

PAUSA PARA REFLEXIONAR # 10

Una vida congelada en el tiempo

Si desearas mantener tu vida exactamente como es ahora, ¿cómo lo harías? ¿Cómo harías para conservar el mismo esquema mental? ¿Mantendrías el mismo trabajo, las mismas relaciones, las mismas conductas? ¿Cómo evitarías conocer a personas que influirían en ti?, ¿convirtiéndote en un ermitaño? ¿Cómo evitarías aprender nueva información?, ¿dejando de leer periódicos y escuchar las noticias? ¿Cómo le harías para no probar cosas nuevas? Casi todo es posible conseguirlo, pero no si continúas haciendo lo mismo de la misma manera.

Mi respuesta: cuando estás un poco más dispuesto a aceptar que la vida cambia, y que nuevas situaciones siempre están por ocurrir, puedes cambiar lo que te es familiar, pero que no te funciona del todo bien para realizar algo nuevo que puede ser extraño, pero que posiblemente sí funcione.

tro énfasis en nuestro propio bienestar, contaminamos indiscriminadamente el aire y el agua, y cazamos especies hasta la extinción. Para conseguir satisfacción, también inmediata, nos arriesgamos a tener alguna enfermedad, incluso a morir, por fumar, consumir drogas y varias otras formas de abusar y destruirnos. En nombre de nuestra comodidad inmediata, evitamos tratar con asuntos críticos o graves en los que preferimos no pensar, haciendo que empeoren con el tiempo. Hoy, las consecuencias negativas a largo plazo parecen haber sido removidas del enfoque de las personas hasta hacerlas invisibles. Entonces, cuando surgen se convierten en el fundamento de la angustia humana.

¿Por qué nos falta perspicacia? ¿Por qué tomamos decisiones precipitadas en un momento sólo para después sufrir terribles consecuencias? "Bueno, es que parecía tan buena idea entonces" es un comentario que escucho casi cada hora; y es utilizado para dar explicación a malos matrimonios, decisiones altamente impulsivas en los negocios, malas decisiones financieras y conductas sociales irresponsables y autodestructivas.

Cuando consideramos el énfasis en lo inmediato, así como en la extraordinaria preocupación de los profesionales de la salud mental por las experiencias en la niñez del paciente como eje de la terapia, es fácil darse cuenta de por qué de la orientación hacia el pasado y el presente

APRENDE PRACTICANDO # 23

Mercadeo de la filosofía del ahora

Objetivo: identificar y aprender a resistirse al omnipresente y potencialmente depresivo mensaje de "vive ahora", que pone énfasis en el "ahora", más que en el "después". En algunos contextos funciona, pero en otros, el futuro importa mucho más que el momento presente.

Al menos durante dos semanas haz el esfuerzo por notar, incluso apuntar, los anuncios que capten tu atención, sea en la televisión, la radio, los espectaculares o en periódicos y revistas. ¿De qué manera dichos anuncios te animan a perseguir gratificación instantánea?

Identifica los objetivos que tales anuncios te conducen a creer que puedes conseguir inmediatamente. ¿La pérdida de peso? ¿Realzar la belleza? ¿La salud? ¿El tono muscular? ¿El amor? ¿La sexualidad? ¿Algún alivio a un padecimiento? ¿Una buena noche de sueño?

¿Por qué funcionan esos anuncios? ¿Son realistas en lo que prometen? La mayoría no pensamos con discriminación acerca de algo tan mundano como son los anuncios, sin embargo la publicidad da forma a nuestras creencias con bastante más rapidez de lo que podemos imaginar.

Las personas esperan soluciones instantáneas a problemas complejos y, al subestimar la complejidad de dichos problemas, intentan soluciones simplistas que, con seguridad, fallarán. ¿Qué tiene eso que ver con la depresión? Bastante, porque cuando tratas de resolver un problema y fallas, puedes fácilmente intentar (aunque sea incorrecto) convencerte de que el problema no tiene solución, y entonces sentirte desamparado y deprimido.

se vuelve tan marcada, mientras que el futuro es desfigurado y subestimado. No hay condición humana en que esto sea más evidente que en una depresión clínica. *De todos los factores relevantes que subyacen en una depresión, ninguno es más poderoso o con una esfera de acción tan amplia que la orientación hacia el propio futuro.* De ahí que sea vital que la orientación sea positiva, realista y motivadora.

Es una lástima que no nos enseñen a orientarnos en el futuro. Pensar en las futuras consecuencias (cómo extrapolar las condiciones presentes en probabilidades futuras) es necesario para sobrevivir. No nacemos con tal habilidad. Idealmente, la aprendemos conforme maduramos. Quienes han desarrollado una buena orientación hacia el futuro la practican de manera automática, como si caminaran o hablaran. Sin embargo esto pasa sólo si los padres o personas cercanas en

PAUSA PARA REFLEXIONAR # 11

Cuando ya has tenido suficiente

Imagina tener la oportunidad de relatar a alguien más los incidentes dolorosos de tu vida. ¿En qué momento, si lo hubo, decidiste ya no enfocarte en el pasado y comenzaste a pensar en un mejor y diferente futuro? Sé concreto acerca del instante en que supiste que era tiempo de ya no mirar hacia atrás. Sitúa el error común si alguna vez pensaste: "¡No seré feliz hasta que mis padres me traten mejor que cuando era niño!"

Mi respuesta: no hay duda de que expresar los sentimientos es algo importante para tu bienestar. Tampoco hay duda de que las personas se quedan "varadas" en sus sentimientos. La línea que deseo sigas es la que separa un desahogo útil de tus sentimientos que giran "alrededor del mismo viejo modo de pensar". Encuentra el punto para ir lo antes posible del desahogo a la acción.

la vida sirven de ejemplo y te animan –incluso te fuerzan– a desarrollar dicha habilidad. Una forma de hacerlo es pidiéndote que hagas planes a futuro, que preveas consecuencias específicas de tus acciones y tengas metas variadas: a corto, mediano y largo plazo. Pocos intuyen la importancia de tener objetivos concretos porque están atrapados en la vida diaria. (¿Conoces la frase: "Es difícil recordar que vienes a drenar el pantano, cuando estás hasta el cuello de cocodrilos"?) Tal vez aprendan a estar orientados al futuro en otras áreas, como al planear una profesión, pero nada más.

Cuando el enfoque es esporádico

Con frecuencia quienes se deprimen siempre están revisando viejos traumas, incluido el rechazo, las humillaciones, las decepciones, las injusticias y, en esencia, todas las experiencias dolorosas del pasado. Más aún, tales individuos dependen demasiado en sus experiencias pasadas como punto de referencia tanto del presente como del futuro. Incluso cuando un individuo con depresión se enfoca en lo que sucede en el presente o anticipa lo que sucederá, lo que hace es extender el pasado en su presente y su futuro. Muy seguido escucho a mis pacien-

---

APRENDE PRACTICANDO # 24

Acercándonos al futuro

Objetivo: ayudarte a aprender a pensar en términos de soluciones, no de problemas.

¿Cómo creas tus ideas acerca del futuro? ¿Extiendes, simplemente, tu presente al futuro, asumiendo que lo que pasa ahora será lo que suceda después? ¿Imaginas sólo los sucesos negativos (o que los positivos *no* sucederán)? Escribe o al menos piensa en una situación impersonal que te haga sentir desamparado (contaminación, una guerra nuclear, o algo por el estilo). Pregunta a varias personas cómo resolverían el problema si tuvieran recursos ilimitados, aunque sólo disponibles en el momento. Después pregunta qué harían si pudieran crear nuevas opciones más allá de las que ahora existen.

¿Qué descubriste de la percepción de los demás acerca de las opciones disponibles? ¿Notaste si algunas personas se daban por vencidas antes de explorar todas las posibilidades? ¿Cuál sería *tu* respuesta? ¿Cuál fue la diferencia en las respuestas cuando los recursos eran ilimitados y los que sólo están disponibles en el momento? Es imprescindible resolver los problemas para evitar la depresión, y aprender a explorar *todas* las opciones disponibles, incluidas algunas que puedan parecer poco realistas, porque constituye una destreza para solucionar problemas. En ocasiones, las opciones poco realistas pueden contener la semilla de una idea que *puede* ser utilizada, ¡no temas usar tu imaginación!

---

tes con depresión decir: "Nunca más tendré un buen empleo. ¿Cómo lo sé? Porque nunca he tenido uno que valga la pena".

Si el punto clave de la depresión es la inhabilidad para desarrollar un futuro más positivo al enfocarte con exceso en un pasado negativo, resulta poco aconsejable (quizá incluso dañino) que alguien te hunda aún más en el pasado. Los terapeutas que dicen: "Vamos a continuar platicando acerca de tu niñez", sesión tras sesión, te están perjudicando. Un énfasis demasiado pronunciado en el pasado limita, incluso impide, el desarrollo de una orientación positiva hacia el futuro. Cuando te sientes deprimido, ya sabes cómo enfocarte en lo que te hiere en el presente o del pasado. Cómo construir un futuro más satisfactorio y benéfico es una tarea de mayor importancia. Por tanto, te insto que comiences a reconsiderar la sabiduría conocida que sugiere que la terapia debe estar centrada invariablemente en tu pasado.

No es una coincidencia que las psicoterapias que han probado ser poderosas y consistentes en el tratamiento de la depresión no sólo dejan de reforzar el pasado, sino que te llevan a actuar para fijar metas realistas (estableciendo una orientación hacia el futuro) y dedicando un esfuerzo consistente y dirigido hacia el logro de dichas metas.

El punto medular es tu deseo para que *mañana* todo sea diferente. Deseas saber que tu futuro contiene posibilidades positivas, y que no seguirá siendo la misma situación dolorosa. Pero a menos de que desarrolles las destrezas para pensar de manera realista acerca de tu futuro (utilizando los ejercicios en este capítulo) y tengas un plan concreto para *crear de manera activa* los medios para cambiar tales posibilidades en realidades, puedes quedar atrapado en la filosofía de "un día a la vez". A menos de que tengas una visión precisa del futuro, la vida *será* sólo una repetición del ahora. Y cuando el ahora es despreciable, la depresión es casi inevitable.

Suicidio: el aspecto más letal de la falta de visión

Las expectativas negativas acerca del futuro que son características en la depresión son la esencia de la desesperanza. Ésta puede conducirte a creer que el futuro es por completo incontrolable y no presenta posibilidad de algo más que sólo dolor y angustia. No hay mejor manera de predecir el suicidio de una persona que el grado de su desesperanza. Para un hombre que cree que el futuro no le depara buenas posibilidades, sino más dolor insoportable, el suicidio puede parecerle una opción razonable. La incapacidad de crear imágenes realistas de un futuro positivo, conjuntamente con un estilo global cognitivo (en que todas las dificultades de la vida son respondidas de inmediato, en vez de ser "divididas y conquistadas"), puede crear arrolladores y dolorosos sentimientos que conducen a la persona a querer encontrar el alivio en el suicidio.

El suicidio ha sido llamado *la solución permanente a un problema temporal.* ¿Por qué las personas recurren a él? A lo largo de los años he trabajado con personas con tendencia suicida, y me resulta obvio que dichas personas, en realidad, no querían morir. Más bien, su dolor emocional era tan grande, que sentían la imposibilidad de aguantarlo más. El suicidio es rara vez el resultado de un deseo por morir, sino la única salida para terminar con un sufrimiento. Cuando tales personas severamente deprimidas tienen la voluntad y capacidad para desarrollar un plan que les permita ver el futuro de manera positiva, y se comprometen con ese plan, se disipan sus sentimientos suicidas. Aquello que parece no tener solución, sí la tiene.

Cualquiera que contempla cometer un suicidio, está anticipando un futuro carente de toda esperanza, un futuro caracterizado por los mismos sentimientos de dolor intenso del momento presente, circunstancias del mismo calibre o más hirientes. Pensar en el futuro de tal manera, sofoca el desarrollo de una motivación positiva, que deviene naturalmente de esperar conseguir metas que valgan la pena. El deseo de detener la aflicción o de alejar la depresión no son metas, sino sólo deseos.

¿Tienes tendencia suicida?

Puedo asegurarte que el futuro contiene posibilidades ilimitadas, pero quizá tu actual modo de pensar te impide saberlo. Debido a tu depresión, tal vez sientas que no puedes reunir el esfuerzo necesario para mejorar tu situación. Es posible que pienses que tus problemas son permanentes o no tengan solución. Quizá algunos aspectos no lo sean, estoy de acuerdo, pero no es así con *todos*. No tienes que cambiar tu vida de una sola vez. Dar el primer paso para dirigirte hacia un camino concreto para mejorar tu futuro, aliviará en algo tu aflicción. De hecho, ya has tomado una buena decisión al elegir leer este libro.

Si en este momento estás desesperado y tienes un deseo suicida, deja que alguna persona capacitada te ayude a ver más allá de tu dolor inmediato para que puedas sentir el alivio que, definitivamente, es posible lograr. Lee ahora mismo el capítulo 12 y *¡consulta a un especialista calificado de inmediato!* No dejes que los sentimientos negativos que tienes *ahora* sean un obstáculo para poder disfrutar los buenos sentimientos que llegarán a ti. Te darás cuenta de la temporalidad de dichos momentos difíciles cuando más tarde los mires en retrospectiva y te preguntes cómo pudiste haberte sentido así.

PAUSA PARA REFLEXIONAR # 12

Tu fantasma del futuro

¿Recuerdas la historia de Charles Dickens donde el personaje central es Ebenezer Scrooge, un miserable usurero odiado por todos? Por su corazón duro y su cinismo, lo visitan tres fantasmas en la víspera de navidad. Los fantasmas son el pasado, el presente y el futuro. Y sólo cuando a Ebenezer lo visita el fantasma futuro del espíritu de la navidad, se da cuenta de las consecuencias terribles que implica continuar en su camino negativo. Scrooge cambia drásticamente su conducta cuando tiene evidencia de lo mal que será recordado por todos en el futuro, un destino desesperante que trata de evitar.

Darte cuenta de que vas por el camino de aflicción te da la oportunidad de decir: "Éste no es el camino que deseo seguir". Estás creando la oportunidad para decir: "No voy a esperar a que sea demasiado tarde. *Haré algo ahora que me ayudará después*". ¿Cómo quieres que sea tu futuro?

Construyendo esperanza

¿Por qué avanzar en tu vida, si te sientes herido y tan mal? ¿Por qué debes volver a tratar, si ya has tratado tanto? Quizá tu razón sea que hasta ahora todo lo que has hecho no ha servido. Sin embargo, ello no quiere decir que *no* podrás mejorar tu vida. Lo único que significa es que el enfoque utilizado no fue el adecuado para conseguir los resultados que esperabas. Antes que, de nuevo, trates de aliviar tu frustración o tu aflicción sin conseguirlo, y que te des por vencido, ¿por qué no admites que quizá otras técnicas te podrán ayudar y que con el tiempo lograrás dominar? Nos han enseñado que: "Si al primer intento no lo logras, trata y vuelve a tratar". Yo añadiría: y cuando ya has tratado una y otra vez, *prueba algo distinto.*

Para conseguir romper los patrones de la depresión, tus expectativas deben ser positivas y realistas. De ser posible, cambia y verás que empiezan a suceder buenas cosas en tu vida, si enfrentas cada situación de manera inteligente y con cierta flexibilidad. De lo contrario, estarás haciendo una y otra vez algo que no te funciona.

Cuando actúas de distinto modo, todo puede ocurrir. Conforme desarrollas expectativas más positivas y realistas en tu vida, con seguridad la destructiva indiferencia y la falta de motivación darán paso al aprendizaje de cómo alcanzar tus objetivos.

¿Qué deseas para el futuro?

Si tuvieras una varita mágica que hiciera desaparecer la depresión de tu vida, ¿qué harías con tu futuro? Recapacita en ello por un momento. ¿Hay algo que desees vivir, o algo importante que desees conseguir? ¿Cuál es el propósito en tu vida?

La anterior es una de las preguntas más profundas que se plantea el ser humano. Para algunas personas, la vida está repleta de propósito y un significado intenso. Otros ven la vida sólo en términos de una existencia diaria, algo por llevar a cabo, nada en particular por lo cual esforzarse. Para otras más, la vida es simplemente lo que es, y no tienen necesidad de que tenga un propósito, y otras se deprimen y se sienten vacías sin un firme sentido del propósito.

Percibir la vida con un propósito determinado puede resultar en una depresión. Por un lado, la vida diaria puede ser arrolladora para quienes atribuyen gran influencia a los sucesos fortuitos. Por el otro, quienes ven poco significado en las circunstancias de la vida pueden estar sacrificando la posibilidad de poder discernir patrones que realcen su vida, patrones que también previenen o reducen la aflicción futura. Es obvia la necesidad de encontrar un punto intermedio entre la consideración escrupulosa de lo que sucede a nuestro alrededor y a uno mismo, y el "análisis paralizante" que puede crear una consideración demasiado cuidadosa de la vida.

También es preciso tener un sentido de propósito en la vida para estar motivados, así como la voluntad de aguantar más allá del sufrimiento inmediato. No puedo pensar en un ejemplo mejor de la idea anterior, que la anécdota de la experiencia del doctor Viktor Frankl durante la Segunda Guerra Mundial, en un campo de concentración nazi, relatada en su libro *El hombre en busca de sentido*. Si tuviste la oportunidad de ver la conmovedora película dirigida por Steven Spielberg, *La lista de Schindler*, entonces podrás tener al menos una vaga idea de cuán bárbaros e inhumanos fueron los campos de concentración.

Frankl, un hábil y agudo observador, no pudo dejar de notar cómo los prisioneros reaccionaban drásticamente de diferente modo a las condiciones brutales que imperaban. Todos sufrían de inanición, reci-

---

APRENDE PRACTICANDO # 25

Varios propósitos

Objetivo: descubrir la relación entre un sentido del propósito y las conductas que genera.

Trata de identificar al menos un sentido del propósito en las personas más cercanas a ti: los miembros de tu familia, amistades, vecinos y compañeros de trabajo. (Utiliza el ejemplo siguiente como guía.) ¿Cómo lo reflejan en su vida? ¿En qué difiere de aquellos que parecen no tener un propósito en la vida? Un libro que podrá ayudar a centrarte en el propósito de la vida es *Una dieta espiritual para alimentar el alma. Recetas para librarte del peso del mundo y alcanzar la armonía interior*, de Diane y Jonathan Kramer, Barcelona, RBA Libros, 1999.

Persona	Propósito	Conductas que reflejan el propósito
Padre o madre	Educar y preocuparse por los hijos	Estar emocionalmente accesible a los hijos Dedicar tiempo y energía para satisfacer las necesidades de los hijos Enseñar, y volver a enseñar si fuera necesario, con paciencia las destrezas para la vida Demostrar afecto

---

bían golpizas, humillaciones, continuamente viviendo con el prospecto de una muerte terrible, que podía suceder en cualquier momento, según el estado de ánimo del guardia en turno. Sin embargo hubo quienes soportaron y sobrevivieron tales condiciones y quienes no. ¿Cuál fue la diferencia? La respuesta de Frankl a esta interrogante fue "un sentido del propósito".

Para Frankl, el propósito se creó en el instante en que fue separado de su adorada esposa, al ser apresado. Desarrolló el deseo intenso de vivir para, con el tiempo, volverse a reunir con ella. La esperanza lo mantuvo vivo, tanto como su convicción de que el horror que presenciaba terminaría, permitiendo su deseado rencuentro. Creía que las condiciones horribles que sufría eran transitorias, no permanentes. Mantener un objetivo le permitió aguantar circunstancias dolorosas.

En la vida diaria, la diferencia entre el valor que tiene una meta a largo plazo sobre una dificultad a corto plazo es evidente. ¿Cómo obtienes una educación académica? El valor que tiene el grado académico te permite aguantar conferencias aburridas y el estrés de los exámenes de fin de curso. (Hay personas que me dicen: "¿Que yo vuelva a la escuela? ¡Pero si tengo 46 años! Si me toma cuatro años graduarme, ¡entonces tendré 50!" Luego pregunto: "¿Entonces cuántos años tendrás dentro de cuatro, si *no* te gradúas?") ¿Cómo educas a un niño para que tenga una buena autoestima? Tu interés en tener un hijo con una imagen sana de sí mismo, te impide ofenderlo o humillarlo o ignorarlo. ¿De qué manera motivas a un empleado? Si el empleador se siente bien consigo mismo y su trabajo, anula cualquier impulso por insultar al empleado o poner en duda su legitimidad cuando comete un error. Un sentido de propósito en cualquier interacción –con otros y *contigo*– puede sacarte de los sentimientos destructivos del momento. Ésta es una habilidad vital que debes dominar.

¿Tienes un propósito en la vida?

¿Qué es lo que te hace seguir adelante? Muchos de mis pacientes con depresión parecen tener poco o ningún propósito en la vida. En consecuencia, no tienen un futuro que les exija, ningún objetivo que los haga seguir adelante. La rutina del diario vivir es su vida entera, no sólo una parte.

¿Cómo puedes desarrollar un sentido de propósito? Encuentra algo que consideres suficientemente importante para justificar tu tiempo y energía. Lo haces al *intentar* algo distinto que parece importante, no al contemplarlo. A la distancia, no puedes sentirte apegado. El mundo actual está repleto de aspectos importantes que deben ser atendidos y tu contribución *puede* hacer una diferencia. Tener un propósito es algo poderoso, cuando es personal. Invertir en ti mismo, siendo un mejor amante, un mejor padre o madre, o abrigar una causa, como la alfabetización o la conservación de un equilibrio ecológico, reflejará una óptima calidad de vida, ausente de antidepresivos. *Quienes sienten una conexión con algo relevante, sufren menos depresión.* Sea el matrimonio,

---

APRENDE PRACTICANDO # 26

Cimientos sólidos sobre arenas movedizas

Objetivo: identificar la relación entre el sentido de propósito de una persona y el factor de riesgo de la depresión.

Tengo un amigo que es un investigador espléndido en una prestigiada universidad. Es un autor reconocido y maestro que trabaja casi entre 80 y 90 horas a la semana. Es un individuo competitivo, orientado hacia lograr el éxito y toma su trabajo muy seriamente. Haz una predicción acerca de cuáles serían las circunstancias para que este gran hombre estuviera en riesgo de una crisis emocional. ¿Qué pasos concretos podría dar para prevenir tal crisis? Haz una lista de ellos.

¿Puedes notar cómo su sistema de valores personales está sólo en el logro profesional? Y, ¿cómo eso lo hace emocionalmente vulnerable a situaciones en que no puede alcanzar dichos logros? Mantiene pocas relaciones cercanas y se le dificulta relajarse. Podría beneficiarse de encontrar un equilibrio en su vida a través de tener más contacto con los demás y disfrutar algo de tiempo lejos de su trabajo.

¿Cuáles son *tus* puntos vulnerables, y de qué manera puedes organizar tu vida para lograr mayor equilibrio? Desarrolla un medio estructurado para hacerlo, escribiendo algo de lo que puedes hacer para conseguir dicho equilibrio. Por ejemplo, si casi siempre das prioridad a las necesidades de otros, planea *hacer* algo con regularidad que sea sólo para ti y para tu beneficio; después *realiza* tus planes. Utiliza la guía y los ejemplos a continuación.

Mi área fuerte	Mi área débil	Lo que puedo hacer para dar fuerza a mis debilidades
Logros	Relajarme	Programar al menos una actividad recreativa a la semana
Completar tareas	Complacer a otros	Invitar a alguien a comer o cenar al menos una vez por semana

---

la religión, la puesta en escena de una obra de la escuela, supervisar a tu hijo en su equipo de beisbol, atender un hogar, cursar una carrera —cualquier causa— es menos importante que desarrollar un verdadero sentido de apego. Sólo tú puedes determinar cuáles relaciones o actividades despertarán tu voluntad para involucrarte de manera activa. Para lograrlo, deberás reconocer que existen otras personas e intereses en el mundo tan importantes y presentes como tu depresión. Sé que no será fácil, pero nada tiene más poder y está más orientado en el futuro como una persona con una "misión". Explora las posibilidades.

Aprendiendo a pensar de manera preventiva

Con frecuencia, las personas se intimidan tanto cuando deben enfrentar sus problemas, que no tienen tiempo de notar sus oportunidades para prevenirlos. Aprender a pensar anticipadamente, prever consecuencias y pensar más allá de la gratificación inmediata (o aflicción inmediata) son destrezas fundamentales para reducir el riesgo de la depresión. No todas las depresiones son predecibles, pero algunas pueden serlo si tienes la capacidad de extrapolar las circunstancias o los patrones de modo realista y detallado. En verdad existe lo que llamamos "causa y efecto". Casi siempre es posible prever que si hago "esto", con seguridad "aquello" será la consecuencia.

La capacidad de anticipar consecuencias y evaluar de manera realista las probabilidades tiene un valor preventivo enorme que ayuda a superar la depresión. Existen varios factores de riesgo que conducen a la depresión. En el sentido más amplio, la vida es un factor de riesgo; mientras estás vivo, enfrentas innumerables circunstancias potencialmente dolorosas. Si te relacionas, corres el riesgo de perder esa relación. Dado que tienes un cuerpo físico, corres el riesgo de sufrir alguna herida, enfermedad o morir. Si tienes un empleo, corres el riesgo de presenciar polémicas dentro de la empresa y ser despedido o reemplazado. Si estás vivo, enfrentas las dificultades inevitables asociadas con la vida misma.

Un objetivo terapéutico, entonces, es establecer expectativas positivas (que puedes mejorar con tu experiencia); otro es tener perspectivas realistas, prever probabilidades y posibilidades de todos los acontecimientos de la vida, buenos o malos. Sólo entonces podrás identificar con cuidado cuándo es seguro hacer una inversión emocional o cuándo la situación es demasiado arriesgada y dañina en potencia.

APRENDE PRACTICANDO # 27

Percepción tardía y previsión

Objetivo: facilitar tu capacidad de anticipar consecuencias a partir de tus acciones.

He aquí una manera estructurada para comenzar a desarrollar la previsión. Podrá parecerte demasiado por hacer, pero tómate tu tiempo y no pierdas de vista tu objetivo.

Lee un periódico durante un mes o dos. Mira los subtítulos e identifica aquellos que reflejen con claridad un acontecimiento negativo que sucedió por falta de previsión. Después elige dos por cada día en los que puedes considerar las preguntas siguientes:

1. ¿Podría haberse prevenido o previsto?
2. ¿Qué tipo de discernimiento y previsión habría prevenido el desenlace negativo?
3. ¿Qué tipo de previsión habría prevenido el incidente?
4. ¿Qué factores no alertaron del peligro a los individuos involucrados?
5. ¿Qué factores psicológicos impidieron que los individuos involucrados no se percataran anticipadamente del peligro?
6. Dicha situación, ¿es única o tuvo relevancia sobre otros acontecimientos que podrían haberse prevenido con suficiente previsión? Sé concreto.

Cuando hayas examinado esas historias impersonales durante, al menos, un mes, considera los acontecimientos de tu vida. Después de que lo hagas durante un mes, da el último paso: predice las respuestas de los demás en situaciones venideras y observa cuán acertadas fueron tus predicciones. Cuando tus predicciones sean correctas la mayoría de las veces, aumentará la confianza en tu juicio, de igual manera que tu autoestima.

Esperanza y desesperanza

Tomando en cuenta el énfasis que he puesto en la expectativa positiva, sería fácil asumir que defiendo el valor positivo de la esperanza como tratamiento de la depresión. De hecho, la esperanza *es* un poderoso aliado cuando la desesperanza ficticia es el tema dominante. Sin embargo, no conozco un solo patrón que sea unilateralmente positivo o negativo *en todas partes*. La esperanza no es una excepción.

Tener esperanza es una fuerza positiva y motivadora en la recuperación de la depresión, en especial cuando aparece tu desesperanza irreal: nunca hallaré un buen empleo o una mejor relación. En el ex-

---

APRENDE PRACTICANDO # **28**

Imaginación: la silla mecedora

Objetivo: crear imágenes orientadas al futuro que pueden motivarte a tomar acción positiva _hoy._

Relájate y comienza a respirar lenta y acompasadamente. Cierra los ojos y sitúate en algún momento en el futuro distante. Imagina que has envejecido mucho; estás físicamente cansado pero con la mente alerta. Imagina, mientras te meces en tu silla, que le cuentas tu vida a un niño o niña que está a tu lado. ¿Cómo describirías tu vida? ¿En términos de acontecimientos al azar? ¿Sólo lo que te propusiste lograr? ¿Sobre tus relaciones?

Revisa las situaciones en tu vida que te han hecho sentir orgulloso. ¿Cuáles serían las fuentes de ese orgullo? ¿Cuáles requirieron mayor esfuerzo y un cálculo cuidadoso?

Luego revisa tu vida en términos de resentimientos que aún persisten. ¿Qué es lo que más resientes no haber hecho? ¿Cuáles son tus excusas por no haberlo realizado?

Ahora piensa dos veces antes de decidir que es demasiado tarde para hacer aquello que resentirías no haber hecho. Esa silla mecedora está, aún, a varios años del presente...

---

tremo de la línea, sin embargo, se encuentra la esperanza realista (así como la esperanza irreal). Como ejemplo, considera a la mujer que permanece en una relación donde es objeto de violencia física y abuso emocional. ¿Qué detiene a una persona en una relación tal? A veces la razón es la dependencia económica; a veces una baja autoestima. Sin embargo, a veces la respuesta es "esperanza". Mientras esa mujer esté esperanzada en que "él cambiará", es probable que permanezca donde está. Mientras nuestros deseos nos hagan pensar (y no los hechos) que nuestra relación mejorará, nuestro trabajo mejorará, la circunstancia mejorará, nosotros mismos mejoraremos, estaremos "atrapados" en una situación depresiva.

Es frecuente que los terapeutas clínicos animen al paciente a "soltar" las circunstancias que piensan no son capaces o no tienen la voluntad de dejar. Los esfuerzos por inclinar al paciente a que se aleje de circunstancias negativas pueden tener una reacción de resistencia masiva, que ayudará a mantener los elementos destructivos en la vida de esa persona. Muy seguido la persona se deprimió como resultado de permanecer en una situación inadecuada (un empleo malo, una mala relación) en que es continuamente herido, pero se queda por la ilusoria esperanza de que "algo va a cambiar".

Creer que tu pareja dejará de consumir drogas o alcohol, que tu socio dejará de criticarte y será afectivo y cariñoso, o que cualquier otra circunstancia individual cambiará, ciertamente es tener esperanza, pero es tu responsabilidad evaluar si tu esperanza es algo factible. Debes ser capaz de distinguir entre tu fantasía interna y la realidad externa.

Lo anterior quizá te parezca contradictorio a todo lo que he expuesto en este capítulo, pero es posible que resulte terapéutico animarte a que tengas un sentido de desesperanza en una circunstancia *concreta* (no en la vida), que *debe* ser reconocida como permanente. Sin embargo, incluso en un caso tal, existe la esperanza de que las condiciones mejoren si reconoces que la situación en particular no tiene esperanza y tomas los pasos necesarios para liberarte de ella. En situaciones así, descubrirás que no son tus limitaciones personales las que generan la desesperanza de la situación, sino que las circunstancias están más allá de tu control. De modo tal, ante la ausencia de culpabilidad en ti mismo, la presencia de la depresión es disminuida. El tema será discutido con más detalle en los capítulos 8 y 9.

La esperanza y la desesperanza son sentimientos que no pueden ser separados; son los lados de una misma moneda. La desesperanza irreal por no tener las condiciones positivas, así como la esperanza irreal por mejorar condiciones negativas son temas comunes que yacen en la superficie de la depresión. De ahí que uno de los objetivos del tratamiento sea comprender que el futuro no es más de lo mismo, y que hoy puedes tomar las acciones necesarias que resultarán en cambios que te conducirán a creer que la vida puede ser satisfactoria y que vale la pena vivirla.

Ni tú ni yo podemos cambiar tu pasado, pero el mañana no ha llegado aún. ¿Qué te gustaría que sucediera? ¿Y la próxima semana, el mes entrante, el año que viene y los años por venir? Lo que hagas hoy, ahora, será la guía de lo que suceda mañana y los días que le sigan. Utiliza las habilidades que estás aprendiendo para desarrollar una orientación realista y positiva hacia el futuro. Todo lo bueno en tu vida será consecuencia de lo que hagas tanto hacia tu interior como hacia el mundo; te hará sentirte bien y satisfecho contigo mismo.

Una orientación positiva hacia el futuro es el punto de partida para obtener todo lo que necesitas y, además, te ayuda a romper con los patrones de la depresión. Aprende todo lo que puedas para que un día mires hacia atrás y veas cómo cambiaste tu vida para mejorar. ¡Haz tu plan hoy!

CAPÍTULO 6

La vida: todo está
en la interpretación

Todo ser humano en este planeta, de alguna u otra manera, quiere definir el significado de la vida en general y el propósito de su vida en particular. En el inicio de este libro, te presenté el famoso examen de las manchas de tinta de Rorschach. Como recordarás, a los entrevistados se les muestra una serie de manchas y luego se les pide que describan lo que "ven" en cada una. Las personas ven todo tipo de cosas: animales, personas y objetos actuando de distintas maneras. Cada persona interpreta la mancha en forma diferente, según su historia personal y configuración psicológica. Las manchas no tienen significado alguno. Sólo significan lo que las personas "proyectan" sobre éstas. En psicología, esto se conoce como la "hipótesis proyectiva": cuando las personas están frente a situaciones ambiguas, inevitablemente les proyectarán un significado que encaja con su marco de referencia.

En un sentido amplio, la vida es una mancha Rorschach *vivencial*. ¿Hay algo más ambiguo que la vida misma? El principio que rige las respuestas de cada persona es el mismo principio que rige sus reacciones ante la vida. El significado que las personas otorgan a las experiencias y su manera de responder ante éstas, está basado en sus antecedentes, creencias y valores. Por ejemplo, de todas las profesiones disponibles en el mundo, elijo convertirme en psicólogo clínico. En mi opinión, ese trabajo me da la posibilidad de hacer una contribución importante en el bienestar de las personas. Sin embargo, hay muchas personas que no tienen interés en la psicología y no le dan valor. Hay personas que me han dicho, "¿Eres psicólogo? ¿Por qué no consigues un *verdadero* trabajo?" De todo lo que pude haber sido profesionalmente, ¿por qué escogí ser psicólogo? El valor que para mí tiene la educación y el servicio, mi énfasis en las relaciones y mi amor por la solución de problemas, hicieron que mi elección fuera clara ¿Por qué haces lo que haces? ¿*Por qué* le das importancia a lo que haces?

La vida nos brinda a todos un sinnúmero de oportunidades. Las oportunidades que decidimos perseguir son un reflejo claro de nuestro sistema de valores y de lo que nos han enseñado a considerar importante. Por tanto, a partir de nuestras elecciones, sean grandes o pequeñas, nosotros somos quienes damos significado a nuestra vida.

¿Por qué es importante encontrar un significado? ¿Por qué es importante tener un propósito en la vida? Piensa en aquellos momentos de tu vida cuando te sentiste inútil y sin propósitos, y cómo afectó tu estado de ánimo y la imagen de ti mismo. Ahora tienes la oportunidad de examinar con detenimiento el proceso para encontrar significado en la mancha amorfa que llamamos "vida". Puedes evaluar si aquello que consideras importante y te satisface en la vida concuerda con el significado que le has asignado; si no es así, tienes la posibilidad de cambiar la dirección de tu vida. ¿Cuál es el propósito de tu vida? ¿Es sufrir y soportar las dificultades? ¿Es buscar una conciencia superior? ¿Relajarte y pasarla bien y disfrutar el paseo? ¿Hacer dinero? ¿Tener hijos?

¿Tus explicaciones te ayudan o te hieren?

Ésta es una pregunta importante, relacionada directamente con tu experiencia de la depresión: ¿Cuán precisas o realistas son las explicaciones que te das de los sucesos de tu vida? Puede que seas capaz de dar explicaciones convincentes de tus experiencias, pero puede haber, y usualmente es así, una gran diferencia entre "convincente" y "verdadero".

Digamos que alguien te dio información equivocada o un mal consejo acerca de algo que debías hacer. Naturalmente, buscarás una explicación de por qué sucedió. Quizá concluyes que la persona tenía malas intenciones y trató de engañarte; tal vez concluyes que la persona estaba mal informada, o que fue tu culpa por no verificar la información que te fue dada.

No importa cuál sea tu conclusión, el punto es que *llegas a una explicación de por qué sucedió de esa manera*. En todo lo que haces cada día, pasas continuamente por el proceso de buscar explicaciones acerca de ti, de los demás y de los sucesos en el mundo que te rodea. Cada persona desarrolla un estilo propio, conocido como "estilo explicativo"

PAUSA PARA REFLEXIONAR # 13

Eligiendo una vida

Con frecuencia, las personas no sienten que ellas eligen su profesión o su estilo de vida. Sienten que simplemente han "caído ahí". ¿Piensas que es una decisión no tomar una decisión? ¿Por qué sí o por qué no?

Mi respuesta: *en definitiva*, no tomar una decisión implica tomar una decisión. Cada vez que evitas emprender una acción para cambiar y mejorar, estás tomando una decisión pasiva para mantener la situación como está. Resulta un autoengaño creer que "las cosas son como son". Aun cuando no puedes cambiar las circunstancias de manera directa, si *puedes* cambiar tu respuesta ante dichas circunstancias. Quien sea que haya dicho "Aquello que no tratas de mejorar, estás decidiendo deteriorar", entendió con claridad el punto.

o "estilo atribuido". Tu estilo explicativo desempeña un papel relevante en cómo te sientes. Considera el ejemplo en que alguien te da un mal consejo. Si concluyes que fue tu culpa por no verificar la información, ¿cómo te sentirás? Compara ese sentimiento con el que tendrías si concluyeras que la persona estaba mal informada. Y, por último, compáralo con cómo te sentirías si averiguaras que fuiste engañado de manera intencional. Cada interpretación genera un sentimiento diferente, ¿no es así?

Los sentimientos que tienes están relacionados con las explicaciones que te das sobre lo que sucede *fuera* y *dentro* de ti. Déjame darte otro ejemplo. Supongamos que un amigo va por ti para que ambos vayan a un lugar para divertirse juntos. Ahora, supongamos que transcurre el tiempo y tu amigo no llega por ti. Cada minuto que pasa, tienes un discurso interno acerca de la tardanza de esa persona. Notarás que, como resultado de lo que te dices, tus sentimientos cambian, bastante literalmente, de momento a momento. Si piensas que tu amigo está siendo insensible e irresponsable, te enojarás con él. Si piensas que tal vez le ocurrió algo malo, naturalmente te preocuparás por él. Si supones que tu amigo tuvo un accidente o que de alguna manera está herido y eso evita que llegue a tiempo, no sólo te preocuparás, incluso te asustarás. Si piensas que a dicha persona no le importas y por eso no ha llegado, te sentirás rechazado, solo, incluso deprimido. Cuando

---

APRENDE PRACTICANDO # 29

El significado de tu vida

Objetivo: descubrir la relación que hay entre la forma: en qué inviertes tiempo y energía, y si tales inversiones están relacionadas con tu sentido general de lo que es un propósito.

Por escrito, revisa tu estilo de vida. Mantén una gráfica de tu tiempo y cómo lo empleas. ¿A qué aspectos de tu vida les dedicas tiempo?, ¿más energía? Previamente identificaste los valores centrales, tomándolos en cuenta, ¿ves algún significado surgiendo en los patrones de tu estilo de vida? ¿"Coincide" tu vida con tus valores? ¿Cómo describirías el significado de tu vida? Escribe tu respuesta y modifícala a medida que sigas mejorando.

---

por fin llega tu amigo, 45 minutos tarde, al verlo, tu primer sentimiento quizá sea de alivio. Luego, tal vez te sientas enojado, y luego recorras todos los sentimientos que has tenido en los 45 minutos de espera y de preguntarte qué estaría sucediendo. Éste es un claro ejemplo de la relación entre tu estilo explicativo y los estados de ánimo internos.

En este momento debe ser evidente que *las situaciones ambiguas representan factores de riesgo.* No todos reaccionamos ante la ambigüedad de la misma manera. Algunas personas forman interpretaciones positivas que resultan en sentimientos positivos. La forma en que te explicas una situación o una conducta es una reacción aprendida, por lo que, si tu reacción ante la ambigüedad hace que salgas herido, es tiempo de que aprendas a reaccionar de otra manera. El primer paso en esa dirección es reconocer que tú confeccionas tus explicaciones, sólo tú. Son simples interpretaciones. No son hechos hasta que obtengas una evidencia clara y objetiva.

La manera en que enfrentas la ambigüedad está relacionada con otros patrones asociados con la depresión. Uno de dichos patrones es conocido como "pensamiento dicotómico", mejor conocido como pensamiento de "todo o nada". Distintas personas reaccionan de manera diferente ante la ambigüedad. El pensador de todo o nada tenderá a tomar medidas extremas (por tanto ambiguas) ante una situación que, en realidad, no es nada extrema. Una persona que sólo ve en blanco y negro una circunstancia gris, está reflejando su necesidad por exagerar las circunstancias para poder verlas con tanta "claridad" como le sea

PAUSA PARA REFLEXIONAR # 14

Tolerando la ambigüedad

Reflexiona en la manera como respondes a la ambigüedad. Cuando algo no te parece claro, ¿haces muchas preguntas para tratar de que se aclare pronto? O, ¿dejas que así se quede, suponiendo pasivamente que, con el tiempo, surgirá la respuesta? Esto se conoce como "tolerancia a la ambigüedad". ¿Toleras la ambigüedad en algunas situaciones (como en una relación), pero eres intolerante en otras (como en el trabajo)? ¿Cómo evaluarías tu tolerancia a la ambigüedad? La necesidad de claridad es potencialmente útil para vencer la depresión. El arte de llevar una vida juiciosa es llegar a conclusiones precisas basadas en evidencia objetiva, y no precipitarse en conclusiones arbitrarias para evitar la ambigüedad.

Mi respuesta: cuando afirmo que la ambigüedad representa un factor de riesgo para ti, es para que estés alerta del patrón depresivo cuando interpretas de manera negativa (como rechazo o humillación) situaciones que bien podrían ser interpretadas en formas que no te hieran. Antes de concluir que algo es negativo, busca información que aclare cualquier ambigüedad. No hagas suposiciones, por ejemplo, de lo que alguien quería decir. ¡Pregunta! "No estoy seguro de cómo interpretar eso. ¿Qué es lo que quieres decir exactamente?" Tal habilidad tiene gran valor preventivo.

posible. Desde luego, quiere decir que la persona no está en verdad respondiendo de manera objetiva a lo que es, de hecho, una verdad o una realidad.

Mencioné antes que, en general, a las personas les disgusta la ambigüedad y, por tanto, necesitan asignar un significado a las experiencias de la vida. ¿Qué sucede cuando se asigna un significado a una situación en la que el significado no es claro o que no existe alguna prueba objetiva? La persona propensa a pensar en extremos, tal vez exprese sus percepciones como si fuera información objetiva, aunque no pueda probarlo o demostrarlo de alguna manera. Por ejemplo, hay millones de personas que creen en la astrología, pese a que no existe evidencia objetiva de que la posición de los astros afecta nuestra experiencia. Los creyentes consideran la astrología como un hecho establecido. Pero, de la misma manera como los astrólogos no pueden probar de modo objetivo la veracidad y la realidad de sus creencias, yo no puedo refutar de manera objetiva la realidad de esas creencias. Si pudiera refutar la

---

APRENDE PRACTICANDO # 30

Reacciones extremas

Objetivo: **aprender a reconocer y a corregir el pensamiento "todo o nada" cuando éste surge como respuesta ante las situaciones de la vida.**

Identifica un suceso reciente en tu vida, en que ahora reconoces que reaccionaste de forma extrema. ¿Cómo percibiste (equivocadamente) la situación que provocó tal reacción extrema?

Identifica la secuencia en el pensamiento que te condujo a esa reacción extrema. Por ejemplo, si alguien obtiene una B como calificación en un examen y luego concluye: "Soy un fracaso porque no obtuve una A". O, si alguien no obtiene una promoción en el trabajo y concluye: "Soy un perdedor", está mostrando el pensamiento todo o nada que probablemente resulte en emociones negativas fuertes. Examina situaciones en las que te encuentres dando explicaciones todo o nada. Tus reacciones pueden estar reflejando un pensamiento dicotómico y poca tolerancia a la ambigüedad. Si es así, ¡has identificado patrones que tendrás que supervisar y corregir!

---

astrología, o si los astrólogos pudieran probarla, la polémica terminaría. Lo mismo aplica a múltiples creencias ambiguas similares.

Si mi paciente dice: "El significado de la vida es sufrir", ¿cómo puedo refutar esa afirmación? ¿Cómo puede él probarlo? Es simplemente el sistema de creencias que tiene la persona y es obvio que se trata de un sistema de creencias arbitrarias. No hay evidencia real, a favor o en contra de ello, que pueda responder de manera definitiva la pregunta fundamental acerca del significado de la vida. Así, las personas gastan su dinero en llamadas a los números de teléfono de los psíquicos; en libros de personas que describen sus historias de secuestros por parte de los ovnis; en comprar partes extrañas de animales (como polvo de cuerno de rinoceronte) para realzar la potencia sexual (ocasionando la cercana extinción de varias especies, sin alguna buena razón). ¿Dónde está el pensamiento crítico? ¿Cómo es posible que las personas crean lo que no se puede probar y que, finalmente, les resta poder, como la astrología o los problemas que se dice vienen de vidas pasadas? (¿Como es posible tener poder personal si crees que tu destino está controlado por la posición de las estrellas o debido al karma? El poder personal se origina a partir del conocimiento de que tú *eres quien decide* y que esas decisiones tienen influencia en tus experiencias.)

El fenómeno del pensamiento dicotómico puede llevar a las personas a reaccionar ante sus creencias arbitrarias como si fueran hechos. Si la persona no es propensa a la depresión, entonces ese patrón no es grave. Sin embargo, para ti, alguien que *sí* es propenso a la depresión, representa un peligro en potencia. Es más importante para ti que para quienes no están deprimidos, *aprender a responder tan bien como sea posible ante la evidencia objetiva que existe a tu alcance.*

Tendrás que aprender a ser un pensador crítico, siempre supervisando y corrigiendo pensamientos y suposiciones que pueden lastimarte. Para hacerlo, en una situación debes estar atento a lo que la define como ambigua; quiero que seas capaz de oler la ambigüedad ¡a diez kilómetros de distancia!

Si crees ser una persona indigna o de poco mérito, por ejemplo, y que no mereces ser feliz, vuelve a frasear el pensamiento como una pregunta: ¿Qué debe hacer alguien para merecer ser feliz? Obviamente, no hay una respuesta clara y no ambigua a esa pregunta. Esa pregunta es tan ambigua como: "¿Es real la astrología?" o "¿Por qué mueren bebés inocentes?" No hay una respuesta clara y definitiva. La respuesta será dictada por lo que te han hecho creer tus antecedentes, pero puede no ser un reflejo de lo que es verdad. Cualquier respuesta que generes es sólo tu proyección a una pregunta que, en esencia, no tiene contestación. Parte del aprendizaje para romper los patrones de la depresión con firmeza es *aprender a evitar, tan bien como puedas y tan a menudo como puedas, preguntas ambiguas para las que no hay una respuesta verdadera.* Entrénate en reconocer las preguntas ambiguas y en no generar especulaciones que lleven a tus emociones a la montaña rusa.

Haz una pausa y piensa realmente acerca de tu reacción ante situaciones cotidianas. ¿Es positiva, negativa o neutral? Con base en los principios que hemos descrito en este capítulo, es posible que alteres tus respuestas. Revisa el cuadro *Aprende practicando* de la página siguiente. Si diste la respuesta típica de un individuo deprimido en el caso 1 (el del jefe que no te pidió que fueras a la reunión), es probable que pienses que tu empleo está en peligro o que no eres valorado como "parte del equipo". Quizá ves la acción de tu jefe como culpa tuya en vez de una muestra de su experiencia en manejar situaciones. Si el estilo que empleas para explicarte dicha circunstancia es negativo, entonces es menos probable que consideres la posibilidad positiva de que

---

APRENDE PRACTICANDO # 31

La ambigüedad como factor de riesgo de la depresión

Objetivo: ayudarte a aprender que tu interpretación de una situación ambigua puede ser negativa o hiriente.

Considera los escenarios siguientes y ve cuáles respuestas son las que ocurrirían con mayor probabilidad en tu caso.

Caso 1: Tu jefe celebra una reunión en el trabajo y exige que casi todos tus compañeros de trabajo estén ahí. A ti no te dicen que asistas a la reunión. ¿Por qué? Escribe tu respuesta en una oración.

Caso 2: Haces solicitud para un empleo que quieres en verdad. Te dicen que te avisarán en una semana. Dos semanas más tarde, aún no sabes si te van a dar el empleo. ¿Cómo interpretas la evidente tardanza para procesar tu solicitud de empleo? Escribe tu respuesta en una oración.

Caso 3: Te encuentras con un amigo cercano para cenar y durante la cena parece distante. ¿Cómo interpretas la conducta reservada de tu amigo? Escribe tu respuesta en una oración.

---

tu jefe no quiere distraerte de lo que estás haciendo o quitarte el tiempo con algo que no tiene que ver contigo.

En el caso 2 (acerca de la tardanza en contestar tu solicitud de empleo), puedes haber llegado a la conclusión de que la tardanza es un mal presagio. Si tu estilo es positivo, entonces es probable que lo interpretes como una manifestación acerca de la eficiencia en cuanto a las prácticas de contratación de esa compañía. En el caso 3 (en el que tu amigo se muestra distante), si tu estilo es negativo, es probable que lo interpretes como un rechazo o una falta de interés por parte de tu amigo. Una explicación más positiva te llevaría a pensar que tu amigo está preocupado por un problema que no tiene que ver contigo o que está inmerso en alguna experiencia interna, como ansiedad o depresión.

El optimismo tiene estructura. Cuando los optimistas enfrentan la ambigüedad, pronto adoptan una interpretación positiva. Puede no ser más precisa, pero ¡definitivamente se sienten mucho mejor!

Entonces, ¿cuál es el punto? Bueno, hay un par de puntos importantes aquí. Primero que nada, al aprender el estilo atributivo, estás aprendiendo que la vida nos ofrece constantemente varias situaciones ambiguas. Todo lo que puedes hacer es interpretar cada experiencia de acuerdo con tu sistema de creencias y tus antecedentes; en resumen, de acuerdo con tus proyecciones. En un individuo deprimido, las proyecciones tienden a ser negativas y perjudiciales, por lo que aumentan los pensamientos negativos y cavilaciones negativas que provocan sentimientos negativos. Ahora estás aprendiendo que todas las interpretaciones (atribuciones) que haces cada día, muchas veces al día, desempeñan un papel *muy* importante en tu estado de ánimo.

Un consejo preventivo es pensar de antemano y hacer lo mejor que puedas para reconocer la ambigüedad en una situación, *antes* de examinarla. Acostúmbrate a preguntarte "¿Dónde está la ambigüedad?" Antes de pensar algo y equivocarte por creer algo sin haber usado el pensamiento crítico, acostúmbrate a hacer la tarea. ¿Dónde puedes obtener evidencia objetiva que confirme o contradiga tu interpretación? ¿Existe dicha evidencia objetiva? ¿Puedes saber de antemano que no hay una respuesta clara a tu pregunta, y que no hay información objetiva disponible? Por ejemplo, en el caso 1, no *sabes* por qué el jefe no te incluyó en la reunión. Puedes especular sobre todo tipo de posibilidades: el jefe está preocupado y se le olvidó; al jefe no le caes bien; el jefe tiene otros planes para ti; el jefe sabe que el tema de la reunión no se aplica a ti, etcétera. Puedes pensar en varias razones, pero la realidad es que la única persona que sabe por qué no fuiste incluida es el jefe. Sí, puede ser que obtengas información objetiva, pero no será así hasta que no hables con esa persona para averiguar exactamente lo que está sucediendo, suponiendo que tu jefe sea sincero contigo (otra suposición ambigua por evaluar).

En la segunda situación, la única información disponible de la posibilidad para obtener el empleo es por parte de la persona que contrata; no tienes manera de saber lo que sucede en esa compañía hasta que lo averigües directamente. Así que es posible aliviar tu incertidumbre llamando a quien te entrevistó para preguntarle sobre el estado de tu solicitud. La decisión de llamar no es fácil. Parte de lo que debes considerar aun cuando la información objetiva esté disponible (en este caso con quien te contrataría), como: ¿sería conveniente para ti o sería una desventaja buscar dicha información? Es posible que decidas ignorar si te van a dar el empleo, porque la incertidumbre te está volviendo loco, así que llamas para averiguar el estado de tu solicitud. Sin em-

```
┌─────────────────────────────────────────────────────────┐
│                                                         │
│            APRENDE PRACTICANDO # 32                     │
│                                                         │
│              Explicaciones alternativas                 │
│                                                         │
│   Objetivo: ayudarte a tomar distancia de tus explicaciones automáticas │
│       negativas de los sucesos ambiguos mediante la creación de otras │
│       explicaciones.                                    │
│                                                         │
│   Para hacer que este punto sea personal y significativo, me gustaría que es- │
│   cribieras, al menos, diez situaciones que hayan ocurrido recientemente y │
│   que tengan estructuras similares a los tres casos que acabamos de describir; │
│   es decir, circunstancias que te afectaron y que no tuvieron explicaciones │
│   claras. Luego, me gustaría que recordaras, en cada uno, la explicación que │
│   te diste en ese momento. ¿Cuáles fueron tus sentimientos asociados con │
│   cada explicación? Ahora piensa al menos en otras tres explicaciones convin- │
│   centes de esos sucesos.                               │
│                                                         │
└─────────────────────────────────────────────────────────┘
```

bargo, también es posible que tu llamada moleste a la persona que está contratando.

Ahora tienes otro dilema, otra situación ambigua. ¿Debo llamar o no? ¿Molestaré a la persona si lo hago, o no? Quizá sientes que tu relación con quien te entrevistó fue buena y ello te permite hacer la llamada. Por un lado, quizá al entrevistador le guste tu interés y entusiasmo. Por otro, tal vez pienses que es un individuo distante y no sea fácil comunicarse con él. Puede enojarse por tener que contestar tu llamada. Ahora tu juicio es saber si debes contactar al entrevistador.

En el caso 3, la única persona que sabe por qué está distante es tu amigo. De nuevo, tienes una opción. Puedes resolver la ambigüedad preguntando directamente: "Te veo distante. ¿Es así? Si así es, ¿puedes decirme por qué?" Ahora, te enfrentas a las mismas opciones que antes. ¿Estará tu amigo molesto porque tratas de hablar algo que no quiere discutir? O, ¿aprovechará la oportunidad para reconocer la validez de tu observación y te dice que no es nada que tú hayas hecho; que está preocupado por un problema, del cual aún no está listo para hablar? El punto es que tú, como pensador crítico, *aprendas a sopesar tus opciones*, y a pensar las posibilidades disponibles y anticipes las consecuencias probables de cada una. En resumen, aprendes a pensar con discernimiento.

Es mi deseo que la frase siguiente, o alguna variación de ésta, con el tiempo, sea automática: "Esta situación es ambigua. Podría proyectar ideas negativas en ella, lo que me haría sentir muy mal, pero en vez de deprimirme innecesariamente, pienso que sólo toleraré la ambigüedad hasta que pueda conseguir más información. Recuerdo que Yapko dijo '¡Hay que prevenir, cuando sea posible!'"

Aprendiendo a tolerar la ambigüedad

En el individuo deprimido, sus atribuciones dictan la cualidad y el alcance de su experiencia. Si quieres recuperarte de la depresión y prevenir depresiones futuras, necesitas *manejar la ambigüedad* de manera efectiva. Cuando enfrentas situaciones que no te parecen nítidas (como decidir cuál es la profesión "correcta"), y buscas claridad, es posible que te estés acercando a la frustración, incluso a la depresión. Es mejor reconocer de antemano las situaciones ambiguas; pero si ya te encuentras en una, es mejor no hacer atribuciones arbitrarias y conflictivas.

El mismo principio de tolerancia a la ambigüedad es aplicable a otras interrogantes que incluyen el tema del valor. ¿Cuál es la mejor manera de aprovechar mi día de descanso? ¿Hay una forma correcta de vivir? ¿Cuál es el tratamiento correcto para mi depresión? ¿Quién es la persona correcta para enamorarme? ¿En qué debo gastar mis bonos de fin de año? ¿Cuál es el mejor lugar para ir de vacaciones? ¿Debo decirle a mi colega que es probable que lo despidan? ¿Debo recordar a mi hermana que el cumpleaños de mamá es la semana próxima? Son preguntas acerca de lo que es "mejor" o lo que es "correcto". No todo en la vida es blanco o negro.

Si eres propenso a deprimirte, tendrás que juzgar cada situación según sea el fondo del caso. No hay una sola regla que pueda aplicarse a todas las situaciones por igual. Reconocer tus fortalezas, así como las áreas en las que eres más vulnerable, es tu tarea. Sólo entonces podrás *ajustar tus acciones de acuerdo con el resultado que quieres, no sólo de acuerdo con tus sentimientos.* Cuando aprendes a dejar de hacer atribuciones arbitrarias y, en su lugar, buscas evidencias claras, reconoces las situaciones placenteras, así como las situaciones desagradables y puedes decidirte por las positivas.

Es necesario adquirir la habilidad de no hacer atribuciones que son simples proyecciones, producto de alguna herida o de la desesperación. Dichos sentimientos pueden llevarte a hacer conclusiones negativas

---

APRENDE PRACTICANDO # 33

Trata de contestar lo incontestable

Objetivo: identificar y resolver preguntas ambiguas, que te haces y que es posible que te depriman.

Identifica, por escrito, las preguntas ambiguas que te planteas y que parecen afectar tu estado de ánimo. Si te preguntas, por ejemplo, "¿merezco ser feliz? ¿Soy una persona valiosa? ¿Es importante mi vida? ¿Seré exitoso algún día?" En cuanto te des cuenta de cómo puedes paralizarte haciéndote ese tipo de preguntas incontestables, será más fácil para ti llevar tu atención hacia una *acción* efectiva. La acción es crucial para tu recuperación. Es bastante mejor que gastar tu energía en elaborar y contemplar preguntas incontestables que causan lo que es llamado, apropiadamente, "parálisis del análisis". Si sientes que debes contestar dichas preguntas, que no pueden contestarse objetivamente, ¡al menos elige respuestas optimistas que te ayuden a sentirte mejor!

---

sobre tu vida, tus relaciones o tú mismo. Por no haber tenido un juicio crítico, puedes agravar tu depresión.

Necesitas salir de tus interpretaciones subjetivas sobre los acontecimientos y poder evaluarlos con sentido crítico. Tu evaluación puede no ser correcta, o puedes reconocer que es probable que no estés siendo objetivo porque no tienes información objetiva. Llegar a la conclusión más negativa y deprimente de manera arbitraria es contraproducente. En esos casos no hay más evidencias para tu conclusión negativa que para alguna otra.

Tipos de atribuciones

Existen maneras específicas para describir las características de tus suposiciones. Con frecuencia, en la psicoterapia, mi tarea es enseñar a mis pacientes a "reatribuir" sus experiencias. Es decir, quiero que lleguen a una conclusión diferente acerca de algún suceso, quizá a una conclusión menos dañina y más precisa. Aprender a reconocer las características de tus atribuciones te sitúa en mejor posición para decidir si lo que supones es apropiado. Si no lo es, puedes tratar de volver a hacer una atribución.

Atribuciones internas-externas

Una manera de describir el patrón de una atribución es determinando si es interna o externa. Una atribución interna es en la que concluyes que lo que ocurrió fue resultado de tus acciones. Por ejemplo, consideremos que te encuentras con tu amigo para cenar y éste se muestra distante y reservado, una atribución es: "Debe estar enojado conmigo" o "Piensa que soy aburrido y no quiere estar aquí conmigo". A partir de dichas afirmaciones, es evidente que atribuyes la reserva de tu amigo como respuesta de algo en ti. El enfoque de tu atribución para explicar la situación negativa es *interna*.

El enfoque opuesto, la atribución externa, es cuando consideras que la situación ocurrió debido a algo fuera de ti. Si llegas a la conclusión de que tu amigo tiene algún problema y que le está dando vueltas en la cabeza, estás atribuyendo su comportamiento a algo que le ocurre a él, en vez de a ti. Si es claro para ti que no eres responsable de su mal humor, de su distancia o de sus problemas, ello te salvará de sentirte innecesariamente culpable. También te permite ser un apoyo emocional para tu amigo. Además, tampoco quieres hacer una atribución completamente externa, si en realidad *sí* tienes algo que ver con sus sentimientos. ¿Cómo resolver la ambigüedad? Ya debes haberlo adivinado: ¡pregunta!

Es pertinente repetir que una manera común de pensar, aunque distorsionada, es hacer atribuciones internas en situaciones negativas. Esto también se conoce como "personalización", o sea, tomar de manera personal lo que es impersonal. Cada vez que personalizas un suceso negativo, poniendo tus sentimientos o tu autoestima en el centro de éste, te pones en una posición reactiva. Ésa es la manera en que las personas se "suben en montañas rusas emocionales"; forman atribuciones internas de manera automática en eventos negativos: una senda confiable hacia la exageración de las emociones y la depresión.

Atribuciones estables-inestables

El segundo patrón incluye el estilo atribuido "estable" o "inestable". En el capítulo anterior examiné el estilo estable, donde las expectativas de las personas y su perspectiva depresiva de las situaciones dolorosas son consideradas estables o inmutables. Cuando ves una condición como si fuera permanente, estás haciendo una atribución estable. Como aprendiste previamente, el error de hacer una atribución estable acerca de una situación dolorosa es suponer que permanecerá así, cuando, de hecho, es realista esperar que cambie.

Por tanto, otra habilidad importante es determinar cuándo una situación es inmutable (estable) y cuándo no lo es, y si es por razones internas o externas. Sólo entonces puedes tomar decisiones realistas y saber si debes quedarte ahí o alejarte de la situación. Un tema común entre pacientes deprimidos es si deben permanecer en cierta situación de la que deben alejarse (malas relaciones, malos empleos, malas inversiones) o alejarse de las situaciones que deben conservar (continuar una profesión, mantener una relación, terminar un proyecto). Saber cuándo aferrarse y cuándo soltar o alejarse es un arte que bien merece ser dominado. ¿Cuándo es el momento apropiado para dejar ir? Cuando la situación no tiene una posibilidad *realista* de mejorar. Para que tu evaluación sea precisa, debes asegurarte de que no sea tu depresión la que te haga creer que algo no tiene solución.

El individuo con un estilo atribuido *inestable* ve la posibilidad de cambiar las situaciones. Pensar que "la situación puede cambiar" tiene relación directa (como vimos en el capítulo anterior) con el grado de motivación positiva y la voluntad de participar en la recuperación. Además, también puede hacer que sigas tratando bajo circunstancias imposibles, y que creas, de manera poco realista, que las condiciones mejorarán, mientras te hundes más profundamente en la depresión. La razón por la que dedico el último capítulo completo a las expectativas es para ayudarte a que te asegures de que tus perspectivas del futuro, basadas en atribuciones estables o inestables adecuadas, sean verdaderamente alentadoras.

Atribuciones globales-específicas

La tercera manera de representar los patrones del estilo atribuido está relacionada con las atribuciones globales o específicas. Cuando crees que tu experiencia de cierta situación afecta *toda* tu experiencia, estás haciendo una atribución global. Una atribución específica o concreta limita tu conclusión a la situación inmediata. Alguien que hace una atribución global después de una entrevista de trabajo estresante es más probable que diga: "Soy un perdedor", más que: "No soy tan bueno en las entrevistas como me gustaría", una evaluación más específica.

Recuerda la sección del capítulo 4, donde vimos cómo separamos por compartimientos, y nota aquí su relevancia. Parte de desarrollar un estilo realista y no depresivo es ser más específico acerca de tus experiencias. Es especialmente cierto cuando se trata de una experiencia negativa. Hay un mundo de diferencia entre "No me va tan bien en las entrevistas" y "Soy un perdedor".

Ahora considera tus atribuciones acerca de tu experiencia con la depresión. Si te pregunto por qué estás deprimido, ¿cómo responderías? Si, en esencia, dices: "Estoy deprimido porque no encuentro un buen estilo de vida. Siempre he estado deprimido. Soy todo un desastre", entonces, como puedes ver, tus atribuciones son de naturaleza *interna, estable* y *global*. De hecho, hay una fuerte relación entre este tipo de estilo atribuido frente a los *sucesos negativos* y la experiencia de la depresión.

En terapia y con regularidad, pido a mis pacientes que cuando se presenten tiempos difíciles, estén dispuestos a externar, a ser inestables y específicos en sus atribuciones. En otras palabras, quiero enseñarles que: 1) no necesariamente son ellos; 2) no necesariamente siempre va a ser así; 3) no necesariamente afecta todo lo que hacen. A veces, el problema es sólo una situación, y ésta va a cambiar. Aprender a identificar (en cada situación, cada interacción) si las atribuciones son *objetivamente* internas o externas, estables o inestables, globales o específicas, es un punto crítico para recuperarte de la depresión, así como para prevenir episodios futuros.

Prevenir cuando sea posible

Espero sinceramente que aprendas a considerar tus experiencias con suficiente claridad para que puedas usar las habilidades preventivas que estás aprendiendo aquí. En este capítulo has visto cómo puedes proyectar negatividad en las situaciones ambiguas, pensar en formas más extremas (percepciones que tienden a ser más en blanco y negro que en una escala de grises) y puedes, debido a ese pensamiento exagerado, arriesgarte a responder de manera incorrecta. También has visto que las diferentes atribuciones o patrones de explicaciones pueden afectar directamente tu estado de ánimo y tus perspectivas. Si te observas manejando una situación de manera no efectiva, basada en tus percepciones inexactas, puedes llegar a concluir que no eres capaz o que no lo mereces. Así es como refuerzas inadvertidamente tu depresión.

Ahora estás en buena posición para ver la relación entre tu perspectiva general de la vida y tu estilo explicativo. Quien ve las situaciones de manera negativa y predice que siempre serán negativas, puede ser llamado pesimista. Quien tiene una percepción positiva de manera consistente y predice sucesos positivos para el futuro y tiende a ver lo positivo en las situaciones ambiguas es alguien que podemos describir como optimista.

Obviamente, ¡ser optimista es más agradable que ser pesimista! Recuerda la vieja metáfora del vaso que puede ser visto como medio lleno o medio vacío. La cantidad de líquido es, desde luego, la misma; la diferencia es el punto de vista del observador. La persona que ve la vida como "medio llena" se siente mejor que quien la ve "medio vacía".

¿Cuál perspectiva es la "correcta"? ¿Quién lo sabe? Es otra pregunta ambigua, como: "¿Existe una verdad universal?" Hay tanta ambigüedad en la vida y nuestra respuesta es tan subjetiva, que muchos filósofos (del "constructivismo"*), así como algunos terapeutas han llegado a la conclusión de que la realidad es "lo que pienses que es". Su actitud es que la "verdad", a menudo, no puede ser conocida y que el verdadero valor de la vida está definido en términos personales, de felicidad, éxito, amor y humanidad.

¿Es la realidad como tú piensas que es? Para quienes creen que la astrología es real, eso tiene significado. La persona que cree que todo sucede por una razón, la buscará en todo. Aquellos que creen que la vida es una carga, la encuentran pesada. Tus creencias dictan el curso de tus acciones y tus sentimientos. Porque tus puntos de vista desem-

---

* N. de las T.: Representación en una intuición *a priori* de alguna cosa abstracta, como un concepto o una relación. (Kant: El problema del uso de nuestros conceptos equivale al de su relación con un objeto.)

PAUSA PARA REFLEXIONAR # 15

Vamos afuera para arreglar esto

¿Cómo te sientes cuando digo que siempre tendrás que revisar tus creencias? ¿Puedes ver la fuerza que te dará salirte de tus creencias para considerar su utilidad relativa, en vez de estar limitado dentro de éstas y nunca tener la habilidad de interrogar su precisión, valor o papel en tu vida?

Mi respuesta: al principio puede parecer una carga tener que revisar tus pensamientos y corregir los que estén distorsionados. Sin embargo, como pronto descubrirás, se vuelve un hábito que apreciarás por todos los problemas que previene, y por la maravillosa sensación de control que te ofrece. Tu estilo de atribución desempeña un papel importante, no sólo para tu depresión, sino también en tu grado de productividad y salud física. El estilo de atribución afecta el estado de ánimo y éste afecta la fisiología y la conducta.

peñan un papel enorme en cómo te sientes, siempre tendrás que revisar tus creencias. Tendrás que "salirte" de ellas el tiempo suficiente para que puedas evaluar si tus creencias son válidas y si trabajan a tu favor o en tu contra.

Te animo que *respondas a lo que sucede afuera en el mundo que te rodea, más que a lo que está en tu cabeza, en especial cuando lo que está en tu cabeza genera depresión.* Lo que quieres para ti, paz mental, comodidad, una vida bien llevada y equilibrada: ésos son buenos deseos. Y son metas razonables. Espero que aquí aprendas, gradual y deliberadamente, que existen maneras de obtener lo que quieres, pero sólo cuando no interfieren tus explicaciones arbitrarias y dañinas que te mantienen en la depresión.

CAPÍTULO 7

Cómo pensamos
y qué pensamos

Antes mencioné que existen ciertos estilos de pensamiento y sistemas de creencias particulares que pueden causar y empeorar la depresión. En este capítulo seré específico en cuanto a los modos de pensar y las creencias que subyacen en los estados depresivos. Conforme leas sobre estas comunes, pero potencialmente dañinas, creencias, espero que tengas más conciencia y seas más objetivo acerca de tus propias creencias. De tal manera podrás ser selectivo sobre cuáles creencias tienen alguna virtud y, en una situación dada, cuáles son perjudiciales.

Distorsiones cognitivas

Junto con otros expertos, el doctor Aaron T. Beck, conocido psiquiatra que ha estudiado los patrones del pensamiento de individuos con depresión durante más de 30 años, observó que las personas con depresión casi siempre cometen errores de interpretación. Ideó el enfoque conocido como "terapia cognitiva" (expuesta en el capítulo 1) para identificar tales distorsiones y corregirlas. También aparecen en un listado del cuadro 3, en la siguiente página. Algunas ya te son familiares a partir de una exposición previa.

Cada una de dichas distorsiones cognitivas en el cuadro representa una manera de malinterpretar, tanto la información como la experiencia, y aumenta los sentimientos depresivos. El modelo cognitivo enseña que las emociones están directamente relacionadas con las percepciones, y animan a lidiar con los sucesos de la vida de un modo tan racional como sea posible. Ser racional quiere decir aprender a pensar con claridad, y sopesar la evidencia cierta antes de llegar a conclusiones y, además, alinear los sentimientos con la realidad.

Dosis sanas de raciocinio, cuando es practicado e integrado, puede aliviar numerosos episodios depresivos, incluso prevenirlos. ¿Cómo? Al

---

Cuadro 3. Distorsiones cognitivas

- Pensamiento todo o nada (pensamiento dicotómico)
- Sobre generalización
- Filtro mental (percepción selectiva)
- Descalificación de lo positivo
- Conclusiones precipitadas
- Magnificación (convertir en catástrofe) o reducir (trivializar)
- Razonamiento (racionalización) emocional
- Declaraciones "debo"
- Etiquetando y des-etiquetando
- Personalización

---

evitar que te pierdas en los aspectos perjudiciales de tu pensamiento distorsionado. Tal como lo describí en el capítulo anterior sobre atribuciones, el peligro omnipresente en una persona deprimida es la trampa puesta por su propio modo de pensar. Consideremos, por tanto, cada una de las distorsiones cognitivas.

Pensamiento todo o nada (dicotómico)

Dicha manera de pensar, como vimos, es la tendencia a hacer interpretaciones extremas, viendo las cosas en blanco y negro, con nada o muy poco de gris. ¿Puedes identificar el extremo en los ejemplos siguientes? Obtener una calificación de B en un examen y sentirse un fracasado; no conseguir un ascenso en el trabajo y sentirse un fracasado; no conseguir la aprobación unánime y sentirse rechazado. Cuando permites que un detalle arruine una experiencia completa, muestras evidencia de un pensamiento dicotómico.

Quizá recuerdes del capítulo anterior que el pensamiento extremo es, con frecuencia, relacionado con una baja tolerancia a la frustración y la ambigüedad. A las personas nos gusta la claridad y la certeza; la confusión es inquietante. La falta de certeza acerca de la mejor respuesta ante una situación, o el significado de algo, puede crear un sentido de urgencia y la necesidad de arreglo. Esforzarte por alcanzar un claro entendimiento tan pronto como sea posible (escapar a la frustración de la incertidumbre) puede hacerte cometer errores de juicio que, a la larga, tendrán un costo elevado.

Apliquemos el principio a una situación real. Consideremos el caso de Catalina, que ha estado saliendo con Esteban durante varios meses. Ella siente que es importante que él haga un compromiso de alguna clase, si va a seguir viéndolo. Si Esteban no está seguro de sus sentimientos hacia ella, o acerca de lo pertinente de comprometerse por considerarlo pronto, será predecible que no se comprometa y eso dejará a Catalina incierta acerca de lo que siente por ella. Ella desea certidumbre y es casi seguro que presionará a Esteban para que se comprometa. La presión extra que ella le impone con el fin de eliminar la incómoda ambigüedad de la relación es todo lo que Esteban necesita para sentir que ella es demasiado demandante y apremiante. Se siente temeroso. Esteban trata de relajar la relación, y Catalina lo interpreta como una evidencia de que a él poco le importa. Entonces aumenta la presión para que Esteban se comprometa con ella, y está más determinado a no hacerlo y, por tanto, rompe la relación. La incertidumbre de Catalina y la incomodidad, la condujo a presionar a Esteban para que aclarara sus sentimientos, pero lo que obtuvo fue un rompimiento. ¿Habría ocurrido de cualquier modo el rompimiento? Tal vez, pero quizá no.

Numerosas situaciones en la vida, quizá todas, son ambiguas por naturaleza. Pocas no lo son en absoluto. Ajustarse de manera positiva a la vida significa reconocer las distintas tonalidades: lo bueno, lo normal, lo correcto y lo moral. El concepto de que dos individuos pueden llevar vidas diametralmente opuestas y los dos estar en lo "correcto" representa un salto hacia una conciencia más elevada. Tal salto también admite mayor aceptación de los demás. Al ser menos extremista, dejarás de juzgar a los otros y a ti mismo con dureza. Cuando haces que la crítica se "ilumine" dentro de tu cabeza, considerarás que tus acciones son correctas, aunque puedan diferir de tu idea original de "perfección" o de cómo te conducías antes.

Sobregeneralización

Cuando permites que una sola experiencia valga por todo tipo de experiencias, estás haciendo una sobre generalización. Por ejemplo, si alguna vez tu reacción a una situación nueva fue como si ya la co-

PAUSA PARA REFLEXIONAR # 16

¿Cuán dicotómica es tu forma de pensar?

¿Cuáles cosas te provocan un pensamiento extremo? ¿Consideras sólo algunas situaciones con un criterio extremo o lo aplicas en todas? ¿Cómo puedes saber si estás aplicando un pensamiento dicotómico en todas las áreas de tu vida?

Mi respuesta: tu pensamiento es dicotómico cuando te parezca que sólo puede haber un modo de pensar, lo demás no es correcto. Puede surgir a la superficie en la forma de intolerancia hacia los demás, una crítica sin razón a ti mismo o a los demás, o la incapacidad de aceptar que las decisiones que los otros tomen pueden ser adecuadas para ellos.

nocieras, entonces tuviste una distorsión cognitiva de sobre generalización.

En el ámbito de la depresión, una sobre generalización sale a la superficie cuando una persona llega a una conclusión global y aplica ese criterio a todas las situaciones. Si tienes una experiencia negativa, podrás reconocer el tipo *particular* en esa experiencia o tal vez puedas hacer una sobre generalización acerca de tu valía como individuo ("No valgo"), el valor de la vida ("La vida apesta"), así como de todas las situaciones similares ("Siempre me sucede lo mismo").

La sobre generalización es la falta de una clara distinción entre distintas aunque similares situaciones y reconocer cuando la situación B difiere de la situación A. Por ejemplo, si sufres una experiencia que te causa aflicción en una relación romántica y concluyes que *todos* los hombres (o mujeres) son crueles y egoístas, estás haciendo una sobre generalización. ¿Por qué? Porque no es posible decir que *todos* los hombres o *todas* las mujeres son iguales, basándose en la actitud de una sola persona (incluso en la de varias).

Cuando una relación termina, hay quienes optan por decir: "No es posible confiar en las mujeres (u hombres); no dejaré que me vuelvan a herir; no volveré a enamorarme". Dichas personas construyen su vida en la sobre generalización y mantienen esa decisión irracional años después. Permanecen solas y se sienten aún más miserables que antes. La solución está en saber discriminar entre situaciones, *pues cada situación debe ser juzgada aparte.*

PAUSA PARA REFLEXIONAR # 17

Superando el prejuicio

¿Eres prejuicioso? ¿Tratas a un grupo de personas de la misma manera, como si fueran iguales? ¿Cuáles de tus experiencias han favorecido tu prejuicio acerca de ti mismo, al sobre generalizar sentimientos de desesperanza, baja autoestima y otros patrones depresivos similares? ¿Cómo puedes superar el prejuicio? ¿Qué acciones puedes tomar para explorar la posibilidad de que, tal vez, seas mejor de lo que piensas? *¡Ponlas en marcha!*

Mi respuesta: cuando consideras una parte de ti como si fuera todo lo que te conforma, te estás prejuzgando. Cuando las personas se conducen al contrario de lo esperado, ese estereotipo se debilita y, a la larga, debe ser revisado. Te animo a contrarrestar la visión limitada de ti mismo tanto como puedas; a conducirte de distinto modo al acostumbrado por ser una suposición negativa de ti mismo. Debes, desde luego, ser cuidadoso de no hacerlo a ciegas; utiliza un plan viable y premeditado. Si necesitas asesoramiento para idear dicho plan, ¡consigue ayuda!

Tratar a *todos* los hombres o *todas* las mujeres de igual modo es una distorsión; si deseas evitar la agonía de un rompimiento doloroso, debes aprender a reconocer quién es digno de cercanía y a quién debes evitar. Existen tanto hombres como mujeres maravillosos, y también hombres y mujeres que no son dignos de confianza. Tu tarea es poder diferenciarlos, considerando a cada cual por separado, según su forma de ser. Encontrarás algunos consejos en el capítulo 11.

Filtro mental

Si te enfocas en un solo aspecto de una experiencia y excluyes detalles pertinentes, estás utilizando un filtro mental. La arriesgada habilidad de los individuos con depresión para enfocarse sólo en lo negativo causa o exacerba sus sentimientos negativos. Si reconoces que tu primera reacción automática a situaciones o ante los demás es reiteradamente negativa, *no* te detengas ahí. Haz un esfuerzo para encontrar aspectos de la misma situación o persona que sean neutrales, quizá aun positivos. Conforme adquieras práctica al enfocarte no sólo en lo negativo, tendrás un campo de visión más amplio para incluir lo neutral y lo positivo. Por ejemplo, si un cajero en el supermercado te da mal el cambio, puedes asumir automáticamente que el individuo es deshonesto o que está tratando de aprovecharse de ti. Ahora trata de ver la acción neutral (estaba demasiado atareado, muy distraído, hablando con otro cajero) o incluso la positiva (estaba apurado por atenderte, ansioso por tratar de quedar bien). Nota las diferencias en tus sentimientos al confrontar lo negativo contra lo neutral o positivo de tu interpretación. Tal habilidad, como todas las demás expuestas en este libro, requiere práctica. Primero debes reconocer cómo tu conducta y tu pensamiento influyen en tu depresión, luego debes ir más allá de la forma en que te conduces para romper ese patrón.

Descalificación de lo positivo

La tendencia a rechazar la retroalimentación de los demás al devaluar su valor o ignorar su importancia es lo que llamo "descalificación de lo positivo". En general, tendemos a descalificar aquello que contradice nuestro sistema de creencias. La "disonancia cognitiva" se refiere a nuestra propensión a ignorar, reducir o torcer la información para hacerla consistente con lo que pensamos. Si te consideras una persona agradable, por ejemplo, y luego haces a alguien algo reprobable ¿cambias la imagen de ti mismo? No; encontrarás la manera de explicarlo ("Me sentía estresado"), y continuarás pensando que eres agradable. El mecanismo de la disonancia cognitiva mantiene tu ámbito estable, haciéndote responder ante la vida de manera razonablemente consistente y siguiendo un patrón. Es muy probable que alguien cuyo sistema de creencias es negativo, no vea lo positivo. De igual modo, es posible que alguien optimista rechace cualquier retroalimentación negativa.

Si tus creencias negativas no son retadas, el mecanismo de disonancia cognitiva puede mantenerte en la depresión. Por ejemplo, si piensas de modo negativo acerca de ti mismo y alguien te contradice, diciéndote algo positivo acerca de ti y rechazas el comentario, entonces sólo te quedas con lo negativo y la imagen de ti mismo continúa siendo deplorable.

APRENDE PRACTICANDO # 34

Variedad de explicaciones

Objetivo: a partir del ejercicio en el capítulo anterior, explica los acontecimientos ambiguos, creando interpretaciones neutrales y positivas.

Dado que existen menos explicaciones que hieren, incluso inofensivas, en un acontecimiento ambiguo, ¿por qué tu primera explicación es casi siempre negativa? *Rétate a ti mismo* para crear una variedad de explicaciones por cada interacción en tu día, en vez de centrarte en una negativa.

Piensa en cinco interacciones o acontecimientos ambiguos que tuviste durante la semana y que te molestaron. Escribe cada uno *objetivamente*, haciendo una descripción de lo que ocurrió. Luego escribe al menos un punto de vista positivo y uno neutral con respecto a dicha experiencia. A continuación hay un ejemplo que puede servirte de guía.

Lo que en realidad ocurrió	Interpretación neutral	Interpretación positiva
Mi madre rehusó prestarme dinero	Debe ser más cuidadosa en cómo gasta su dinero	Está estableciendo límites efectivos para sí misma y desea mi independencia
Mi pareja salió de la habitación a mitad de una discusión	Está tratando de controlar sus sentimientos de enojo	No quería decir algo que después lamentaría

Con el fin de romper el círculo vicioso, puedes empezar con pequeñas acciones. Cuando alguien te haga un cumplido ("Qué bonito vestido"), agradece el comentario. Deja de descalificar el cumplido ("¿Esta garra? ¡Pero si lo tengo hace años!"). Puedes dejar que otros te aprecien, incluso si en ese momento tú no te aprecias. De lo contrario, tu respuesta a quien te hizo el cumplido podría ser: "No estoy de acuerdo contigo y no permito que pienses así". Desde luego, el colmo del absurdo sería pensar que la persona *ya* piensa así.

Ir un paso más allá sería recapacitar en la razón de esa retroalimentación positiva. ¿Sería posible que aprendieras a juzgarte según tales estándares? (¿Qué tan bien te sentirías si pudieras hacerlo?) Cuando estás un poco más tranquilo aceptando algún cumplido, quizá aprendas a hacértelos también en reconocimiento de alguna buena acción. Con el tiempo, conforme adquieras experiencia en aceptar una retroalimentación positiva, tanto de los demás como de ti mismo, lo que piensas de ti será más equilibrado y realista. Después de todo, habrá cosas que *sí* haces muy bien. Tienes grandes facultades; aprende a reconocerlas y a usar las habilidades y fortalezas que han estado ahí todo el tiempo y que has desestimado. De eso trata el desarrollo del "poder personal".

Conclusiones precipitadas

Un grave error que cometen las personas, tengan o no depresión, es tomar sólo una pequeña porción de información y con ella idear la que falta con sus propios pensamientos. El resultado es que llegan a una conclusión, pese a tener pocos o ningún dato para apoyarla. Cada vez que concluyas algo, te conmino a que te plantees la pregunta siguiente: "¿Cómo lo sé?" Tu respuesta debe ser algo más objetivo que: "Porque así lo siento". La meta es reducir el pensamiento subjetivo que utilizas para interpretar lo que sucede a tu alrededor.

Si sólo utilizas tu marco de referencia para llegar a una conclusión y con ello entender la conducta de los demás, estás asumiendo que piensan igual que tú. También con ello supones que dan valor a lo mismo que tú cuando deciden hacer algo. *Utilizar sólo tu modo de pensar para comprender a los demás, te conducirá a la aflicción y a la decepción cuando descubras que no aplican las mismas reglas en su vida.* Lo que importa a los otros puede no ser lo mismo que te importa a ti y viceversa. Si deseas emplear un concepto realista acerca de los demás, aprende a responder a lo que les importa, pues ello motivará su conducta hacia ti mucho más que tus deseos y expectativas.

Con el fin de evitar las conclusiones equivocadas, necesitas información verdadera para tomar una decisión clara y racional. ¿Cómo sabes cuándo tienes información relevante? ¿En qué momento has reunido suficientes datos que te permitan tomar un razonable curso de acción? He aquí la respuesta: cuando hayas eliminado cuanta ambigüedad puedas.

Una trampa común es lo que se conoce como "leer la mente", en que las personas actúan como si pudieran saber lo que pasa en la mente del otro. Su respuesta será de acuerdo con lo que suponen de la manera de pensar de la otra, ¡sin preocuparse por saber si están en lo correcto! Por ejemplo, quizá no quieras dar a tus padres una mala noticia porque "sabes" que no podrán manejarla. Cuando "lees la mente", *tú* decides cuál será la reacción de la otra persona, y nunca le darás oportunidad de que te demuestre si tus expectativas son correctas o no.

No es posible que sepas lo que ocurre en la mente de otras personas, incluso cuando estés "seguro" de saber cómo piensan. ¿Existe alguna razón por la que no puedas preguntar a la persona su manera de pensar y luego verificar si concuerda con lo que has asumido? Aun cuando seas bastante sensible y hábil en tus relación con los demás, incluso si estás en lo cierto 99 por ciento de las veces (nadie puede estarlo 100 por ciento), ¿cómo sabes si en el uno por ciento restante estás equivocado? Resulta imperativo para tu propia salud mental probar tus percepciones de la realidad, preguntando a los demás cada vez que te sea posible.

Otra manera de sacar una conclusión precipitada es cuando el individuo con depresión se forma cierta imagen del futuro en que algo negativo sucederá. Al anticipar que algo malo sucederá, la persona tiene sentimientos negativos y depresivos, antes de que suceda algo siquiera. Por ejemplo, un empleado quiere pedir a su jefe un aumento de sueldo, pero está tan seguro de que se lo negará, que no se molesta en pedirlo. Luego siente que su jefe lo ha maltratado. Debe ser evidente, por varios datos que he dado a lo largo del libro, cuán poderosas pueden ser tus expectativas y cómo influyen en tu experiencia.

Si creas expectativas negativas y luego eres incapaz de distinguir las imágenes que consideraste como posibilidades realistas, te estás acercando a la incomodidad y a la depresión. Recomiendo ampliamente que aprendas a crear imágenes positivas y que dediques algo de tiempo a sentarte en silencio, y de manera relajada desarrolles imágenes detalladas y sentimientos firmes asociados con el éxito. (Algunos métodos concretos para llevar a cabo lo anterior aparecen en el capítulo 5.) Técnicas de hipnosis, meditación y otras parecidas constituyen una buena ayuda para conseguirlo. Construir expectativas positivas de éxito te hará sentir mejor que esperar lo peor. También ofrece el beneficio secundario de servir como un "ensayo mental" para después tener la conducta deseada.

APRENDE PRACTICANDO # 35

Haciendo tus deducciones

Objetivo: destacar con cuánta facilidad proyectas tus interpretaciones en situaciones ambiguas, lo que te conduce a la posibilidad real de equivocar tus deducciones de la "verdad".

Explica las razones para cada uno de los acontecimientos siguientes:

1. Juan bebe demasiado.
2. Juan y María se están divorciando.
3. A María la despidieron de su trabajo.
4. La grúa se llevó el auto de Juan.
5. A María le negaron el aumento de sueldo que solicitó.

¿Te sorprende la facilidad con que puedes crear razones para explicar acontecimientos de los que no sabes nada? ¿Qué tiene eso que ver con tu depresión? Escribe el principio relevante.

Al evitar hacer conclusiones con poca información, lograrás cometer menos errores obvios. Cuando debes tomar una decisión o al tratar de entender el porqué de algún suceso, será tu tarea reunir cuanta información de distintas fuentes como puedas, y desarrollar la perspectiva más equilibrada y realista de una situación.

Magnificación (convertir en catástrofe) o reducir (trivializar)

La depresión puede hacer que un individuo exagere una situación y se enfoque en lo negativo; también puede reducir o descalificar el valor de lo positivo. Otro concepto de relevante importancia para que entiendas tu depresión es la "disociación", que significa descomponer las experiencias globales en las partes que las componen. Cuando amplificas la percepción sobre una sola parte de tu experiencia, la separas de las otras, y disminuye tu percepción. Si pido que centres tu atención en tu mano derecha, no estarás poniendo atención a tu pie izquierdo (hasta que dirijas tu atención a ese punto, después de que te lo pida). Al enfocarte en los sonidos a tu alrededor, tendrás menos percepción de tus sentimientos. "Atención selectiva" significa centrarse en "esto" de manera que se tendrá menos percepción de "aquello".

Tu mente consciente no puede poner atención a más de unas cuantas cosas a la vez. Desde luego, aquello a lo que decides poner atención influye en lo que eliges ignorar. Por ejemplo, si te enfocas en tus sentimientos de fracaso por una presentación, pierdes la oportunidad de darte cuenta de que a la mayoría de tu público le gustó tu exposición. ¿Puedes predecir cuáles serán tus sentimientos si te enfocas sólo en los pensamientos negativos en vez de hacerlo en la retroalimentación positiva que otros te ofrecen? Centrarte en lo que consideras tus defectos, impide que notes el cumplido que alguien te hace, alabando esas mismas características. Del mismo modo, enfocarte en el trabajo que no has completado, te impide ver lo que sí has terminado. En un tercer ejemplo, si te enfocas en la característica que no te gusta de ti mismo, ello te impedirá notar cualquier rasgo tuyo que sí aprecias.

Convertir algo en una catástrofe quiere decir que ves con demasiada sencillez cómo cualquier situación tiene el potencial de convertirse en un desastre. Anticipar lo que puede ir mal en la vida y tomar los pasos necesarios, cuando sea posible, para prevenir es una buena idea. Sin embargo, esperar desastres inminentes dondequiera es una evidente exageración. La ansiedad, tan comúnmente asociada con la depresión, es una consecuencia directa de ver el peligro incluso en una situación inofensiva. Reducir tu énfasis en el desastre también reducirá tu ansiedad.

Razonamiento emocional

La distorsión conocida como "razonamiento emocional" se refiere a fiarse únicamente de los sentimientos como la base para interpretar una experiencia. Si supones que tus sentimientos reflejan la realidad de las circunstancias, entonces te estarás dejando llevar por el flujo de interpretaciones negativas y percepciones distorsionadas que refuerzan tu depresión. Alguien dice: "No puedo socializar. Siento que, cuando llego a una reunión, todos me ven y piensan que soy un perdedor; contra eso no puedo hacer nada". Una persona así está demostrando evidencia de un razonamiento emocional. En otras palabras, utiliza sus sentimientos subjetivos para explicar la razón de no poder socializar, en vez de buscar evidencia objetiva de cómo los demás responden a su

---

APRENDE PRACTICANDO # 36

Encontrando equilibrio

Objetivo: equilibrar la negatividad, al enfocarte deliberadamente sólo en lo positivo, haciendo énfasis en que lo positivo está siempre presente. ¡Es sólo asunto de que puedas notarlo!

Dedica todo un día a forzarte para notar y reaccionar sólo a los aspectos positivos. Haz numerosos cumplidos a los demás, sé paciente y comprensivo, y esfuérzate por ser afectuoso. ¿Cuáles diferencias notas en tu interior? ¿Qué te sugiere acerca de ser por completo positivo o completamente negativo? ¿Cuál habilidad debe ser utilizada para sentirte cómodo y de acuerdo con la realidad de que tanto la vida de *todos* los demás como la tuya incluye aspectos positivos y negativos? ¿Puedes explicar cómo *algunos* aspectos negativos pueden suceder sin que intervengan en *todo?*

---

actitud. Puedes hacer a un lado tu reacción sobre socializar, y reconocer que la oportunidad es buena y cómo las demás personas pueden ser amigables. Es posible ver la gran diferencia que existe entre lo que te dicen tus sentimientos y lo que en verdad sucede.

Las emociones humanas pueden ser fácilmente manipuladas. Es difícil guiar los sentimientos de alguien en una dirección particular, en especial cuando utilizas sus deseos en su contra, prometiéndole algo que desea con desesperación y que no puedes o no quieres concederle. (¿Cuántas personas son despojadas de su dinero con falsas promesas, o son utilizadas en relaciones por alguien que parecía comprensivo?) Con base en tal reconocimiento, puedo decirte que *los sentimientos pueden mentir; pueden engañar.* Lo que *sientas* que sucede puede reflejar poco o nada de lo que, en realidad, ocurre.

Si crees que debes confiar sólo en tu intuición ("confiar en tus entrañas") para tomar decisiones importantes, te vuelves vulnerable ante personas y situaciones que pueden influir en tu inconsciente. *Todo lo que debes hacer es pensar en las veces que te equivocaste por confiar en tu intuición, para que recuerdes cuán fácil esos sentimientos te llevaron a hacer un juicio equivocado.* No quiero decir que debes anular todos tus sentimientos, dado que, a lo largo de este libro, te he conminado a aceptar todas tus partes potencialmente valiosas. Lo que resulta importante es que reconozcas si *sólo* confías en tus sentimientos

---

APRENDE PRACTICANDO # 37

Sentimientos y hechos

Objetivo: animarte a que traduzcas tus sentimientos de las "entrañas" en algo más concreto y objetivo, observables *antes* de que reacciones.

Contesta en detalle las preguntas siguientes, antes de seguir la lectura.

1. ¿Cómo puedes saber en quién confiar?
2. ¿Cómo puedes saber si alguien te ama?
3. ¿Cómo decides si puedes triunfar en una situación que representa un reto?

¿Reflejan tus respuestas sólo tus sentimientos acerca de la situación? O, ¿son reflejo de una percepción objetiva de la situación? ¿Qué puedes concluir acerca de la calidad de tus respuestas?

---

para juzgar una situación o si tomas en cuenta factores adicionales y con mayor objetividad.

Puedes considerar tus sentimientos como un indicador de cómo reaccionar ante algo. Sin embargo, te sugiero que te sitúes fuera de ti, más allá de tus sentimientos, y busques factores relevantes, siempre que te sea posible. En mi experiencia como terapeuta clínico, veo que el error más grande que cometen los individuos con depresión es reaccionar ante sus propios sentimientos (sueños, deseos, anhelos, fantasías, expectativas), sin tomar en cuenta alguna evidencia objetiva para comprobar si lo que sienten es realista. Tus sentimientos son una de las bases para decidir cómo actuar, pero ten en cuenta que son una base subjetiva y arbitraria. Cuando te sea posible, encuentra algunos medios más objetivos para decidir cómo debes conducirte.

Declaraciones "debo"

Los estándares con que "debes" llevar tu vida te fueron transmitidos desde el día en que naciste. Durante tu niñez no tenías tantas opciones para tomar decisiones, como en el presente. Siendo adulto tienes la responsabilidad de decidir si la expectativa que otros tienen sobre ti, o las que tú te impones, te resulta cómoda y realista. Si cumples con

---

APRENDE PRACTICANDO # 38

Lo que crees que "debes hacer" en tu vida

Objetivo: volver a evaluar las responsabilidades que has asumido para determinar si son apropiadas en tu vida.

Haz una lista de lo que las acciones que "debes" llevar a cabo. ¿Cuál "debe" ser tu profesión? ¿Cómo "debes" emplear tu tiempo libre? ¿Cómo "debes" invertir tu dinero? ¿Cuáles "deben" ser tus sentimientos acerca de la religión? A todas estas interrogantes y cuantas más puedas pensar, pregúntate: "¿Quién lo dice?" ¿Quién más que tú sabe lo que es bueno para ti? ¿Por qué alguien más tiene el poder de dictar qué "debes" ser? ¿De qué manera puedes recuperar dicho poder y emplearlo para conseguir lo que deseas? ¿Cuándo te conviene, o cuándo es socialmente aceptable, hacer lo que "debes"?

---

dicha expectativa y, al hacerlo, no eres feliz, pero los demás sí, es tiempo para volver a evaluar tu posición. Debes conocer tus necesidades y respetarlas, si quieres defenderte de la presión o de ser intimidado para actuar de cierta manera que no va contigo. Como persona íntegra, es importante ser socialmente responsable y honrar lo que "debes" hacer, pero recuerda que otros "deberes" pueden significar un sacrificio innecesario.

La relación que existe entre lo que "debes" hacer y los sentimientos de culpa, enojo y frustración es por demás evidente. Sé indulgente con lo que te impongas como "deber" en tu vida. Puedes hacerlo estableciendo tus propios valores (en vez de adoptar los de otros), definiendo tus propios estándares de éxito (en vez de tomar las ideas de los demás para definir lo que es valioso) y siendo más realista acerca de lo que es o no una conducta aceptable en un área que consideras importante para crear una imagen positiva de ti mismo.

Etiquetando y desetiquetando

A partir de mi exposición de la sobre generalización, puede resultar evidente que, con frecuencia, las personas se etiquetan a sí mismas o a los demás, y luego reaccionan ante la etiqueta y no ante la persona.

APRENDE PRACTICANDO # 39

¿Quién eres?

Objetivo: poner en relieve que, al etiquetar a otros o a ti mismo, es muy fácil fijar una percepción que dificulta el cambio.

Haz una lista de diez palabras o frases que respondan a la pregunta: "¿Quién eres?" Es posible que describas tus características profesionales, sociales, intelectuales y otras. ¿Cuál es el tono emocional asociado con cada una de las palabras? ¿Es una etiqueta que te hace sentir bien contigo mismo, o es algo que, de algún modo, te causa aflicción? ¿Cómo te sientes si es fija o si puedes cambiarla? ¿Cómo te sientes si es negativa o si no tienes posibilidad de cambiarla? ¿Qué etiqueta das a otros que tienen importancia en tu vida? Tales etiquetas, ¿dan alguna ventaja o desventaja a quienes las has impuesto? ¿Qué tendrían que hacer dichas personas para cambiar la etiqueta?

La razón de que sea así no resulta del todo difícil de comprender. Al etiquetar a un individuo o a un grupo, ya no tienes que efectuar el trabajo mental de reconocer cualidades ni de reaccionar ante las diferencias individuales. Ciertamente resulta más sencillo reaccionar a una etiqueta que a una persona.

Si tienes una experiencia depresiva, y te etiquetas en consecuencia, te estás "fijando" a una percepción negativa. Puedes decir a otros y a ti mismo: "No puedo hacer eso, estoy deprimido". Las etiquetas pueden convertirse en trampas. Si, digamos, tu novia rompe contigo y te etiquetas como "perdedor", estás creando una percepción negativa acerca de tu capacidad para relacionarte con las mujeres. Pese a que cuentes con una lista de relaciones fallidas, sabes que eso no eres "tú": es tu manera de elegir a tu pareja y establecer una relación. Quizá necesites ayuda con tus destrezas sociales, pero no porque seas un "fracasado".

En el capítulo 6, bajo el tema de atribuciones estables-inestables, hice énfasis en que los individuos que perciben su situación como inmutable (estable) tienen menos probabilidad de recuperarse rápida o completamente de una depresión. Esto acentúa la necesidad de saber lidiar con cada situación por separado, en vez de confiar en una etiqueta que representa una generalización. ¿Qué te sugiere la etiqueta "depresión"?

Personalización

El término hace referencia a la tendencia a tomar todo de manera personal. Por ejemplo, si el presupuesto para tu área es suspendido y supones que es porque tu trabajo no es valorado, estás personalizando una circunstancia y quizá la decisión no esté basada en algo personal. Como habrás aprendido, antes de llegar a una conclusión personalizada, sería aconsejable reunir alguna información objetiva. Antes de que concluyas que alguien desea dañarte, o de que deduzcas que algo sucedió con el único propósito de hacer de ti una víctima, sería una ventaja situarte fuera de ese punto ciego emocional y tratar de ver, de manera objetiva, si debes o no tomar algo de manera personal. *¡Pregúntate antes de reaccionar!*

Ten en mente que las decisiones de los demás influyen en tu modo de sentir, pero *no* que tales decisiones fueron hechas para herirte. Por ejemplo, que un hijo se vaya de casa por sus estudios universitarios no es una afrenta a sus padres, sino una etapa en la vida de cualquier joven. Tal vez su partida no sea agradable, pero su independencia debe ser lo primero que se tenga en mente, ¿no crees?

Las personas hacen lo que desean o necesitan. Sin tomarlo a modo personal, debes aceptar las decisiones hechas por los demás porque son correctas *para ellos*. Desde luego que si ves que alguien siempre toma decisiones egoístas que te dañan, debes aprender a esperar muy poco de esa persona.

Sistemas de creencias comunes asociados con la depresión

Antes, en este capítulo, describí los patrones asociados con el pensamiento depresivo. Presento ahora las creencias que con más frecuencia influyen (y que son causantes) en la depresión. La aceptación sin crítica de tales creencias puede ponerte en riesgo de sufrir una depresión. No quiero decir que sean creencias inherentemente equivocadas, pero, *a veces,* sí son lo bastante erróneas como para causarte un daño emocional.

Ninguna "verdad" puede aplicarse en todas las situaciones; cada una debe ser juzgada por separado con el fin de que puedas decidir *si* reaccionas y *cómo* lo haces. Lo que es verdad en una situación, puede no serlo en otra. Lo que ayer fue cierto, puede no serlo hoy. Lo que quizá te pareció razonable, ya no lo es.

Por desgracia, las creencias que describo en esta sección son aceptadas sin pensar si son verdades obvias, afirmaciones que parecen estar más allá del cuestionamiento. Además, la aceptación de tales verdades obvias puede conducir a una dificultad emocional, cuando, de la peor manera, te das cuenta de que aquello que pensabas cierto, no lo es. Al presentar cada una de dichas creencias haré un comentario breve acerca de las limitaciones que incluye, con la idea de que puedas aplicar tu criterio. Luego podrás determinar cuándo y en qué circunstancia ese sistema de creencias en particular resulta factible y cuando puede causarte alguna dificultad.

Donde hay voluntad existen los medios

Si reducimos todos los problemas a un solo asunto de motivación, ¿en qué sitio podemos situar otros factores vitales (objetividad, el costo físico y emocional, así como las limitaciones también físicas y emocionales)? Que alguien más te sugiera: "Si en verdad deseas hacer algo, hazlo", es imponerte una carga de responsabilidad. No te da oportunidad de poner en duda si en realidad eres responsable de (o incluso capaz de) lograr algo. Si fallas, el resultado neto de tal sistema de creencias es un sentimiento de culpa arrollador. Tus objetivos deben ser realistas.

Tener voluntad no es suficiente, si lo que quieres lograr está fuera de tu control. Quizá tengas el deseo intenso de que tu hijo sea un médico afamado y descubra la cura del cáncer, pero tal vez él prefiera el arte; una situación así estaría fuera de tu control. Pese a tu deseo, no será posible realizarlo. Si, por el contrario, tu hijo decide ser médico y tiene la firme voluntad de encontrar una cura para el cáncer (igual que han intentado varios cientos de investigadores), no significa que lo logrará. No se trata de estar motivado, sino de las posibilidades existentes. A veces los deseos no son factibles.

Todo sucede por una razón

¿Notas cómo la necesidad de encontrar algún significado a la vida sale a relucir en una depresión? Tratar de encontrar la razón a todo lo que te sucede, está motivado, en parte, por la necesidad de crear y mantener el sentido de control. Encontrar cuál fue la razón o qué motivó tu experiencia implica la existencia de un orden, un plan organizado que sigue tu vida.

Para muchas personas resulta demasiado atemorizante pensar que los acontecimientos ocurren al azar. De modo que, cuando algo sucede, tratan de hallar una razón, aun si deben inventarla. Si no encuentran un motivo lógico, recurren a su fe. Tener fe en un Plan Divino da tranquilidad a quienes no por ello dejan de ser pensadores críticos. Sin embargo, para otros, la fe es un respaldo que les impide ser más hábiles en el manejo de su vida. Creer en un Plan Divino puede explicar lo inexplicable; puede hacer sentir mejor a alguien, pero también lo sitúa en la endeble posición de tratar de adivinar las intenciones divinas o creer en algo increíble, como la astrología y los consejos de los psíquicos por teléfono.

Marta, una mujer a quien atendí, conducía su auto cuando fue embestida por otro vehículo. El accidente le provocó bastante dolor, causado por golpes en el cuello y la espalda. Cuando salió del hospital, comenzó a buscar explicaciones de lo ocurrido. Desafortunadamente, Marta decidió que sus faltas fueron el motivo. Pensó que como salió temprano del trabajo y no estaba donde debería, trabajando como toda una buena empleada, ésa era la consecuencia del incidente. Luego Marta llegó a la hipótesis de que el choque se produjo porque no estaba donde debió estar. Conforme tenía tales pensamientos y buscaba mayor explicación al accidente (suponiendo el "significado"), se sintió más culpable, ansiosa y deprimida.

Marta no podía aceptar que fue víctima de un suceso fortuito porque ello no estaba de acuerdo con su sistema de creencias ("debe existir una razón"). La colisión, de por sí, fue bastante dañina y sus efectos también, para agravarla con su interpretación de que debía existir una razón (que incluía, ni más ni menos, la ira divina). Hay acontecimientos que suceden en la vida de manera fortuita. Los llamados "accidentes" o "coincidencias".

PAUSA PARA REFLEXIONAR # 18

Inventando razones

A lo largo de la historia de la humanidad, las personas han fabricado explicaciones para sucesos que no tienen explicación. Así surgieron los dioses de la luna y del sol; dioses iracundos que atemorizaban con el rayo y el trueno. Después idearon la alineación de las estrellas para predecir lo que ocurriría, incluso hacían la lectura de las líneas de la palma de la mano para predecir el futuro.

Piensa en algunos sucesos actuales que están más allá de la explicación objetiva y, sin embargo, son "explicados" mediante hipótesis elaboradas. ¿Qué hay de los bebés que mueren, o los jóvenes que quedan lisiados por una enfermedad? ¿Y la persona cuya enfermedad terminal de pronto entra en una remisión inexplicable?

¿Por qué suceden situaciones tales? ¿Pueden las razones creadas por tu imaginación ayudarte o causarte dolor en otras situaciones? ¿Tiene tu creencia límite, o explica todo de manera agradable y adecuada? Si *no* creyeras, ¿te crearía eso demasiada ambigüedad? ¿Cómo lo sabes?

Mi respuesta: las personas buscan toda una serie de explicaciones para lo inexplicable, y muchas parecen no reconocer lo absurdo de tales suposiciones. Quienes se hallan desesperados, en busca de razones para creer, son presa fácil de aduladores expertos, que parecen sinceros al hablar de tonterías. A menos que tengas la capacidad de tener un pensamiento crítico —como te he conminado a tener— puedes con facilidad ser atraído a situaciones conflictivas. La vulnerabilidad deviene de la necesidad. Las buenas personas no toman ventaja de la vulnerabilidad de los demás, pero las egoístas no dudarán en hacer exactamente eso. Ser vulnerable no significa ser tonto.

La manera correcta de vivir

¿Cuál sería la manera correcta de vivir? Si recapacitas en ello, resulta bastante obvio, pese a las evidentes diferencias entre las culturas alrededor del mundo y los estilos de vida en áreas definidas, que varios enfoques hacia cómo vivir son aún útiles. Es necesario ser flexible para darse cuenta de que es así. El asunto no es si vivimos de manera "correcta", sino si lo hacemos de modo "eficiente" y "útil". Si lo que alguien hace le funciona, debes de hacerte a un lado, aunque no sea lo que tú harías. Si alguien elige una carrera que a ti no te gusta, o gasta dinero en algo que para ti no tiene valor, o disfruta de algo que te parece aburrido, debes reconocer que ésa es su elección. Si lo que elige dicha persona es aceptable o deseable para ella, y sabe lo que implica su decisión, entonces en general (aunque no siempre) es mejor no inmiscuirse.

Cuando eres rígido y tratas de imponer tus creencias a los demás, actuando de manera "controladora", estás descalificando su capacidad de decidir. Es predecible que, a la larga, su reacción será negativa y no sólo rechazarán tu injerencia, sino que también te rechazarán a ti. Después, tú, dolido y enojado, sintiéndote rechazado, verás cómo te hundes más en la depresión. Si alguien quiere imponerte su modo de pensar, debes tener la habilidad de resistir y reconocer que tu manera de pensar, aunque diferente, también es útil y resulta efectiva. Existen varias formas para conducirse en la vida; sólo asegúrate de que la tuya te satisfaga y no dañe a los demás.

Como juzgues serás juzgado

¿Es un error juzgar a los demás? Hay a quienes se les enseña a aceptar a los demás. En vez de utilizar su criterio y estar conscientes de la fuerza o las limitaciones de los otros, su respuesta a lo individual es global. Mediante esa falta de criterio, la persona "acepta ciegamente" las creencias equivocadas y piensa que las otras pueden hacer todo lo que deseen (aquí también vemos la creencia "donde hay voluntad existen los medios"). A su vez, dichas personas piensan que pueden motivar a otras a ser amables, sensitivas o comunicativas sin evaluar si eso aparece en el repertorio de las características ajenas.

Entonces, ¿es correcto juzgar a los demás? Sí, es correcto y necesario. Resulta esencial hacerlo para determinar *si* el otro está motivado para proporcionarte la relación satisfactoria que deseas. Es importante *saber lo que deseas de los demás* e igualmente importante *saber si ellos están dispuestos a proveer lo que necesitas.*

---

*APRENDE PRACTICANDO # **40***

Los hechos que subyacen en los patrones

Objetivo: con el fin de que evalúes a los demás, debes ser menos global y más concreto.

Haz lo imposible para conocer a tres personas en un contexto social. Antes de hacerlo, prepara una lista de datos que te gustaría saber de ellas y que te harían confiar en que las conoces (no sólo los acontecimientos de su vida, sino sus valores y los patrones de su estilo de vivir). ¿De qué manera puedes obtener información sin que parezca que las estás interrogando? ¿Cómo interpretas las respuestas? Es decir, ¿cómo te formarás un criterio (juicio) de las habilidades de cada persona? Tu deseo debe ser reaccionar ante hechos y patrones, *no* sólo a lo que sientes. (Si encuentras difícil responder estas preguntas, los capítulos 10 y 11 te servirán de ayuda.)

Eres responsable por todo lo que te sucede

Resulta virtualmente *imposible* tomar responsabilidad por *todo* lo que te sucede en la vida. Los demás influyen en ti y no es posible que te resistas a tal influencia. Sólo es un mero deseo creer que, si tienes la actitud correcta, podrás lograr cualquier cosa. Lo contrario también es cierto. Es debilitante creer que, si tienes una actitud equivocada, algo malo puede sucederte. Tener "malos" pensamientos, por ejemplo, no te causará un accidente mientras esperas que el semáforo cambie. Tu complexión interna juega un importante papel en tu experiencia, pero el mundo a tu alrededor también te afecta en un sentido relevante y en maneras que no puedes controlar.

Debes resolver tus propios problemas

Sé que una de las trampas que enfrentan las personas deprimidas es pensar que, si buscan ayuda, será señal de debilidad. ¡Ello constituye una carga autoimpuesta demasiado pesada!

No aprendiste por ti mismo a percibir el mundo del modo particular en que lo haces. Varias personas contribuyeron a tu socialización, también moldearon tus experiencias, ideas y valores. Es un error y una

---

APRENDE PRACTICANDO # 41

Tomando responsabilidad

Objetivo: **resaltar el hecho de que** *sentirse* **responsable no es lo mismo que** *ser* **responsable. La claridad en este punto puede prevenir sentimientos inadecuados por sentir culpa o por asumir esa culpa.**

Elige asumir la responsabilidad por algo que, en definitiva, sabes que no eres ni podrás ser responsable, como la fluctuación del mercado bursátil, el clima, el precio de las naranjas o algo parecido. Intenta controlarlo durante una semana, pensando en ello y verbalizando en voz alta tus deseos. ¿Cuáles son tus sentimientos al poner atención y sentirte atado a algo que no puedes controlar o asumir responsabilidad? ¿Cómo te sentirías si pensaras que en verdad *eres* responsable?

---

desventaja para ti creer que lo nuevo que puedas aprender, así como las nuevas experiencias, deben provenir de tu interior, en especial cuando ello se relaciona con solucionar tus problemas.

Pienso que he sido claro en describir cuán distorsionada puede ser la manera de pensar de un individuo deprimido. Esto también debe mostrarte que dejarte atrapar en tus propios pensamientos negativos dificultará que encuentres un modo más objetivo y realista de ver todo. A menos que tengas a mano la información y los medios que provee este libro, ¿cómo sabrás en qué fallas? Así como no fuiste tú quien desarrolló las percepciones causantes de tus problemas, también debes aceptar que la solución a dichos problemas puede llegarte del exterior y no de tu interior. Existe un cúmulo de información que puede ayudarte, ¡utilízala!

Un compromiso siempre debe ser respetado

La capacidad de compromiso con los demás es la piedra angular sobre la que está construida la sociedad. Ser "tan firme como tu palabra" es un concepto valorado en *cualquier* sociedad. Los demás confiarán en tu habilidad de llevar a cabo aquello que te has comprometido hacer. Sin embargo, aunque valoro todo lo que implica un compromiso, estoy consciente de que en ocasiones las circunstancias exigen volver a negociar el acuerdo.

PAUSA PARA REFLEXIONAR # 19

El valor de la ayuda

¿De qué puede servir la opinión de alguien más cuando te sientes "atrapado"? ¿Puedes recordar algún momento en que te sentías atrapado y alguien dijo o hizo algo que te ayudó? Según tu opinión, ¿en qué momento debe una persona buscar ayuda? ¿Cuánto dolor debe soportar alguien antes de ir con un doctor o un dentista? Define con claridad cómo y cuándo puedes saber que es momento de buscar ayuda. ¿Será antes de que tus problemas lleguen a un punto crítico?

Mi respuesta: como psicólogo clínico, obviamente me inclino por el valor positivo que tiene una buena psicoterapia. Es una tragedia que las personas deban sufrir sin necesidad por estar mal informadas o debido a problemas cuya solución puede ser sencilla. ¿Cuándo debe buscar ayuda una persona? Cuando sabe que debe hacer "algo diferente", pero no tiene idea de lo que pueda ser; y debe hacerlo *antes* de que todo empeore.

El ejemplo más significativo de una situación en que el compromiso debe ser vuelto a evaluar es un divorcio. La mayoría de las parejas se unen en una atmósfera de amor, pasión y el deseo de permanecer juntos siempre, buscando formar una familia feliz y sana. Ajustarse a la realidad del matrimonio –compartir las experiencias diarias, establecer metas para el futuro y lidiar con el estrés y las fatigas de la vida– puede conducir a cambios y crear distancias. Las situaciones económicas, los objetivos profesionales y las decisiones acerca de la calidad de vida pueden causar una separación. Es cierto que demasiadas parejas se dan por vencidas sin tratar de mejorar su situación, pero también es verdad que no todos los matrimonios deben o pueden ser salvados.

Tomemos un ejemplo concreto. Cuando Roberto y Patricia se casaron, acordaron que nunca tendrían hijos. Después de varios años, Roberto quiere tener un hijo. Sin embargo, Patricia está segura de no querer convertirse en madre. ¿Debe ella sacrificar su salud mental y su potencial para tener un hijo que no desea, sólo por respetar el compromiso que contrajo "hasta que la muerte nos separe"? O, ¿debe reconocer que las circunstancias cambiaron al punto que sería perjudicial, incluso destructivo, mantener tal compromiso? ¿Debería Roberto olvidar su deseo de tener hijos porque años atrás no los quería? ¿Hay lugar

---

APRENDE PRACTICANDO # 42

Dejando ir

Objetivo: mostrar cómo un sentido irreal o inflexible de responsabilidad puede conducirte a permanecer en una situación destructiva en vez de dejarla ir en el momento apropiado.

¿Cómo sabes cuándo alejarte de una situación negativa? ¿Qué piensas acerca de la aparente idea contradictoria de "si a la primera no lo consigues, trata y vuelve a tratar"? Haz una lista de ejemplos de situaciones en que un compromiso no sólo puede sino que *debe* ser roto de forma legítima. ¿Debe una mujer seguir atada a su esposo, condenado a muerte, o dicha situación es razón suficiente para divorciarse de él? ¿Debe un padre seguir manteniendo a su hijo adulto que ya es capaz de ser independiente? ¿Cuándo deben los compromisos ser renegociados? ¿Es posible llegar a un acuerdo, anticipando que tanto las circunstancias como los sentimientos podrían cambiar? ¡Sí! Por ejemplo, dos compañeros de cuarto acuerdan dividir los quehaceres durante seis meses. A los seis meses pueden volver a evaluar si todo marcha bien o si deben hacer un nuevo acuerdo.

---

para un compromiso en dicho caso? (Como podrás ver, algunas situaciones *son* "todo o nada".)

El ejemplo anterior es sólo una de esas situaciones donde la decisión no es sencilla, y que enfrentan millones de estadounidenses, según los índices de divorcios a nivel nacional que muestran una incidencia de 50 por ciento. Quienes se divorcian no son personas que no pudieron respetar un compromiso, sino que la mayoría debieron enfrentar, dolorosa y responsablemente, la dura realidad de que algo que prometía se convirtió en una situación destructiva.

Cada persona debe decidir cuándo le parece correcto dejar ir una circunstancia dolorosa. En general, hasta que no lo hayas definido bien y hasta que, sin lugar a dudas, hayas hecho todo lo posible para no romper, tomando en cuenta otros puntos de vista, será prematuro que trates de dejar ir. De acuerdo con mi experiencia, la mayoría de las personas se sienten satisfechas de romper un compromiso cuando están seguras de, sin lugar a dudas, haber hecho todo lo posible para remediar el problema.

No hay nada peor que dudar después de algún tiempo: "¿Habré hecho bien? Quizá si yo hubiera..." Recriminarse puede causar senti-

---

APRENDE PRACTICANDO # 43

Distintas estrategias que funcionan

Objetivo: descubrir las numerosas estrategias que puedes utilizar para alcanzar una meta. Si sólo conoces una y la pones en práctica sin tener resultados, entonces estás atrapado. Debes contar con distintas maneras para lograr lo que deseas.

Elige una tarea sencilla, como la compra de un auto nuevo. Acércate a una docena de personas que hayan adquirido un auto y plantea la pregunta: "¿Cuál es el mejor procedimiento para elegir un auto nuevo?" ¿Cuáles de tales procedimientos te parecen viables y cuáles piensas que pueden hacerte un "comprador arrepentido"? A quienes entrevistaste, ¿te pidieron alguna explicación? ("¿Qué estás buscando exactamente"?) O, asumiendo que tus necesidades coinciden con las de ellos, ¿te dieron automáticamente una lista de sus estrategias personales? ¿Cuál es tu conclusión?

---

mientos de culpa y depresión al pensar que si hubieras hecho algo diferente, tal vez habrías evitado las dificultades. Es posible prevenir futuras dudas si te convences, *antes* de romper, que has hecho hasta lo imposible.

Siempre hay solución a un problema

Así como no es realista pensar que sólo existe una manera correcta de vivir, es importante reconocer que hay varias formas de encarar los problemas. Este libro es un ejemplo; desde el principio he descrito diferentes modos de conceptualizar y tratar la depresión. Cada uno *funciona*, de ahí que los haya incluido. El asunto no es cuál de esos modos es el que funciona mejor. La pregunta más adecuada que uno debe plantearse es *si alguno funciona mejor en una situación particular y para un individuo en especial.*

Algunas veces es fácil identificar la solución "óptima". En otras ocasiones, existirán varias soluciones, cada una capaz de producir un resultado deseable. De alguna manera es como si preguntáramos cuál es la "mejor" manera de comprar un auto. ¿Por qué la mejor? ¿En cuanto a qué? ¿A velocidad, diseño, seguridad, valor de reventa, estatus, comodidad o ahorro de combustible?

APRENDE PRACTICANDO # 44

"Parecía tan agradable"

Objetivo: reconocer el valor de tu evaluación crítica de los demás antes de mostrar vulnerabilidad.

Entrevista, al menos, a una docena de personas y pregunta: "¿Alguna vez has sido tratado de manera injusta por alguien que nunca imaginaste pudiera actuar así? ¿Qué ocurrió y por qué? Visto en retrospectiva, ¿existe alguna manera en que podrías haberte dado cuenta de lo que pasaría? o, ¿era totalmente impredecible?"

¿Qué patrones puedes observar en las respuestas? ¿Cuál fue el papel que desempeñó la "fe ciega" en varias o casi todas las respuestas? ¿Qué te dice acerca del valor preventivo que tiene reunir información sobre alguien *antes* de estar demasiado involucrado?

Utilicé el parámetro anterior como ayuda para que puedas desarrollar un marco de referencia bien establecido para resolver problemas. La vida nos presenta continuos retos. Cuanto más diestro seas para resolver problemas, utilizando distintos enfoques de acuerdo con cada situación, mayor probabilidad tendrás de manejarlas adecuadamente. Deseo promover una filosofía de lo que resulta práctico y efectivo para solucionar complicaciones. Si lo que haces te funciona, no dejes de hacerlo. *Si lo que haces no te funciona, intenta algo nuevo.* Y, si no sabes qué hacer, pregunta a alguien que pueda ayudarte a explorar las posibilidades que existen.

Si eres justo, serás tratado de manera justa

Siendo niños aprendemos la Regla de Oro, que nos enseña no hacer a otros lo que no queramos para nosotros mismos; es decir, trata a los demás de la misma manera en que quieres ser tratado. El problema es que muchas personas no siguen tal precepto. Tanto la ética como la moral difiere de un individuo a otro; existen demasiadas personas que no sienten remordimiento alguno después de que han tomado ventaja de alguien o lo han lastimado. (En la práctica clínica tales personas son llamadas "personalidades antisociales".) Pensar que no debes juzgar ni criticar a los demás te sitúa en una posición extrema de desventaja, si sólo confías en la Regla de Oro al tratar a otras personas.

Quienes no tienen intención de reaccionar de manera justa a una situación, sólo responderán a sus intereses egoístas, sin importar a quien puedan herir. No pretendo que te vuelvas paranoico, sólo sugiero que te enfoques un poco más en lo que *sientes* por alguien (de nuevo, un razonamiento emocional) y que estés más consciente de la verdadera naturaleza del individuo con quien te relacionas. Esto tiene especial relevancia si deseas formar una relación romántica, donde el riesgo de salir herido emocionalmente es aún más elevado. Debes conocer los valores de la persona con quien te relacionarás; cómo se comunica y su capacidad para resolver problemas, así como sus antecedentes, expectativas y su habilidad para respetar tus decisiones, además de otras destrezas sociales.

Si deseas tomar una decisión realista sobre cuánto quieres involucrarte, será necesario que aprendas lo más posible acerca de la persona con quien quieres relacionarte. Como principio general, sugiero que reveles algo de ti mismo hasta que puedas confirmar que la otra persona es respetuosa y aprecia aquello que deseas compartir.

Existe gran diferencia entre ser "paranoico" y ser "precavido". Conocer poco a poco y de manera deliberada a alguien resulta efectivo para juzgar si tu relación puede avanzar a un nivel satisfactorio y positivo. Si la otra persona no tiene "paciencia" y no es "comprensiva", por ejemplo, y eso es precisamente lo que buscas en una relación, podrás descubrir sus limitaciones de manera no grata si ya habías aprendido a confiar en ella. ¡Cuando sea posible, debes prevenir!

Tus sentimientos son tu aspecto más importante

El terapeuta incauto insta a sus pacientes a "hacer contacto con los sentimientos". Los profesionales en salud mental que defienden la toma de conciencia con respecto a los sentimientos, como la mejor forma para conocerse a uno mismo, tendrán que enfrentar las limitaciones de ese punto de vista. Dado que tus sentimientos pueden engañarte, y dado que los sentimientos depresivos casi siempre distorsionan la realidad, ¿por qué darles tal énfasis? No se trata de un asunto de

El éxito a pesar de tus sentimientos

Identifica algunos logros en tu vida en que tuviste éxito al poner la meta antes que tus sentimientos. Si posees un grado académico, piensa cómo te mantuviste en la carrera durante tantos años. ¿Cómo hiciste para asistir a clases, escribir reportes, estudiar para los exámenes, incluso las veces que deseaste tener *cualquier* otra actividad que no fuera ir a la escuela? ¿Cómo pudiste ser constante, pese a que hubo veces en que pensaste darte por vencido? ¿Cuáles recursos personales empleaste para lograr seguir? ¿Cómo podrían esos mismos recursos servir en otras áreas de tu vida? Piensa en *cualquier* logro concreto que te tomó tiempo consumar. ¿Cómo lograste no perder de vista tu objetivo a pesar de las fluctuaciones de tu interés y tu energía?

todo o nada. Tus sentimientos *pueden* ser precisos y apropiados para una circunstancia; sin embargo, te sugiero que no asumas que *siempre* será así ni que es el aspecto más importante de una persona. Habrá *veces* en que sean correctos y otras en que serán irrelevantes, incluso engañosos.

En algunas situaciones, tus sentimientos *serán* para ti el aspecto más importante. Pero en otras es posible que enfocarte en ese aspecto sea *menos* relevante, porque al hacerlo, retrasas o incluso impides el manejo adecuado de una situación. Como siempre, la meta debe ser la selección. Ése es el eje de la inteligencia emocional.

Toma algo de tu tiempo para considerar las preguntas siguientes: ¿Cuándo es importante enfocarte en tus sentimientos? Y, ¿cuándo es mejor alejarte de ellos? Siempre recuerda: *tú eres más que tus sentimientos.*

Conclusión

A lo largo de este capítulo, el énfasis ha sido, primero, la dimensión cognitiva de tu experiencia. Aunque he destacado el papel que desempeñan todas las dimensiones de una experiencia, como generadoras de depresión, me parece evidente que gran parte de dicha experiencia está determinada por tu sistema de creencias y tus patrones de pensamiento. Por ello, te he animado (mediante los ejercicios *Pausa para reflexionar* y *Aprende practicando*) a retar tu subjetividad y luchar por encontrar evidencia objetiva, cuando sea posible. Cada patrón de pensamiento y cada sistema de creencias expuestos en este capítulo pueden serte de utilidad, pero también pueden resultar dañinos. Tu tarea es desarrollar gobernabilidad de tales principios, de manera que puedas discriminar y aplicarlos sin esfuerzo en tu beneficio y en cada situación.

Capítulo 8

Culpa y responsabilidad: ¿es o no asunto tuyo?

¿Te sientes culpable?, ¿con mayor intensidad y más seguido de lo que consideras razonable? Un sentido de culpa excesiva o inapropiada es uno de los patrones más comúnmente asociados con la depresión clínica. Este capítulo está centrado en los temas que con más frecuencia son asociados con la culpa. De manera concreta, aprenderás cuán inapropiada se vuelve la culpa y qué puedes hacer al respecto.

La culpa está firmemente relacionada con tu sentido de responsabilidad. Cuanto más responsable te sientas (cuanta más obligación sientas hacia los demás para satisfacer sus deseos o expectativas, o cuanto más te sientas obligado a satisfacer los tuyos), más propenso estarás a sentir culpa.

Aprendiendo de la manera más difícil

Como parte de una sociedad, mantenemos una red de complejas relaciones con otras personas. Una red así requiere establecer roles determinados, y cada uno conlleva expectativas particulares que deben ser satisfechas, si dicho rol es desempeñado de manera adecuada. De hecho, cada individuo tiene, al mismo tiempo, varios roles por desempeñar que pueden ser variados: padre o madre, esposa o esposo, empleado o empleador, hijo o hija, etcétera. Resulta poco realista esperar que los distintos roles que desempeñas (y todas las expectativas que abarcan) puedan combinarse siempre con facilidad. *Inevitablemente* enfrentarás conflictos que surgirán a partir de las exigencias asociadas con el desempeño de dichos roles en un momento dado.

Un cuestionamiento que enfrentamos a diario en nuestras relaciones es "¿Cuánto hago por ti, y cuánto por mí"? Si valoro mi relación contigo, no deseo decepcionarte y provocar tu rechazo o desaprobación. Además, hacer algo sólo para lograr tu aprobación y evitar algún

APRENDE PRACTICANDO # 45

Manejando conflictos de los roles

Objetivo: ayudarte a definir la variedad de roles que desempeñas y cómo decidir a cuál responder en una situación particular, cuando dos o más entran en conflicto.

Aunque todo marche bien, es difícil, como padre, hijo, empleado, ciudadano, etcétera, satisfacer todas las exigencias de la vida. Cuando tus distintas obligaciones entran en conflicto, debes tomar decisiones difíciles. Haz una lista de los distintos papeles que desempeñas en tu vida. ¿Cuáles son las expectativas asociadas con cada uno? En otras palabras, ¿qué actitud *debes* tomar para tratar de satisfacer adecuadamente dichos roles? Conforme los revises, es posible que notes que algunos conllevan expectativas que causan conflicto. ¿Cómo te sientes cuando estás en medio de un conflicto entre varias expectativas? Identifica a cuáles exigencias debes responder en caso de tener un conflicto. Hacerlo ahora puede hacer tu vida más sencilla si el conflicto surge, porque estarás preparado y, por tanto, no reaccionarás de más ni de menos. Utiliza la guía que aparece a continuación.

Roles que desempeño	Conductas exigidas por ese rol	Conductas excluidas por ese rol	En caso de que dicho rol esté en conflicto con otro, puedo... (Llena el espacio)

conflicto puede hacerme sentir que me estoy "vendiendo barato", y dejaría de respetarme o quererme. Resulta estresante y desgarrador elegir si das gusto a alguien o haces algo que te importa, aunque eso te impida hacer algo para la otra persona. ¿Debes prestar tu auto sólo porque alguien te lo pidió prestado? o, ¿debes utilizarlo para resolver tus pendientes? Si das o haces algo a costa tuya, puedes acabar resentido, además de sentirte mal contigo. Si no prestas tu auto, o no haces algún otro favor, te arriesgas a enfrentar el enojo de la otra persona, así como su desaprobación. De cualquier modo, enfrentarás el desagradable sentimiento de sentirte mal contigo mismo, con la otra persona o con ambos.

Expectativas y culpa

Lo que percibes como responsabilidad personal es producto de las expectativas de los demás (parientes y amigos). La manera en que las personas importantes en tu vida han comunicado sus expectativas es una influencia relevante; dio forma a tu percepción acerca de cuán libre eres para crear el equilibrio entre satisfacer tus necesidades y tu sentido del deber hacia los demás. Por ejemplo, a algunas personas se les ha hecho sentir que nunca deben decepcionar a nadie, expectativa reforzada mediante el mecanismo llamado "sentimiento culposo". Hacer que otros se sientan culpables si no hacen exactamente lo que quieres es un arma de manipulación poderosa. La culpa funciona, razón por la cual quizá es tan "popular". Además, es muy destructiva.

Quizá tus padres usaron la culpa para que hicieras lo que ellos querían, sabías que si los decepcionabas sufrirías un castigo. Si sientes algún apego emocional hacia tus padres, no quieres herirlos. Después de todo, ellos fueron (tal vez aún son) las personas más importantes en tu vida y su aprobación cuenta mucho. Un antecedente así puede hacerte sensible, quizá demasiado, a las reacciones de otras personas. Si sientes que tu trabajo es salvar a otros de la decepción o la frustración, eres un blanco fácil para que te hagan sentir culpable.

La culpa, basada en la religión, es aún más compleja. ¿Cómo puedes saber tú o alguien más lo que piensa Dios de tus pensamientos o sentimientos? ¿Puedes superar la naturaleza humana para alcanzar el nivel espiritual exigido por la religión? (¡Piensa de manera crítica!)

La mejor defensa para combatir la culpa inapropiada es un sentido claro de tus lineamientos de vida y del grado de responsabilidad que tienes hacia los demás. Saber lo que es la culpa y de dónde viene es un paso necesario para protegerte de la manipulación que los demás ejercen sobre ti, a menudo sin proponérselo.

Es muy cansado vivir con la ansiedad constante de que serás juzgado con dureza y tendrás que enfrentar la decepción, la ira o el rechazo de quienes quieren que los complazcas. Si permites que otros determinen si mereces su atención o su afecto, les estás entregando tu poder personal. Para superar la culpa que te debilita, la que te aflige, debes afirmar tu derecho a ser quien eres y determinar cómo quieres

PAUSA PARA REFLEXIONAR # 21

El origen de la culpa

¿Te criaron para sentirte culpable? ¿Qué tipo de presión y cuánta ejercían para que te sintieras culpable e hicieras lo que se esperaba de ti? ¿Recuerdas cuáles otros mecanismos fueron usados para manipular tus sentimientos y hacer que vivieras según expectativas ajenas? Por ejemplo, ¿alguien se alejaba de ti o hacia pucheros hasta conseguir que hicieras lo que quería? o, ¿te amenazó de alguna manera? Éstas y otras tácticas de manipulación están descritas con detalle en el capítulo 10.

vivir. La exposición y los ejercicios del capítulo 4, relacionados con los valores personales, pueden ayudarte a lograrlo.

Culpa y temor

Más allá de ser relacionada con la responsabilidad, la culpa puede asociarse con el miedo. Dependiendo del grado de tu temor al rechazo, la pérdida del afecto del otro, o ser condenado por la eternidad si no cumples sus deseos, será lo que defina tu miedo a decepcionar. Con el tiempo, puedes librarte de esa culpa y de la depresión asociada con ésta, preguntándote: "Si esa persona puede rechazarme por no cumplir con sus expectativas, ¿qué tipo de relación tenemos?" Espero que busques relaciones sanas con personas que apoyen tus decisiones y respeten tu deseo de hacer lo que quieres. La culpa pronto se disipa cuando ves con claridad que *no es tu responsabilidad manejar los sentimientos de los demás.*

Perfeccionismo y culpa

Más allá de la responsabilidad y el temor, la culpa también está relacionada con el perfeccionismo, tema común en la vida de los individuos deprimidos. Para la mente racional, querer ser "perfecto" es una expectativa completamente irreal. A pesar de que la mayoría de las personas deprimidas reconocen la imposibilidad de ser perfectas, aun

PAUSA PARA REFLEXIONAR # 22

El perfeccionismo no es como lo pintan

¿Eres perfeccionista? ¿En qué área(s) quieres ser perfecto? Si *tú* defines la palabra perfección y luego tratas de vivir bajo esos lineamientos, ¿cómo te sentirías al saber que otras personas no piensan que eso es "perfecto"? Si *otros* definen la perfección para ti, ¿cómo te sentirías cuando no puedes encajar en su definición? ¿Ves cómo nadie gana en esta situación?

así tienen sentimientos negativos cuando se encuentran con sus imperfecciones. Éste es otro ejemplo de pensamiento dicotómico (todo o nada), descrito en el capítulo anterior. Vivir con la creencia de que eres perfecto o inútil es una manera dañina y distorsionada de existir.

No es difícil entender la motivación de querer ser perfecto. Si pudieras ser perfecto, no te arriesgarías a ser rechazado o a no ser aprobado por los demás (excepto por aquellos que criticarían la perfección porque los hace sentir inadecuados). El perfeccionismo es fundamental en la experiencia de la depresión y lo expondremos en detalle más adelante en este capítulo.

Culpa y necesidad de aprobación

Depender de los demás es una parte inevitable del crecimiento. Por tanto, ¿cómo puede alguna persona ser indiferente a las reacciones de los demás, en especial de quienes nos han cuidado y son la fuente de nuestra seguridad física y emocional? Si somos realistas, la inmunidad a la reacción de los otros no es normal ni saludable.

Sí hay un valor positivo en buscar la aprobación de los demás. Es una manera de formar vínculos fuertes que admiten la cercanía y el apoyo. Al buscar aprobación, desarrollamos sensibilidad y empatía, cualidades necesarias en el sentido de responsabilidad social. También es fundamental para la autoestima. Buscar y obtener aprobación refuerza nuestro sentido de identidad y lo que hacemos.

Es normal y saludable, cuando somos niños, buscar alabanzas. Incluso como adultos, seguimos construyendo nuestra vida alrededor de los valores por los que fuimos recompensados de niños, en cuanto

---

APRENDE PRACTICANDO # 46

Aceptar las equivocaciones inevitables

Objetivo: ayudarte a aprender a tolerar las equivocaciones sin "flagelarte" por ellas.

Con el fin de generar autoestima y reducir la depresión, es esencial aprender a tolerar tus errores sin ser severo contigo. Después de todo, te guste o no, siempre vas a equivocarte mientras estés en un cuerpo humano y tengas mente humana. El asunto es que te trates con respeto cuando te equivocas.

Para aprender a manejar tus equivocaciones de manera positiva, puedes hacer el ejercicio de cometer errores intencionales en situaciones inofensivas. Esta semana, todos los días, comete tres errores: toma la calle equivocada, ponte calcetines de colores diferentes, marca un número equivocado o algo parecido. Cuando te equivocas, ¿se acaba el mundo? ¿Se ve afectada la civilización? ¿Cambia algo?

No tiene que gustarte ni te estoy animando a cometer equivocaciones, pero sería útil si pudieras aceptarlas de buena gana. Si puedes aprender de ellas en vez de abusar de ti con negatividad, te sentirás mejor.

---

a la educación, la profesión, la familia o cualquier otro tema. Sin embargo, igual que la culpa excesiva, la necesidad excesiva de aprobación puede ser destructiva. Si dicha necesidad es tan fuerte que comprometes tus valores o te engañas a ti mismo, entonces es excesiva. También resulta excesiva, si te sitúa en la posición de ser "el vencido", como si los demás fueran más importantes que tú.

Imagen estable de uno mismo

La imagen que tenemos de nosotros es notablemente estable. Pese a años de experiencia, un adulto continuará sintiéndose casi de la misma manera como en sus primeros años de vida. Existe una razón. Hace cerca de 40 años, un psicólogo llamado Leon Festinger introdujo el término "disonancia cognitiva" para explicar cómo las personas luchan por mantener estabilidad en sus creencias, cerrándose a información nueva y antagónica. (Describí dicho principio en el capítulo anterior.) La disonancia cognitiva es un mecanismo mediante el cual una persona rechaza (ignora o descalifica) la información que entra en conflicto con sus creencias presentes. Si alguien contradice la imagen que te has formado de ti, ¿cambia la imagen que tienes de ti? No es probable. Lo que sí es probable es que tú descalifiques la precisión de las observaciones contradictorias de esa persona.

La disonancia cognitiva es un mecanismo neutral, ni bueno ni malo. Sirve para mantener la estabilidad de tu experiencia, sea buena o mala. Si tienes una mala imagen de ti, es probable que no tomes en cuenta la retroalimentación positiva en su conjunto o reduzcas su importancia. Si la imagen que tienes de ti es positiva, la disonancia cognitiva puede permitirte descalificar a tus críticos por falta de discernimiento y conocimiento de tu valor verdadero.

Permite que otros decidan lo que piensan de ti, en vez de tratar de pensar por ellos. Si eres deseable para alguien, aunque tú no entiendas el porqué, dicha persona tiene genuino derecho a sentirse de esa manera.

He aquí otro ejemplo. Cuando te consideras indefenso, como sucede a menudo cuando estás deprimido, no te esfuerzas para mejorar la situación. Quizá dejas que las circunstancias te controlen, en vez de tomar tú el control y, por tanto, confirmas que eres una víctima indefensa. Es así como la disonancia cognitiva puede mantener una depresión. Una vez más, debes estar dispuesto a salir de tu forma habitual de percibir y abrirte a la posibilidad de que algunos de los aspectos limitantes, de lo que piensas o crees, no son ciertos.

Crear de modo inadvertido un "círculo vicioso" es tan importante que daré otro ejemplo. Si consideras que el futuro es negativo y no tienes esperanza de que sea diferente, entonces no actuarás para mejorarlo. Asimismo, lo que no te gusta ahora continuará indefinidamente, confirmando tu perspectiva negativa del futuro.

¿Cómo escapar del círculo vicioso? El énfasis en todo el libro es la necesidad de *hacer algo diferente*. Lo que quiero decir es que, debido a los patrones distorsionados de tu percepción, asociados con la depresión, aún no puedes confiar 100 por ciento en tus juicios. Desde luego, a medida que practiques el equilibrio entre tus percepciones internas y la realidad externa, tu juicio será más confiable. Sin embargo, en este momento, recalco la necesidad de que trabajes para poder evaluar las situaciones con mejor precisión. Así podrás responder en cada situa-

> ## *PAUSA PARA REFLEXIONAR # 23*
>
> ### Esforzándote para permanecer igual
>
> ¿Has estado participando de manera activa en los ejercicios *Pausa para reflexionar* y *Aprende practicando* a lo largo del libro? Sé que puede ser difícil hacer los ejercicios cuando requieren el tiempo y la energía que no sientes tener ahora. También sé que el círculo vicioso puede continuar indefinidamente, a menos que hagas un esfuerzo deliberado para escapar de éste. A medida de que tus habilidades aumenten, te sentirás mejor y tendrás más energía para hacer los ejercicios. ¡En verdad pueden ayudarte!

ción con la habilidad para reconocer con objetividad cuál sería la mejor respuesta.

El factor de la disonancia cognitiva también es la razón por la que no puedo dejar de recalcar la necesidad de que lleves a cabo los ejercicios sugeridos en este libro. Sólo leerlos no tendrá el mismo efecto. A menos que tengas la experiencia directa para poner a prueba lo que crees de ti, lo más probable es que tus creencias sigan como están.

Culpa y egoísmo

En la exposición anterior, acerca de la necesidad de interactuar con otros para disfrutar los beneficios que aporta la aceptación y evitar la aflicción del rechazo, quizá pudiste observar que no todas las personas son igual de sensibles acerca de lo que los demás piensan de ellas. ¿Por qué algunas personas reaccionan con intensidad hacia ciertos individuos, mientras que otras no muestran reacción? El factor más importante parece ser la imagen de uno mismo. Es más probable que los individuos con alta autoestima sean responsables de sí mismos, y que animen a otros a serlo. No tienen la necesidad de controlar a los demás, salvar a otros o buscar en quién apoyarse.

Puede parecerte egoísta que los individuos sean guiados por sus ideas más allá de lo que consideras adecuado, que por las expectativas de otros. ¿Cuál es la diferencia entre ser "egoísta" y ser capaz de "cuidarte"? Quienes son más propensos a sentir un exceso de culpa, no tienen clara la diferencia. Con frecuencia sienten que no pueden hacer

---

*APRENDE PRACTICANDO # **47***

Revisando la imagen que tienes de ti

Objetivo: animarte a hacer aquello que te hará revisar la imagen que tienes de ti y cambiarla en dirección positiva.

Piensa en alguna retroalimentación que hayas recibido en los últimos meses, ¿qué contradice de lo que crees acerca de ti? ¿Cómo rechazaste o descalificaste esa retroalimentación? ¿Qué forma de retroalimentación te haría revisar lo que piensas de ti mismo?

En una hoja de papel, haz tres columnas. En la primera, escribe una afirmación acerca de la imagen que has tenido de ti. En la segunda, escribe una afirmación, acerca de ti, que contradiga la primera afirmación. En la tercera columna, identifica lo que podrías decir o hacer, y que explicaría las conductas positivas de la segunda columna. ¿Quieres conocer la mejor manera de revisar tu vieja imagen negativa? ¡*Haz* lo que dice la tercera columna! Puedes utilizar como ejemplo el cuadro siguiente.

Imagen negativa de mí mismo	Qué acciones lo desmentirían	Conductas que apoyan la columna 2
Soy un esposo despreciable	Puedo ser cariñoso y atento	Apartaré tiempo para dedicarlo a mi esposa (al menos media hora) todos los días, cuando ella sea el centro de mi atención.

---

lo que les conviene o responder a sus necesidades, porque estarían siendo egoístas y, por tanto, es algo malo. Si en tus valores sociales es "correcto" anteponer los intereses de los demás, entonces, hacer lo que tú quieres puede parecer "erróneo" y provocar sentimientos de culpa. Si otros aprenden eso de ti, puedes ser blanco fácil de sus manipulaciones.

Evadiendo la responsabilidad: el juego de la culpa

Hasta ahora, el enfoque han sido las personas que desarrollan tal sentido de responsabilidad, que tienen experiencias de culpa innecesaria e inapropiada. ¿Qué pasa con las personas que son lo contrario? Consideremos a los individuos que no muestran sentido de responsabilidad por sus acciones, hacia sí o hacia los demás. Dichas personas no sien-

PAUSA PARA REFLEXIONAR # 24

Distinguir entre ser egoísta y cuidarte a ti mismo

Piensa en tantos ejemplos como puedas de personas que te han pedido que hagas algo por ellas. ¿Cuál fue tu respuesta en cada situación? ¿Te sentiste presionado para cumplir sus deseos? Si hubo instancias en las que te negaste, ¿fue tu motivación el egoísmo o la necesidad de cuidarte? ¿Cómo lo sabes?

Mi respuesta: hacer algo por los demás, no sólo es aceptable, sino deseable. Es lo que hace de ti una persona considerada. Pero si lo que haces por los demás es a costa de tu autoestima, o no aprecian lo que haces por ellos, te estás haciendo daño. Una persona es egoísta cuando te pide hacer algo, y sabe que hacerlo te perjudicará. En otras palabras, el egoísmo es gratificación propia a costa de los demás.

Es natural que las personas quieran hacer lo que desean. Quizá, inclu- so sea un deseo realista. La pregunta clave es si obtener lo que quieren debe ser a costa de los demás.

ten culpa por lo que, quizá, deberían sentirse culpables. Más bien, em- plean un mecanismo para evadir la responsabilidad, lo que casi siem- pre incluye culpar a los demás por sus errores. Pueden echar la culpa al clima, a la economía, al gobierno, a sus padres: a cualquier circuns- tancia o persona que puedan culpar para evadir la responsabilidad por sus equivocaciones.

Quienes tienen mayor facilidad para sentirse culpables son más propensos a que las personas irresponsables se aprovechen de ellos. La vulnerabilidad se debe a que usan *su* marco de referencia, suponiendo que, si ellos se sienten culpables y responsables, otros debieran sentir lo mismo. Espero que aprendas a *dejar de usar tus puntos de referencia como los únicos puntos para predecir o interpretar las conductas de los demás.* Debes reconocer que hay muchas personas que no comparten tu marco de referencia. Usualmente, evaden la responsabilidad y tie- nen práctica culpando a otros por sus problemas.

Es fácil ver cuán felices son las personas que siempre culpan a los demás cuando encuentran a alguien que tiene un sentido desarrollado de culpabilidad y está listo para aceptar la culpa sin cuestionar. Nece- sitas habilidad refinada para discernir con claridad lo que es tu respon- sabilidad y lo que no lo es, situación por situación. Ello te permitirá evitar asumir la responsabilidad sin pensamiento crítico y sentir culpa inadecuadamente. También, te ayudará a evitar que seas tú quien culpe a otros. Los ejercicios de este capítulo deben ayudarte.

Desarrollando claridad

Cuando crees que puedes controlar todo lo que sucede, te sientes responsable del resultado. Si el resultado esperado no ocurre, pueden surgir sentimientos de culpa y de insuficiencia. Si esto te sucede más seguido de lo que te gustaría, es tiempo de que desarrolles un proceso nuevo para tomar decisiones. *Antes* de que te sientas culpable e inadecuado por el resultado, sería útil hacer una pausa y evaluar lo sucedido. ¿No conseguiste el resultado deseado porque tu estrategia (la secuencia de pasos que tomaste) fue incorrecta o ineficiente? O, la falta de éxito ¿es resultado de lo que es llamado "control ilusorio", cuando creíste que podías controlar la situación y después, de la peor manera, te diste cuenta de que no podías?

La culpa puede distorsionar tu percepción en cuanto a la responsabilidad de una situación determinada. Necesitas evaluar, situación por situación, si es o no responsabilidad tuya. Las distorsiones ocurren de dos maneras, según el grado. La primera es la tendencia a no asumir la suficiente responsabilidad por tus relaciones con los demás o de lo que sucede como resultado de tus decisiones. La segunda es la tendencia a sentirte demasiado responsable, asumiendo responsabilidad por las decisiones de los demás o lo que ocurre como resultado de éstas. Consideremos ambas distorsiones en detalle.

Patrones de falta de responsabilidad

Casi siempre, las personas que muestran patrones de falta de responsabilidad se consideran víctimas de las circunstancias. No pueden anticipar cómo les afectarán las decisiones tomadas por ellas o por los demás. Cuando hay resultados negativos, pronto culpan a otros por las dificultades.

Consideremos a una pareja a la que atendí, Leo y Sara. Cuando discutían, Leo solía decir palabras hirientes a Sara. Naturalmente, Sara se sentía herida por las palabras de Leo. Más tarde, cuando terminaba la discusión, Leo esperaba que Sara se mostrara cariñosa y expresiva, como si él no hubiera sido grosero con ella. Cuando Sara no podía "olvidar" el incidente, Leo la acusaba de ser inmadura y no "controlar su enojo". ¿Qué piensas de la incapacidad de Leo por sentirse responsable del efecto de sus palabras en Sara? En una escala mayor, ¿qué significa cuando las personas pierden o nunca desarrollan el sentido del efecto que tiene su conducta en los demás? Herir a otras personas de manera deliberada o inadvertidamente es uno de los aspectos más destructivos de la irresponsabilidad.

Ahora veremos los patrones que con frecuencia presentan las personas poco realistas al enfrentar asuntos de responsabilidad.

Falta de expresividad

Varios individuos con depresión no tienen la capacidad para expresar sus pensamientos, sentimientos y necesidades. Esa incapacidad tiene varias explicaciones. En algunos casos, sienten que es egoísta pedir ser escuchados. En otros, su falta de expresividad se origina en el temor de que, habiéndose expuesto, serán rechazados. En otros casos, se debe a que no conocen sus sentimientos o pensamientos y, por tanto, son incapaces de expresarlos.

No comunicar lo que piensas y lo que sientes, te coloca en el papel de víctima. Cuando no puedes manifestar tus necesidades o puntos de vista, la persona con la que te comunicas debe lidiar con la situación desde una sola perspectiva. No importa cuán sensible sea esa persona, *no* lee la mente. De manera tal que no tendrá oportunidad de tomar en cuenta tus sentimientos. Entonces, es probable que tú te deprimas, porque interpretas sus acciones como evidencia de que ¡tú no eres apreciado ni valorado!

Debido a que no existen genuinos lectores de mentes en este planeta, es urgente que digas a las personas lo que sientes y lo que quieres. No hacerlo, con frecuencia, agrava el problema, en particular cuando la otra persona aclara lo que quiere y tú terminas sintiéndote anulado. Dichas interacciones pueden, fácilmente, hacerte sentir devaluado y atrapado, además de que transforman los sentimientos y los pensa-

PAUSA PARA REFLEXIONAR # 25

Exprésate

¿Puedes expresar tus sentimientos? O, ¿evitas expresarlos y supones que los demás saben cómo te sientes? Con frecuencia, en las familias con las que trabajo, descubro que el papá, o la mamá, rara vez dice "Te amo" o "Estoy orgulloso de ti" a sus hijos. En sesiones de terapia familiar, en las que los animo a expresar sentimientos cariñosos entre sí, a menudo me preocupan las respuestas, como: "Mi hija ya sabe que la amo, ¿para qué se lo tengo que decir?" No supongas que las personas saben cómo te sientes. Más bien, si quieres que conozcan tus sentimientos, acepta la responsabilidad por hacerlos de su conocimiento. Di lo que sientes, en especial cuando la situación requiere que funciones como un adulto responsable.

mientos en depresión y hacen que la situación sea más difícil de manejar. ¿Te das cuenta de que no expresar lo que sientes te lleva a sentirte ignorado y devaluado y, como consecuencia, te sientes deprimido? Ése es el efecto "bola de nieve" de la depresión.

Quisiera agregar una advertencia. El simple hecho de decirle a alguien lo que quieres, *no* obliga a esa persona a cumplir tu deseo. La persona sabe lo que quieres, pero puede decidir no cumplir tus deseos. Desde luego, si la otra persona no sabe lo que quieres, no existe probabilidad de que obtengas lo que deseas. De manera similar, si alguien te dice lo que quiere, *no* estás obligado a cumplir su deseo. Ése es el punto de igualdad en una relación: hablar de la situación con la otra persona hasta llegar juntos a una conclusión que sea viable para ambos.

Rehusarte a expresar tus sentimientos por temor a que los demás no estén de acuerdo con ellos o incluso los descalifiquen, sería un acto de irresponsabilidad. Sugiere que tú no tienes que funcionar como un igual en la relación. Es posible que tengas razón; la otra persona *puede* estar en desacuerdo. Eso está bien, porque la mejor relación permite el desacuerdo. Sin embargo, descalificar tus sentimientos y no darles importancia es dañino. Si eso sucede, es tiempo de redefinir la relación y afirmar la importancia de tus sentimientos. Situarte, o permitir que otros te sitúen, en una posición inferior coloca a la otra persona en una posición superior. Una relación personal sin equilibrio, no puede funcionar de forma sana y sólo conduce a la depresión.

APRENDE PRACTICANDO # 48

Expresando sentimientos

Objetivo: ayudarte a descubrir que sí puedes afirmar la importancia de tus sentimientos y, por tanto, requieres la consideración (no obediencia) de los demás.

Aunque parezca un acto temerario, sólo mediante la experiencia descubrirás que puedes expresar tus sentimientos y considerarlos cuando tomas decisiones en conjunto con los demás. No quiere decir que siempre obtendrás lo que quieres, pero sí que tendrás participación en el proceso de toma de decisiones.

Identifica las situaciones en las que *no* has expresado tus valores y preferencias. Evalúa la conveniencia de expresarte y, cuando sea sensato, hazlo. Puedes empezar con decisiones sencillas, como dónde comer, y avanza hacia situaciones más difíciles, poco a poco y con comodidad. ¿Te sorprende gratamente saber que tus necesidades se cumplen más a menudo cuando las afirmas?

Negación de los sentimientos

A menudo me sorprende la frecuencia con que las personas descalifican sus propios sentimientos. Los individuos reaccionan de una manera y luego se arrepienten, diciendo, en esencia: "En realidad, no tengo derecho de sentirme así". El efecto de esa negación es errar el blanco en el manejo adecuado de las situaciones. Decir: "No tengo derecho a sentirme así", es contrario al hecho de que *ya* te sientes así. Afirmar que no hay un fundamento razonable para sentirte como te sientes, retrasa, o incluso evita, que respondas de manera efectiva.

Llevemos la idea de los sentimientos negativos a una situación de la vida real. Imagina a una pareja, Pablo y Lorena, discutiendo sobre las finanzas de la familia. Pablo dice: "Me enoja que quieras gastar en algo tan tonto". Lorena responde: "¡No tienes derecho a enojarte! Después de todo, ¡también es mi dinero!" Si yo fuera su terapeuta, los interrumpiría en ese preciso momento y corregiría a Lorena, por decirle a Pablo que no tenía derecho a enojarse. Le señalaría lo irrelevante de su comentario, porque Pablo *ya está* enojado. Salirse por la tangente y averiguar si su enojo se justifica, no arregla su sentimiento ni muestra entendimiento de éste. "Puesto que Pablo sí se siente enojado, Lorena,

¿cuál es la mejor manera de responder a su sentimiento? No tienes que estar de acuerdo con su sentimiento, pero sí necesita ser reconocido." ¿Deben justificarse primero los sentimientos, antes de ser reconocidos? No. Más tarde, mediante el reconocimiento de los sentimientos mutuos, Pablo y Lorena fueron capaces de concordar lineamientos para sus gastos, con los que ambos estuvieran de acuerdo. Ninguno obtuvo exactamente lo que quería, pero ambos reconocieron el valor del compromiso.

Cuando tratas de justificar tus sentimientos, surge la pregunta: "¿Qué te justifica para sentirte como te sientes?" ¿Cuándo tienes razón suficiente para sentirte enojado, herido o feliz? Cada sentimiento que tienes es *tu* sentimiento. No te he animado a anteponer tus sentimientos siempre y en cada situación, porque a veces tus sentimientos pueden estar distorsionados o confusos (inadecuados según el contexto). Tampoco te he animado a ignorar tus sentimientos como si no fueran importantes. No es "todo o nada". Lo que sugiero es la importancia de notar tus sentimientos y desarrollar suficiente control sobre ellos para decidir *si* los expresas y, si es así, *de qué manera* y en *qué grado*. En varias ocasiones, tus sentimientos son *muy* importantes y deben considerarse con cuidado.

Puedes reconocer tus sentimientos sin que sea necesario expresarlos. Por ejemplo, puedes estar consciente de estar enojado con tu jefe por haberte dado demasiado trabajo innecesario, pero también puedes reconocer que mencionar tu enojo no sería bien recibido por tu jefe. En ese caso, puedes con sabiduría reconocer tus sentimientos, pero no expresarlos. Aunque es igualmente sabio decidir ver a tu jefe para expresarle tus sentimientos en una forma tranquila. Al percatarte de tus sentimientos, *puedes decidir expresarlos de manera inteligente, de acuerdo con lo que la situación requiere y lo que la persona puede manejar.* "Aventar" tus sentimientos puede hacerte sentir bien, pero puede agravar una situación de por sí delicada.

Cuando abogo por estar en control de tus sentimientos y reconocer que tú eres más que tus emociones, *no* las estoy devaluando. Negar tus sentimientos es lo opuesto a lo que defiendo en este libro. Te animo a reconocer, aceptar y utilizar tus sentimientos, pero hacerlo de maneras efectivas. Espero que los organices de acuerdo con tus percepciones internas y con la realidad externa, *si* es que puedes expresarlos en forma constructiva en una situación determinada.

> *PAUSA PARA REFLEXIONAR # 26*
>
> ## Más de lo que veías a simple vista
>
> Piensa en una situación reciente en la que no te haya ido bien. ¿Cuáles son los factores específicos que ahora puedes identificar, pero que no tomaste en cuenta en ese momento? ¿Fueron los sentimientos o valores de la otra persona? ¿La política de la organización? ¿La influencia de tradiciones anteriores? ¿Las expectativas de los demás? Este tipo de análisis retrospectivo puede ayudarte a entender situaciones futuras con mayor precisión.

Sentimientos internos versus exigencias del momento

Cualquier individuo responde ante una situación o una persona dependiendo de cómo se siente o qué quiere de esa persona o situación. Con demasiada frecuencia lo hacemos sin entender a la persona o la situación.

Culpando a otros

Culpar a otros por lo que sucede (o lo que no sucede) es la característica más prominente de un individuo irresponsable. Echar la culpa a otro hace responsable a ese otro; entonces tú eres la víctima de su incompetencia. La mayoría de los individuos irresponsables han desarrollado la habilidad para hacer que otros asuman la responsabilidad de modo que, si algo sale mal, no sean culpados.

Aceptar tu parte justa de la responsabilidad también significa reconocer que a veces no te comportas "impecablemente". Conforme aprendes de los errores que con seguridad cometerás mientras vivas, podrás resolver problemas con más efectividad y predecir las consecuencias de los problemas. Es posible que no elimines por completo las equivocaciones en tu vida, pero cometerás menos errores. Y recordarás que cuando tú te equivocas, no se debe a una estupidez global o incompetencia por la que tengas que castigarte.

APRENDE PRACTICANDO # 49

Aprendiendo de los errores

Objetivo: **las experiencias de la vida suelen repetirse, es importante aprender de los errores pasados para reducir la posibilidad de que ocurran en el futuro.**

Para aprender de tus equivocaciones, debes dedicar algún tiempo para analizar algunos de los errores que has cometido. Elige seis errores en que hayas incurrido durante los últimos meses, pero sólo aquellos que no te perturben. Identifica y anota todos los factores relevantes que contribuyeron en cada error. ¿Debías haberte enfocado más en tus sentimientos? ¿Menos? ¿Reunir más información? ¿Menos?

Identifica mecanismos concretos para manejar con más efectividad situaciones similares en el futuro. Utiliza el cuadro y el ejemplo a continuación para empezar.

Error	Factores que contribuyeron	Lo que puedo hacer diferente la próxima vez
Regañé a mi hijo	Tratar de poner atención a lo que decía, mientras atendía una llamada por teléfono	No reaccionar hasta que le pueda poner toda mi atención

Reclusión

Uno de los aspectos más perturbadores de la depresión es que las personas se apartan de la vida. Cuando están sumidas en la depresión, a menudo dejan de hacer aun el menor de los esfuerzos para buscar una experiencia nueva. Si la depresión es severa, quizá no respondan el teléfono o a alguien que toca a la puerta.

Si tu tendencia es aislarte y restringir tu experiencia cuando estás deprimido, esa conducta puede agravar tu herida. Si te aíslas de las personas y las situaciones durante un día o dos (que podría ser un medio útil para liberarte de la carga emotiva), es como si te dieras por vencido. Y darte por vencido te confirma que eres una víctima ante fuerzas demasiado poderosas para ser enfrentadas. Espero que, al leer este libro y trabajar con dedicación en los ejercicios, reconozcas que la idea *no* es gastar tu energía para evitar rendirte. Más bien, la idea es *usar tu energía sabiamente, orientándola hacia una meta.* No estoy sugiriendo remedios de sentido común, como tomar una clase de gimnasia o ser voluntario en un hospital (aunque ésas *son* buenas ideas); sugiero que, en vez de retirarte, lo que sólo complica la situación, lleves a cabo acciones deliberadas, basadas en tu reconocimiento de cuáles patrones dañinos puedes interrumpir y cuáles patrones útiles necesitas construir. *Busca, ábrete y permite nuevas posibilidades.*

Patrones de responsabilidad exagerada

Por mi experiencia, sugiero que es más fácil atenuar un sentido de responsabilidad excesivo, que crear un sentido de responsabilidad donde antes no lo hubo. Mientras que un individuo irresponsable culpa de inmediato a otros, el individuo en exceso responsable de inmediato asume la culpa. Además, el individuo exageradamente responsable puede ser demasiado considerado con los sentimientos de los demás, en su propio detrimento. Sabes que eres demasiado responsable cuando, con frecuencia, te ves metido en la vida de otras personas, atraído por sus problemas o quizá incluso metiéndote en donde no te llaman. Deja que los demás vivan su vida y sé un modelo de cómo vivir bien. Puedes dar apoyo y ser bondadoso, pero eso no significa que seas responsable por sus elecciones.

Culpa y "conciencia superior"

Es fácil ver cómo, mediante el proceso de socialización, algunas personas se vuelven demasiado responsables. Más allá de la dinámica familiar, la cultura ha tenido un papel relevante en alentar el exceso de responsabilidad en muchos de nosotros. Por ejemplo, en años recientes, ha surgido, en los llamados grupos de conciencia superior, un énfasis exagerado en la responsabilidad personal, en un grado que encuentro destructivo. Múltiples individuos han sido firmemente influidos por dichos grupos, y no han percibido que sus enseñanzas no son realistas, incluidos varios miembros de mi profesión. Hay algunos grupos que afirman: "Tú eres responsable por *todo* lo que ocurre en tu vida.

APRENDE PRACTICANDO # 50

Aclarando tus responsabilidades

Objetivo: reevaluar si la responsabilidad que asumes en tus relaciones con los demás es realista.

¿De quiénes te sientes más responsable? En concreto, ¿qué haces por esos individuos debido a tu sentimiento de responsabilidad? ¿Podrían ellos aprender a hacer lo que tú haces? Pese a que parezca un reto amenazante, si te parece razonable, habla con esas personas acerca de tus sentimientos de responsabilidad. Sé específico acerca de lo que crees que eres responsable y observa si ellas concuerdan con tu perspectiva. Su respuesta, ¿confirma tu perspectiva, o la reta de alguna manera? ¿Puedes ver cómo su deseo es, quizá, que conserves ese sentimiento de responsabilidad hacia ellas, aunque a ti te dañe? Distingue entre responsabilizarte *por* alguien y ser responsable *de* alguien.

Eres responsable por todo lo que sucede a tu alrededor. Los sucesos de tu vida son tu reflejo". Quienes proponen un punto de vista así de extremo, te harían creer que si estás sentado frente a tu computadora y una descarga de energía causa la pérdida de información, tú serías responsable por haber "creado la energía" que causó el problema.

Culpa y responsabilidad

La culpa presupone responsabilidad. No puedes sentirte culpable por algo de lo que no te sientes responsable. Éstos son los elementos importantes para disminuir la fuerza de la culpa en tu vida: establecer expectativas realistas, darte consideración especial y el perdón que probablemente das a los demás con facilidad, además de esclarecer las expectativas de los demás.

Dichos elementos te ayudan a identificar el origen de tus expectativas y definir cuáles mecanismos usan los demás para presionarte a cumplir con sus expectativas. Entonces estás en posición de decidir si quieres continuar cumpliendo con aquellas expectativas, que no fueron creadas por ti, o con las que no estás de acuerdo. Sin duda, las expectativas, que van de la mano con los roles que desempeñas, siempre estarán ahí.

El aspecto que es preciso considerar todo el tiempo es cómo equilibrar las expectativas que los demás tienen acerca tanto de tus acciones como de tus expectativas, con base en lo que a ti te hace sentir mejor. Cuando te resistes a satisfacer los deseos de los demás a costa tuya, esas personas aprenden a ser más responsables. Anima a quienes están cerca de ti a obtener lo que necesitan sin afectar de manera destructiva tanto a los demás como a ti.

Otra mirada al perfeccionismo

Quienes son perfeccionistas se fijan estándares muy altos y se critican con dureza cuando no alcanzan sus metas. En general, el perfeccionismo refleja la distorsión cognitiva del pensamiento todo o nada. Recuerdo haber tratado hace varios años a un atleta que había obtenido el segundo lugar en una competencia internacional. Estaba convencido de ser un fracaso *total* porque no obtuvo el primer lugar. El hecho de haberse vuelto famoso en su deporte, haber ganado dinero y respeto, además de haber obtenido contratos lucrativos para respaldar ciertos productos, parecía no tener importancia para él. Si eso no es evidencia de un pensamiento dicotómico, entonces no sé qué es.

Para el individuo irresponsable, el perfeccionismo es una forma de asegurar la aprobación de los demás. También significa nunca incurrir en culpa ni en juicios negativos, y evitar enfrentar la crítica de otros. Los estándares perfeccionistas del individuo irresponsable, casi siempre, no son propios. Más bien, en general, hay otra "persona importante" (real o imaginaria) que establece los criterios que definen su éxito. En otras palabras, imagina la manera en que sus acciones pueden complacer o ganar la desaprobación de alguien importante para él, y entonces hace lo que piensa que será aprobado.

Aunque no lo creas, hay bastantes doctores que estudiaron medicina para no decepcionar a sus padres y no por un deseo verdadero de practicar dicha profesión. Elegir un estilo de vida para evitar la crítica o la decepción de otros, es decidirse por una existencia carente de sentido. Significa vivir para los demás, no para uno. Representa una actitud irresponsable hacia uno mismo y una actitud de responsabilidad exagerada hacia los demás.

Es importante que desarrolles tu definición del éxito. Si tu definición resulta diferente de la de los demás, que así sea. Si en verdad quieres un alivio duradero de la depresión, no sólo es tu derecho sino tu *obligación* reconocer lo que es mejor para ti y después responder en consecuencia. Tratar de vivir de acuerdo con los estándares de otros, sea tu cónyuge, tu jefe o alguien más, es contraproducente y subraya la necesidad de desarrollar estándares basados en *tus* valores. La idea no es esforzarte por ser perfecto para obtener la aprobación de los demás o evitar su crítica, sino definir expectativas realistas propias. Más que negar tus necesidades para cumplir con las expectativas de los demás, una manera constructiva de responder es establecer límites a sus juicios.

El perfeccionismo también puede estar relacionado con la responsabilidad exagerada. El reto de nunca decepcionar a los demás es una posición de responsabilidad extrema. Debes saber que asumir la responsabilidad para satisfacer lo que quieren y necesitan los demás puede animarlos a ser demasiado exigentes y, peor aún, a tener expectativas interminables. Es como el arte de la paternidad efectiva. Cada vez que un padre hace algo por un hijo, más allá de las primeras enseñanzas y demostraciones de éstas, le está diciendo: "No es necesario que tú hagas esto, porque yo lo haré por ti, si eres lento, tienes dudas, te incomoda o si de alguna manera crees que no puedes hacerlo". ¡Ten paciencia y deja que tu hijo aprenda! Permite que se equivoque y practique hasta que sea hábil. Si continúas interviniendo en lo que los demás deben hacer, sólo refuerzas su percepción de que son incapaces de hacer algo por sí mismos.

Donde se encuentra un individuo en exceso responsable, también hay un individuo irresponsable. Te sentirás agobiado y ofendido si te atareas injustificada y excesivamente en realizar lo que otras personas podrían hacer (que hacen poco), porque asumen que ese debe ser tu proceder. Lo que me cuesta más trabajo cuando trabajo con individuos en exceso responsables es enseñarles a que *permitan que otras personas sean responsables de sus acciones*. Con frecuencia, sienten que abandonan a los demás, imponiéndoles una carga injusta o desplazando su responsabilidad en ellos. De hecho, la relación mejora cuando animas a los demás a sentirse capaces y permites que asuman la responsabilidad de lo que antes hacías por ellos. Dicha relación será más madura y, con

PAUSA PARA REFLEXIONAR # 27

Definiendo estándares exitosos

Si eres perfeccionista, pregúntate: "¿Cuál es mi definición de éxito? ¿Quién estableció mis estándares del éxito?" Si otra persona los estableció por ti, entonces ahora sabes que has tratado de complacer a otra persona, no a ti. Si en verdad aceptas esos estándares como propios, está bien. Pero si sabes que no reflejan tus ideas, entonces sí representa un problema. Cuando estás presionado por cumplir los deseos de otras personas, ¿cómo puedes sentir que estás en control de tu vida? Para sentirte bien, debes afirmar tu derecho de ser un individuo que puede tomar decisiones propias y aceptar las consecuencias.

el tiempo, más satisfactoria. Al principio, desde luego, es posible que la otra persona se queje porque debe hacer algo que no está acostumbrada a hacer. Eso es de esperarse; pero sobrevivirás y también esa persona. ¡Sólo sigue el programa!

Otro aspecto del tema de la responsabilidad está asociado con la ilusión de control, es decir, cuando creemos que podemos *hacer* que alguien se sienta orgulloso, feliz, seguro, etcétera. Pensar que podemos hacerlo, presupone que tenemos la habilidad para controlar sus reacciones. Como hemos visto, esa ilusión puede crear expectativas no realistas. Si mantenemos la ilusión del control y la determinación de satisfacer a otro individuo, hacemos de esa persona "juez" de nuestra efectividad. Significa que él puede forzarnos a tratar con más fuerza aún, mientras se vuelve más crítico.

Querer ser perfecto en algo o querer sobresalir en algo es una espada de doble filo. Ciertamente, ese deseo puede alentar logros de alto nivel y proporcionar reconocimientos y recompensas, consecuencias positivas que sirven para reforzar las tendencias perfeccionistas. Sin embargo, la desventaja es que el perfeccionismo puede hacer que quieras alcanzar grados más altos de calidad; el éxito en sí puede convertirse en una trampa. Ésa es una de las razones por lo que varios individuos muy exitosos pueden sentirse deprimidos. Son inteligentes, personas con enfoque al futuro, socialmente competentes, y son tan buenos en lo que hacen que siempre buscan objetivos más elevados, dejando poco espacio para aceptar y disfrutar los aspectos cotidianos de la vida.

PAUSA PARA REFLEXIONAR # 28

La bondad puede ser cruel

¿Cuándo es dañino ayudar a alguien? Identifica al menos seis ejemplos que ilustren el principio de cuando la ayuda puede ser dañina.

Piensa formas específicas de cómo has ayudado a las personas importantes en tu vida. ¿Dan por hecho tu comportamiento? ¿Cómo surgió el entendimiento entre ustedes de que tú serías responsable de dichas acciones? ¿Funciona ese arreglo a favor o en contra de la relación?

Mi respuesta: es perjudicial ayudar a alguien, cuando esa colaboración lo alienta a permanecer ignorante, incapaz o exento de poder. Quienquiera que haya dicho: "Da al hombre un pez y le darás de comer. Enséñalo a pescar y le habrás dado el sustento", tenía razón.

Puesto que la vida no es emocionante de manera continua o un reto constante, sentirse cómodo con los aspectos cotidianos resulta fundamental para sentirse bien. El perfeccionismo puede impedir dicha habilidad y, en su lugar, albergar la preocupación constante de qué hacer a continuación y cómo hacerlo mejor.

Es importante descubrir los valores y necesidades individuales, sin importar lo que alguien espera de nosotros. Obviamente, no puedes ignorar por completo sus necesidades, porque eres parte de la sociedad y es tu responsabilidad conducirte con integridad. Tampoco quieres ignorar tus necesidades de modo constante a fin de responder a las expectativas de los demás, porque es un camino seguro hacia la depresión. Vive de acuerdo con los lineamientos realistas y meticulosos que estableces para ti. Recuerda, así como los demás no deben ser responsables de ti o de tus sentimientos, en su detrimento, lo contrario es igual de cierto.

CAPÍTULO 9

Mentalidad de víctima

En este capítulo examino la poderosa necesidad que las personas tienen de controlar las situaciones en su vida, incluso de controlar a otras personas. La manera en que manejas el tema del control puede estar directamente relacionada con tu experiencia depresiva. Al examinar con mayor detenimiento el modo en que enfrentas lo que con frecuencia llamamos "deficiencias de control", desarrollarás mayor claridad, un factor esencial tanto para superar la depresión como para prevenir futuros episodios. Puedo asegurar que nunca he tratado a alguien con depresión que no haya mostrado alguna deficiencia relacionada con el control. La distorsión de tus percepciones acerca de lo que puedes o no controlar puede conducirte a hacer juicios erróneos en respuesta a distintas situaciones. Cuando todo se desmorona, las consecuencias indeseables pueden llevar a la depresión.

Hablando de control, ¿cuánto poder percibes tener en determinada situación? *Tener "poder" es la capacidad de influir.* Constituye un potencial, no permanente, que varía de situación a situación y de relación a relación. Por tanto, si tiendes a subestimar o valorar de más el poder en una situación, estarás en riesgo de malinterpretar algo que puede dañarte y disparar episodios depresivos.

Al aclarar tus ideas acerca de lo que significa el control y aprender a manejarlo con eficiencia, obtendrás mayor discernimiento no sólo de tu derecho a elegir, sino de tu obligación para hacerlo de manera inteligente. *Podrás, entonces, anticipar eficientemente cuándo será ventajoso enfrentar una situación y, con deliberación, hacer algo al respecto, y cuándo será mejor hacerse a un lado, porque ningún esfuerzo tendrá algún efecto importante.*

PAUSA PARA REFLEXIONAR # 29

¿Cómo defines el término control?

A lo largo del libro he utilizado el término "control". ¿Qué piensas que quiero decir por control? ¿Cuál es tu definición de control? Cuando alguien es descrito como una "persona controladora", ¿qué significa para ti? ¿Confieres algún juicio de valor sobre esa persona? ¿Por qué no?

Mi respuesta: cuando utilizo la palabra "control" en cuanto a las relaciones, me refiero a la imposición de una persona sobre los deseos de otra, al punto de limitar su capacidad de elección. Una persona controladora intenta forzar a los demás para que cumplan sus deseos, invadiendo sus límites y su derecho a elegir. Dichas personas son, en general, consideradas insensibles y manipuladoras, algo nada halagador. En el contexto de las situaciones de la vida, controlar significa la tentativa por crear desenlaces favorables mediante el propio esfuerzo.

La sociedad y sus reglas dan inicio a la necesidad de controlar

Cada sociedad tiene sus reglas, y cada componente de esa sociedad, incluida la familia, también las tiene. Formar una sociedad implica, en parte, que sus miembros están de acuerdo en seguir ciertas normas. El seguimiento de tales normas es contribuir tanto a la estabilidad como a la seguridad que dicha sociedad aporta. Por ejemplo, resulta una clara ventaja para todos que quienes manejan un auto lo hagan siguiendo reglas de vialidad y tránsito. Ciertamente, no esperaríamos que alguien exprese su individualidad, ¡conduciendo su auto en sentido contrario en una autopista!

Hasta cierto punto, tener reglas explícitas para regular nuestra conducta es una necesidad obvia. Sin embargo, también es cierto que si hemos de lograr algún avance personal o social, tales reglas deben o pueden romperse. Por ejemplo, considera la importancia del movimiento femenil, que ayudó a redefinir la percepción que se tenía del papel de la mujer en la sociedad. Hace 30 o 35 años, una mujer debía dar explicaciones a su familia y amigos por su deseo de seguir una carrera y "justificar" esa rara inclinación. Hoy, la mujer se realiza profesionalmente y, además, trabaja fuera de casa. Es *hoy* en día cuando

PAUSA PARA REFLEXIONAR # 30

¿Eres controlado o controlador?

¿Eres una persona "controladora" o te prestas a ser "controlado" por los demás? ¿Cómo lo sabes? ¿En qué contexto *te* ha servido el patrón que sigues? ¿Cuándo ha servido en tu *contra*? Piensa en al menos una docena de ejemplos concretos en cada circunstancia.

debe explicar su deseo por permanecer "sólo" en casa y cuidar de su familia y por qué no desea formar parte de una sociedad competitiva.

El anterior fue un cambio social que aconteció en poco tiempo. Varias personas aceptan los cambios y tienen poca dificultad para soltar una tradición a favor de lo que reconocen como progreso. Sin embargo, otras sufren con los cambios, porque pierden su sentido cómodo de seguridad en lo que consideran normal, familiar y una conducta apropiada.

Con frecuencia, quienes violan las expectativas de otros enfrentan su desaprobación y su rechazo. Años después, quizá, puedan reconocer cómo tal conducta extraña condujo a un progreso personal o social. Tal vez descubran que quebrantaron ciegamente algunas reglas sólo por ir en contra de alguien, sin tener algo valioso en mente.

Hasta *cierto* punto, es inevitable ser controlados por alguien más; después de todo, nadie escapa a la influencia de los demás. Sin embargo, algunos padres son más sensibles que otros con respecto al tema del control. De manera deliberada y sana animan lo antes posible a sus hijos para que tengan un sentido personal del control y a ser independientes. Algunas madres dejan que sus pequeños, a una edad apropiada, elijan la ropa que usarán para ir a la escuela, y otras desde la noche anterior deciden lo que su hijo usará sin tomarlos en cuenta. Si fuiste educado de manera parecida, podría ser que algo tan intrascendente como elegir tu ropa esté fuera de tu control. Cuantas más decisiones tomes a nombre de otra persona, más desvalida la harás.

Piensa en tu familia. ¿Te dejaron tus padres tomar algunos riesgos que no implicaban peligro, como explorar el vecindario o ir a la tienda de la esquina? O, ¿te retenían porque "el peligro está por todas partes"? ¿Te permitieron, a una edad prudente, elegir tu ropa, tus juegos y a tus

PAUSA PARA REFLEXIONAR # 31

¿Alguna vez has roto una regla?

Algunos logros significativos en tu vida, ¿han sido consecuencia de que-brantar una regla? De ser así, ¿cómo supiste lo que debías hacer? ¿Cómo manejaste la reacción de los demás? ¿Lo volverías a hacer, si tuvieras la oportunidad? ¿Cuáles fueron los recursos personales que empleaste, pese a la desaprobación de los demás? ¿Alguna vez rompiste una regla sólo por gusto? ¿Qué te motivó hacerlo? ¿Lo volverías a hacer, o decidirías algo diferente?

amigos? O, ¿era algo que te imponían sin consultarte, esperando que fueras obediente? Si no aprendiste a tomar decisiones en tu vida, ¿cómo pretendes tener la habilidad para elegir bien y confiar en tu juicio?

Tu sentido personal del control es un producto de interacciones repetidas que refuerzan la idea de que tú eres el causante o de que la causa es externa. Espero que sea evidente cómo un punto de vista distorsionado en relación con el control puede llevarte a hacer juicios equivocados, que desgastan tu autoestima y te conducen a sentirte in-competente, deprimido y a odiarte.

La necesidad de controlar

Tomando en cuenta lo básico que resulta la necesidad de controlar, no puedes considerar que es "malo" o "patológico" querer controlar lo que sucede en tu vida. De hecho, quiero *animarte* a que te hagas cargo de tu vida. El asunto es cómo reconocer y sostener con eficacia tales patrones de control. En otras palabras, que desees tener más control sobre lo que acontece en tu vida es perfectamente adecuado. Sin em-bargo, las complicaciones surgen cuando no hay congruencia entre tus necesidades o deseos y la naturaleza de las circunstancias que enfrentas. Cuando veo pacientes con "problemas de control", no me inquieta sa-ber que les resulte imprescindible ejercer control sobre lo que sucede en su vida. *Cualquiera que lleve una vida satisfactoria está en "control", aunque no lo ejerza en todas partes. La sabiduría está en saber distinguir las situaciones que pueden ser controladas de las que no lo son.* Sé con-

APRENDE PRACTICANDO # 51

Las reglas de tu familia

Objetivo: identificar las reglas con las que creciste y la relación que tienen con las elecciones que haces en la actualidad.

Una de las mejores maneras para aprender de dónde llegaron las reglas que conforman tu conducta, es considerar mediante cuáles fuiste educado por tu familia. Examina cada regla por escrito, poniéndola en una frase completa, tanto con las que creciste, y que eran explícitas, como las que eran implícitas. ¿Qué reglas aseguraban una conducta "correcta"? ¿Cuáles eran las que aplicaban cuando se trataba de expresar tus sentimientos, ser ambicioso; en asuntos de dinero, de sexo; resolver problemas, tu educación y muchos otros más que intervinieron en tu formación? ¿De qué manera cada regla influye aún en tu vida? ¿Deseas seguirlas o sientes la necesidad de quebrantar alguna para sentirte mejor?

Utiliza la guía y ejemplos a continuación.

Regla de la familia	Impacto en mi vida	¿Necesito cambiar las reglas?
Respeta la privacidad del otro	Un claro sentido de los límites	No
Quien sepa imponerse, ganará la discusión	Evitar confrontaciones por miedo a enfrentar el enojo	Sí

trolador cuando sea razonable, pero evítate la pena de esforzarte inútilmente cuando reconozcas que una situación es incontrolable o cuando puedas herir a otros mientras ejerces control.

Distorsiones del control

Los errores de juicio que las personas tienen acerca del tema del control en general caen en dos categorías: distorsiones que crean la "ilusión de desesperanza", y aquellos que crean una "ilusión de estar en control". Cuando te sientes inmerso en la ilusión del desamparo, te ves a ti mismo como carente de control aunque, de hecho, sí tengas algo. Con la ilusión de estar en control, tienes un inflado sentido del poder, crees equivocadamente que puedes controlar circunstancias que están fuera de tu alcance. Veamos por separado cada una de tales categorías.

APRENDE PRACTICANDO # 52

Evaluando el porcentaje de control

Objetivo: ayudarte a determinar de manera realista cuál es el grado de control que ejerces sobre las situaciones en tu vida, de modo que no ignores las oportunidades o intentes algo inútil.

En las situaciones que presento a continuación, identifica 1) todas las variables que influyen en el resultado deseado, y 2) el porcentaje de control que piensas tener sobre los resultados deseados (100% sería igual a tener un control total; 0% sería sin control).

1. Solicitas un nuevo empleo que deseas mucho.
   (Contestaré este primer punto, como ejemplo.) Diez variables que influyen en el resultado deseable son: 1) tener la educación académica adecuada; 2) tener experiencia laboral; 3) llenar una solicitud; 4) presentarse a tiempo para la entrevista; 5) ir bien presentado y con pulcritud; 6) adoptar un comportamiento amistoso, abierto, respetuoso y de cooperación; 7) contestar y plantear preguntas relevantes acerca del puesto, del ambiente de trabajo, así como las compensaciones; 8) mandar una nota después, expresando tu agradecimiento por la oportunidad de ser entrevistado y afirmando tu interés por conseguir el puesto; 9) la calidad de los otros solicitantes; 10) el proceder y actitud del entrevistador (tendencias personales y percepciones) y lo que piensa de ti.
   He aquí los porcentajes de control que yo asignaría a cada una de las variables: 1) 100% (estoy seguro de que no aplicarías para un área que desconoces); 2) 50% (puede ser que tu historia académica sea favorable, pero es difícil saber cómo la entenderá un nuevo jefe); 3) 100%; 4) 100%; 5) 100%; 6) 100%; 7) 100%; 8) 100%; 9) 0%; 10) 25%. ¿Estás de acuerdo con mis porcentajes? ¿Por qué sí o por qué no?
   Cuando aplicas para un trabajo, haces hasta lo imposible para crear posibilidades. Tienes cierto control, pero no es total. Sin un esfuerzo de tu parte, no conseguirás ser contratado. Hacer el esfuerzo no te garantiza el resultado deseado, pero crea posibilidades. El éxito no es 100% un fenómeno con el que *siempre* convertirás en oro lo que toques. Se trata de ser inteligente y hacer un esfuerzo sostenido.
   ¡Ahora te toca hacer el resto!
2. Preguntas a alguien si quiere salir contigo.
3. Compras un regalo para un pariente y esperas que le agrade.
4. Compras algunas prendas para impresionar a alguien.

Continúa ☞

Continuación 🖘

> 5. Gestionas con el vendedor la compra de un auto al mejor precio posible.
> 6. Deseas pedir a tu pareja que sea más atento(a).
> 7. Deseas pedir a tu jefe más tiempo para terminar un proyecto.
> 8. Deseas pedir un préstamo al banco.
> 9. Deseas pasar las vacaciones en un sitio distinto.
> 10. Deseas que tu esposa se responsabilice más por los quehaceres del hogar.
>
> Ahora haz el mismo ejercicio con *al menos* diez situaciones importantes de tu vida. Con el fin de dominar esta destreza importante, te recomiendo elegir tres situaciones por día, cada día, durante *al menos* un mes para seguir practicando este ejercicio.

Ilusión de desesperanza

Con demasiada frecuencia hay individuos que pasivamente dejan que algunas situaciones los hieran. Actúan como si estuvieran por completo indefensos para mejorar su situación, cuando, de hecho, no están totalmente desvalidos.

El modelo de "desesperanza aprendida" de la depresión

Una de las teorías cognitivas sobre depresión más conocidas, la "desesperanza aprendida", es la expresada por Martin Seligman, descrita en el capítulo 1. Seligman constató, perplejo, que en la vida de sus pacientes con depresión había experiencias negativas y dolorosas que comúnmente aceptaban. Por ello, decidió investigar sobre el problema. Sus experimentos proveen valiosos discernimientos acerca de la depresión. Estoy cierto de que, conforme leas, la idea que tienes sobre la desesperanza va a cambiar.

Seligman expuso a quienes servían de modelos para la investigación a situaciones perjudiciales (como un ruido fuerte y muy molesto), más allá de su control. Dichos sujetos trataron de escapar de la molesta situación, pero las circunstancias no se los permitían. Siguieron intentándolo, pero sus esfuerzos eran en vano. Muchos desarrollaron síntomas obvios de depresión, incluida la apatía, el alejamiento, trastorno

---

APRENDE PRACTICANDO # 53

Opciones generales además de la desesperanza

Objetivo: retar a tu supuesta desesperanza, ya que es factible que no sea real.

¿Enfrentas alguna situación en la que te sientes desvalido, desamparado o desesperanzado? ¿En qué basas tu sentimiento? ¿Puedes imaginar lo que alguien más hace para manejar adecuadamente tal situación? ¡Idea algunas opciones para ti! Si es necesario, realiza una encuesta para obtener perspectivas diferentes en cuanto a qué hacer.

---

del sueño y agitación. El resultado, en sí mismo, mostró conclusiones importantes al demostrar que las situaciones incontrolables y perjudiciales pueden causar depresión en algunas personas.

Sin embargo, no todas las personas expuestas a dicho experimento se deprimieron. Basándote en lo que ya aprendiste, ¿puedes adivinar la razón? Los factores que componen el estilo atribuido que aprendiste en el capítulo 6 te ayudó a distinguir entre quienes se deprimen y quienes no. Entender que las circunstancias difíciles no son estables, es decir, son temporales y que pueden ser cambiadas, puede prevenir un sentimiento de desesperanza. También resulta preventivo de una depresión ver las situaciones como algo externo ("Ésa es la circunstancia, no soy yo") y concreto ("Es sólo esta situación, no toda mi vida").

El experimento arrojó aún más discernimiento cuando los mismos sujetos fueron puestos en una nueva situación, donde podían escapar a los estímulos desagradables. Bajo tales circunstancias, muchos no intentaron salvarse. La experiencia previa les había demostrado que nada podían hacer para evitar la situación. Por tanto, pese a que la nueva circunstancia semejaba sólo superficialmente la anterior, tampoco trataron de escapar. De modo pasivo aceptaron la molestia y la aflicción. Podríamos culpar a la distorsión cognitiva de la sobre generalización. Seligman designó el fenómeno como "desesperanza aprendida".

Lo que puede deducirse de tal investigación para la comprensión de los estados depresivos es muy vasto. Considera lo que sucedería si alguien crece en un ambiente familiar en que el castigo es descargado sin aparente motivo. Si eras castigado un día y al otro ignorado por la misma causa, quizá llegaste a concluir que la vida es impredecible,

PAUSA PARA REFLEXIONAR # 32

Tu crítico interno

Es posible comprender la manera en que las personas aprenden a darse por vencidas y no tratan de buscar ayuda, cuando han sido expuestas a experiencias dolorosas durante su niñez, que no pudieron controlar, como el abuso sexual, el físico y el emocional. Tales experiencias son un factor externo en el individuo. Pero ¿qué sucede cuando tales experiencias dolorosas e incontrolables son *internas*? Por ejemplo, ¿qué pasaría si dentro de tu cabeza viviera una voz interna, que te criticara e insultara por casi todo lo que haces? Créelo o no, todos tenemos ese "crítico interno". Entonces, ¿cómo podemos tener una autoestima sana? ¡Al disminuir la crítica o aprendiendo a ignorarla!

No es posible deshacerse de la crítica, dado que es una parte inevitable de nosotros. Sin embargo, *podemos* aprender a limitar su influencia negativa al ignorar o contradecir las afirmaciones negativas. No *tienes* que escuchar ni aceptar lo que dice como si fuera la verdad. *Las personas que se respetan también tienen un crítico interno; sólo que no le prestan atención automáticamente ni le creen sin discriminar lo que dice.* Escuchan como si se tratara sólo de otro punto de vista, no el único y correcto.

incontrolable y que lo único que podías hacer era aceptar cualquier miserable destino que se presentara en tu camino. El problema es generalizar demasiado en vez de decir: "Mi familia es impredecible", harías un comentario global, como: "La vida es impredecible".

Una importante posdata de los experimentos de Seligman trata sobre el papel que desempeña el tratamiento. Una vez que los sujetos de estudio determinaron que estaban indefensos y pasivamente "tuvieron que" aceptar su aflicción, se intentó mostrar que se encontraban en una situación que era controlable y *podían* actuar para dar por terminada la mala experiencia. Los repetidos intentos por enseñarles a prevenir o a escapar del castigo fueron enfrentados con indiferencia o una falta de capacidad para absorber la enseñanza. Tomó varios intentos a fin de demostrarles que sí tenían posibilidad de escapar, antes de que pudieran vencer su desesperanza y reconocer las oportunidades para salvarse. *Tú* puedes aprender con rapidez, a partir de dicho experimento, que la desesperanza es un estado de la mente, *rara* vez es una realidad. ¡No te des por vencido!

Cuando de manera automática supones, como patrón general en tu vida, que no tienes esperanza, estás aplicando un punto de vista distorsionado. La vida de nadie está exenta de influencias. Incluso cuando no te es posible cambiar las circunstancias externas, *puedes* cambiar tu reacción a tales circunstancias. Sentirse desesperanzado en las experiencias importantes de la vida y verse uno mismo como "fuera de control" es un seguro disparador de la depresión.

Cuando te sientes fuera de control, tu respuesta automática debería ser un rápido reconocimiento para determinar si las circunstancias están, de hecho, más allá de tu control. Piensa de manera crítica, porque como ya sabes ahora, los individuos deprimidos, por su pensamiento distorsionado, tienden a creer que están desvalidos en situaciones en que no lo están.

La ilusión de controlar

En la sección anterior, centramos la atención en la distorsionada idea de que no tienes control, cuando sí lo tienes en algún grado. Ahora nos enfocaremos en la situación contraria, donde te ves en control de una situación que, de hecho, no puedes controlar. La "ilusión de controlar" lleva a las personas a tratar de controlar algo que está más allá del rango de su influencia, y sufren una depresión cuando las cosas no van como quieren.

Los miembros de la generación de la década de los cincuenta en EUA* han mostrado un aumento significativo en los índices de depresión. Creo que la razón principal es la "ilusión de estar en control". Las personas nacidas durante esa época crecieron pensando que podían lograr lo que se propusieran. Sencillamente pensaron que era fácil conseguir una educación profesional relevante, empleos bien remunerados, viajar por el mundo, formar una familia y tener éxito en cualquier contexto. El aspecto positivo es que muchas *sí* lo consiguieron, tanto en el plano profesional como en el económico, con mucho más

---

* N. de las T.: El autor alude al fenómeno ocurrido, sobre todo, en Estados Unidos de América, que reconoce el cambio de conducta en la generación de los bebés nacidos después de la Segunda Guerra Mundial y que son conocidos como *baby boomers*.

facilidad que sus padres. El aspecto negativo es que sus logros casi siempre fueron a expensas de una buena perspectiva o alta calidad de vida, de sus relaciones maritales y familiares.

Cuando uno es inteligente y exitoso, los logros pueden llevarlo a creer que *cualquier* cosa es posible, si uno se mantiene por buen camino. La vida sería mucho más sencilla (y agradable) si eso fuera verdad. Creer que así es puede resultar cómodo y, por tanto, el concepto resulta muy atrayente.

Las personas de dicha generación crecieron en una época como ninguna otra. Los avances tecnológicos han ocurrido tan rápido que no podemos conocerlos todos; los cambios en la sociedad también han sido vertiginosos; cantidades masivas de información son accesibles mediante diversos medios (desde los discos compactos a las grabaciones digitales); y la diversidad en los productos que se encuentran en el mercado han incrementado las ventas al consumidor. La mayoría de las personas en dicho rango de edad han *podido* conseguir lo que sus exigencias les han dictado.

¿Qué efecto tiene tal historia de socialización (en que un individuo sólo tiene que pedir algo para obtenerlo) sobre las expectativas y experiencias? Desde luego, no puedo afirmar que vivir para el éxito ha sido la causa principal del alto índice de depresión en ese grupo de personas. Sin embargo, hace pensar que estar bien motivado produce un resultado ("donde hay voluntad…") y conduce a estar totalmente desprevenido ante la realidad de que la vida no siempre funciona de esa manera.

Tratar de obtener algo sólo con la fuerza que da desearlo ha llevado a varias personas de la mencionada generación a pensar que "todo lo tienen". Con frecuencia, la fuente de su depresión ha sido tener que aceptar la realidad de que no pueden tenerlo todo.

Cada decisión que tomas evita que tengas otras opciones. Por ejemplo, si te esfuerzas por construir una carrera exitosa, tendrás menos tiempo y estarás menos disponible emocionalmente para construir relaciones profundas y satisfactorias. Si elegiste tener hijos significa que no te podrás ir de viaje intempestivamente durante la época de clases. Tener como objetivo central algún logro puede empantanar tu sentido de comodidad, de sólo "estar", y tampoco significa que conseguirás lo que quieres. Dicho de otra forma, si estás haciendo "esto", *no* estarás haciendo "aquello".

PAUSA PARA REFLEXIONAR # 33

¿Es la autoayuda una ilusión de estar en control?

El presente libro promueve la idea de que es posible controlar la depresión. ¿Es una ilusión de estar en control lo que te animo a realizar? O, ¿pueden realmente algunos aspectos ser controlados si se enfrentan con eficacia?

Mi respuesta: la evidencia objetiva es abrumante, pues *las personas que aprenden estrategias efectivas en el manejo de sí mismas tienen menos incidencia de episodios depresivos y sufren menos recaídas.* Escribí este libro con la intención de poner a tu alcance dichas estrategias.

Vivir incluye varias decisiones difíciles, cada una tiene resultados profundos que después de un tiempo deberás enfrentar. La ilusión de poder controlar todo en tu vida, y sólo tener consecuencias deseables y felices como resultado de tus elecciones, es una manera terriblemente irreal de vivir. Sin embargo, la ilusión de tener control se manifiesta de varias maneras más que sólo la mentalidad común entre los adultos jóvenes de "querer tenerlo todo". Cada vez que intentes que algo suceda, si no está *directamente* ni *por completo* bajo tu control, estarás trabajando a la sombra de una ilusión.

La ilusión de estar en control nace a partir de nuestro deseo por hacer que el mundo sea como queremos. Como indiqué en mi exposición acerca de las metas positivas, es importante que deseemos que las cosas sucedan de un modo determinado. Pero es necesario aclarar que dichas metas deben ser realistas. Las personas que tienen la ilusión de estar en control se arriesgan a tener una depresión cuando intentan alcanzar objetivos que no están basados en la realidad. Una habilidad vital para controlar la depresión es distinguir con claridad lo que está o no bajo nuestro control. Los ejercicios en este capítulo pueden ayudarte a hacerlo.

Puedo recordar a varios individuos a quienes atendí, que trataron de que ciertas situaciones o personas satisficieran sus necesidades y deseos para luego entrar en profunda depresión cuando aquello que más querían y valoraban los evadió.

No es posible que controles a otra persona; es posible que la manipules al ejercer presión para que responda en la manera que deseas, y quizá tengas éxito. Sin embargo, su aceptación no será un acto voluntario. Con el tiempo resentirá la presión ejercida y, sin importar lo que le cueste, lo más probable es que se rebele. A nadie le gusta ser oprimido por alguien más, y el uso de tácticas de manipulación para intentar controlar a otra persona casi siempre conduce a la muerte de la relación, sea en espíritu o de hecho.

Aprender a comunicarse con una persona y aceptar su valor son dos metas muy distintas de intentar controlarla. El hecho de que alguien quiera controlar a los demás es evidencia de una ilusión por estar en control. Si en tu vida hay alguien a quien desees "hacer" sentir de cierta manera, enseñar a reaccionar de algún modo o a valorar algo determinado, ten cuidado de no estar haciéndote tonto al pensar que, si haces todo lo correcto, esa persona se comportará como tú quieres. La ilusión de estar en control es creer que algo pasará cuando, de hecho, el resultado está controlado por alguien más.

Puedes preocuparte por el otro, puedes ofrecerle consejo y distintas ideas que lo apoyen, pero no *puedes controlarlo*.

Tampoco puedes hacer que le agrades a alguien más. Podrás hacer cosas para gustarle a la persona, pero serías *tú*, utilizando *tus* ideas de lo que a *ti* te gustaría de ti mismo, si estuvieras en los zapatos de la otra persona. El pensamiento centrado en uno mismo (egocéntrico) se encuentra, con frecuencia, en la depresión y es evidencia de que las personas se utilizan a sí mismas como punto de referencia. Es posible que lleguen a pensar: "Yo no haría eso a alguien, de manera que no desearán hacérmelo a mí". Entonces bajan la guardia, y se sienten devastados cuando otro les *hace* precisamente eso.

Puedo asegurarte que los demás *no* valoran lo que tú valoras *ni* ven las cosas del mismo modo que tú, y que tienen otra serie de reglas, distintas de las tuyas, para jugar el juego de la vida. Algunas veces esas reglas les permitirán comportamientos que tú censurarías, aplicando las tuyas. Si deseas ser efectivo en la relación con otros y contigo mismo, debes *aprender que los valores de los demás están determinados por su propio punto de vista, no por el tuyo.*

Si alguien más no valora lo mismo que tú o no vive de acuerdo con tus estándares, aun así puedes mantener una relación y no entrar en conflicto por esa diferencia. Si el conflicto es inevitable, puedes respetar la capacidad de esa persona para tomar sus propias decisiones y, si fuera necesario, seguir tu camino. Tratar de controlar (cambiar) sus

---

APRENDE PRACTICANDO # 54

Si fueras listo, lo verías como yo

Objetivo: demostrar las dificultades asociadas con intentar que los demás "vean las cosas como tú".

Elige un tema seguro o trivial para exponerlo, pero uno del que sepas que algún amigo tiene un punto de vista inamovible. Si tu relación es suficientemente sana como para tolerar la discusión, intenta convencerlo(a) de que cambie su opinión conforme a la tuya. Hazlo sólo con asuntos de poca importancia, de modo que no te sientas atrapado emocionalmente en la discusión. ¿Es posible cambiar lo que piensa tu amigo? ¿Cómo te sentirías si en realidad te comprometieras a hacerle creer lo que le dices?

---

sentimientos o creencias es un esfuerzo inútil, pues muy probablemente fracasarás.

Cuanto más inviertas de ti en un esfuerzo fallido, más oportunidad tendrás de sentirte perdedor y deprimido. No puedes hacer que tu hijo valore tener una habitación aseada o que le gusten las clases de química. No puedes hacer que tu pareja insensible sea más sensible o comunicativa. No puedes forzar a que alguien para que piense que eres interesante y atractivo(a). *No puedes hacer que alguien haga algo. Sólo puedes crear oportunidades y motivaciones, y luego dejar que la otra persona decida actuar.* Si utilizas una conducta coercitiva o tácticas manipuladoras para conseguir lo que deseas, podrás ganar la carrera corta, pero no la larga.

Aprende a decidir con intención aquello en que invertirás tanto tu energía como tus emociones. No es posible que sepas de antemano en qué tendrás éxito, de ello se trata la vida, que inevitablemente incluye tomar riesgos. Aunque la idea es tomar riesgos inteligentes, no descabellados. Esto quiere decir determinar, tan claro como sea posible, cuánto control ejerces en una situación.

El equilibrio del control

A partir de la relación que existe entre el control y la depresión, ya sabes que a veces la depresión surge del intento por controlar lo que

APRENDE PRACTICANDO # 55

Evaluando el control

Objetivo: solidificar tu capacidad para reconocer qué situaciones son o no son controlables. Este ejercicio está ligado al anterior en este capítulo, con el título *Evaluando el porcentaje del control*, que fue hecho en retrospectiva, mientras éste debe hacerse en prospectiva.

Selecciona *al menos seis* interacciones o situaciones por cada *día para el próximo mes* y evalúa, *anticipadamente,* cuánto control podrás ejercer en ellas. Escribe: 1) los factores que determinarán lo que suceda en la situación o interacción; 2) qué porcentaje de resultado (de 0 a 100) de control piensas tener; 3) lo que en verdad suceda; y 4) cada uno de los factores que influyeron en el desenlace. Cuando aciertes en la mayoría al predecir en el punto 3 y 4 más que en el punto 1 y 2, sabrás que tu juicio acerca de tu control es bueno. *Este ejercicio es uno de los más importantes del libro.* Espero que lo practiques con regularidad. Utiliza la guía a continuación.

Situación venidera	Factores que determinarán lo que suceda	Porcentaje del control que ejerzo	Lo que en realidad ocurrió	Factores que influyeron en lo que ocurrió
Invitar a una chica a salir	1. Invitar a la persona adecuada (alguien que no esté casada o involucrada con alguien más, etcétera)	1. 50% (si no lleva argolla, ¿cómo sabré si tiene un compromiso previo?)	Me rechazó	Acababa de salir de una relación de años y no tenía interés en salir por el momento (factor 4, correctamente anticipado como una posibilidad)
	2. Hacer la invitación de manera educada y sin que intimide	2. 100%		
	3. Sugerir una actividad específica (encontrarse para comer o tomar un café)	3. 100%		
	4. En general, su interés por conocer personas	4. 0%		
	5. El nivel de interés que muestra por mí en particular	5. 0% Resultado: ¡vale la pena intentarlo: 50% - 50%!		

PAUSA PARA REFLEXIONAR # 34

Arriesgándote

Si calculas que tienes 80 por ciento del control sobre alguna situación o interacción, ¿sería acertado o imprudente tratar de lograr que algo suceda, según tus deseos? ¿Qué sucedería si tienes 70 o 50 por ciento? Si reconoces que sólo tienes 20 por ciento del control, pero aun así deseas intentarlo, ¿te sentirías menos herido si de antemano sabías que te ibas a equivocar?

Mi respuesta: invertir 100 por ciento de tus emociones en una situación en que sólo tienes 20 por ciento del control es el camino seguro a la depresión. Si deseas arriesgarte, está bien. Pero nunca apuestes algo que no estés dispuesto a perder.

es incontrolable o controlar lo controlable. Nadie está en control todo el tiempo, y nadie está sin control todo el tiempo. Los objetivos son 1) desarrollar un modo eficiente y confiable para reconocer, *situación por situación*, como base para saber lo que es el control; 2) desarrollar una perspectiva equilibrada para, de manera preventiva, no gastar energía en una dirección fallida, y sí invertirla cuando es probable conseguir un resultado favorable. Recuerda, a menos que tengas un plan deliberado y detallado para alcanzar tus metas, tus esfuerzos pueden estar mal enfocados o mal dirigidos. Una vez que la primera ficha de dominó cae, tendrás mayor riesgo de sufrir una depresión. Por ello te he animado a tener planes concretos para llevar a cabo de manera eficiente lo que quieras obtener. Como dicen la mayoría de los agentes de seguros: "No es que las personas planeen fallar; sino que fallan en planear".

Tratar de controlar cada aspecto de la vida es, desde luego, evidencia de que no se posee mando sobre ella. Tampoco lo es perder oportunidades obvias con el fin de tomar los pasos necesarios que te llevarán a tu bienestar y a mantener el control dirigido hacia lo que consideras importante en tu vida. El equilibrio existe si tienes un sentido más claro sobre cuándo alejarte de una situación potencialmente dañina, porque reconoces que está fuera de tu control, y cuándo debes invertir tu energía y tu pensamiento en una determinada acción, porque el resultado favorable está dentro de tus capacidades.

Los ejercicios de este capítulo tienen la intención de afilar tu capacidad para reconocer cuándo puedes y cuándo no ejercer control. Si reconoces que puedes, de manera significativa, influir en el desenlace de una situación, y juzgas que la situación tiene suficiente importancia para justificar tu esfuerzo, entonces será en tu beneficio intentar que sea como lo deseas. Si, por el contrario, reconoces que ninguna cantidad de esfuerzo será suficiente para tener éxito, entonces puedes tomar una decisión consciente para ahorrarte tiempo y energía, y así prevenir la frustración y un estado depresivo.

Los asuntos de control surgirán día con día. Eso no estará bajo tu control. Lo que sí puedes controlar es *si* deseas intentar influir sobre una situación y *en qué grado* lo deseas intentar, así como *cuán concretamente* puedes definir el punto en que es mejor retirarse que inmolarse.

CAPÍTULO 10

Límites, límites, límites

Sin la habilidad para responder eficazmente a los retos de la vida, sean internos (lidiar con sentimientos heridos) o externos (lidiar con un odioso compañero de trabajo), resulta demasiado fácil hundirse en la desolación y la depresión. Por lo mismo, te he animado a desarrollar varias habilidades, como pensar críticamente, pensar con claridad, saber distinguir lo que está "afuera" de lo que está en tu mente, planear, reconocer lo que es o no controlable y saber lo que es tu responsabilidad y lo que no lo es.

Todas esas habilidades requieren la capacidad para *diferenciar*: habilidad para reconocer las diferencias entre personas, entre situaciones y entre partes de uno mismo, a fin de poder planear respuestas acordes. Cuando hacemos sobre generalizaciones ("No puedo confiar en las personas demasiado delgadas", por ejemplo), la falta de diferenciación es evidente. (Después de todo, no todas las personas delgadas son iguales.)

Donde hay diferencias, hay límites. Los límites separan los distintos elementos de una experiencia. También hacen distinción entre las personas, definiendo a cada una como un individuo específico. Los límites definen quién eres, qué papel social desempeñas en un momento dado, lo que puedes o no hacer al asumir ese papel, lo que aceptarás o no del trato de los demás y qué parte(s) de ti mismo empleas en el momento. Sin límites claros y firmes, corres el riesgo de ser víctima de los demás o de ti mismo.

En el presente capítulo, me enfoco en los límites personales. Después de haber definido el término, examinaremos los temas esenciales en la creación y la protección de *tus* límites.

PAUSA PARA REFLEXIONAR # 35

Generalizando las sobre generalizaciones

¿Por qué las personas no hacen una buena diferenciación y reaccionan ante situaciones que sólo se parecen como si fueran las mismas? ¿Puedes reconocer cuando haces una sobre generalización acerca de las personas, basándote en el género, raza, religión, estado marital, nacionalidad, nivel de educación, preferencia sexual y otras características que las definen? ¿Existen momentos en que es razonable hacer una sobre generalización?

Mi respuesta: pienso que las personas tienen dificultad para escapar de sus propios marcos de referencia. Cuando se hallan en una situación que les parece conocida, tienden a repetir conductas. Es equivalente a viajar al extranjero y, en vez de aprender las costumbres locales y sus perspectivas, juzgar todo desde tus estándares. Es preciso esforzarse para dejar de lado tu marco de referencia, así como pasadas experiencias, y responder a lo que en realidad tienes delante. Pienso que ése es el tipo de esfuerzo que la mayoría no sabe que debe hacer, de manera que una reacción automática resulta "una reacción visceral".

¿Alguna vez resultan útiles las sobre generalizaciones? Sí. Por ejemplo, una regla inviolable de conducta, como: "Nunca dejaré que abusen de mí", es absoluta y no hace distinción de contexto. (Y no debería hacerlo.) Si alguien sobre generaliza y dice: "Todas las personas deben exigir respeto fundamental a sus derechos humanos básicos", es también una sobre generalización, aunque positiva. El sistema legal de EUA también opera con base en una sobre generalización: "Un individuo es inocente, hasta que se pruebe su culpabilidad". ¿Puedes pensar en otros contextos en que la sobre generalización sea adecuada?

Definiendo tus límites

Roles en la sociedad

¿Cuántos roles sociales desempeñas en el presente? Considera algunas posibilidades. ¿Padre? ¿Hijo? ¿Jefe? ¿Empleado? ¿Amigo? ¿Colega? ¿Ciudadano? ¿Miembro de un grupo? ¿Según tu edad? ¿De acuerdo con tu género? Todos esos términos representan roles que asumes en diferentes etapas de tu vida. Cada rol tiene exigencias específicas que determinan el éxito, si cumples con ellas, o el fracaso, si no lo haces.

Consideremos el rol de un médico. ¿Qué características y conductas definen a un buen doctor? ¿Qué debe hacer siempre un doctor y qué *nunca* debe hacer? Los doctores "deben" proporcionar un cuidado de alta calidad, preciso y compasivo en respuesta a tus preocupaciones médicas. Dichas características definen los límites de una práctica médica correcta. Seducir a un paciente para tener relaciones sexuales es una clara violación a los límites. Sin embargo, hay algunos doctores (por fortuna no tantos) que "cruzan la línea" y hacen exactamente lo que nunca deben hacer: traspasar el límite que define la relación profesional doctor-paciente. ¿Dónde están los límites del doctor en un caso así? ¿Qué tendría que haber hecho para mantener los límites de una relación profesional y por qué no lo hizo? ¿Qué piensas de un doctor tal?

Considerando ese caso como ejemplo, puedes apreciar la necesidad de conocer con claridad los límites de una posición. También puedes reconocer que para mantener dichos límites se requiere fuerza e integridad personal, en especial cuando los sentimientos (como la atracción del doctor por el paciente) nos llevan a violar los límites. Es necesario ser capaz de ir más allá de los sentimientos y reconocer que lo que está en juego es considerablemente mayor que los sentimientos. (Ése es otro ejemplo de por qué he declarado a lo largo del libro que los sentimientos no siempre son confiables y por qué "seguir lo que dicten tus sentimientos" a veces es un consejo terrible.)

¿Por qué tener límites? Los límites te definen como persona, definen lo que haces (y lo que no haces) y tus relaciones con los demás. También definen tus responsabilidades personales, sociales y profesionales, así como tu grado de integridad. Si piensas en ello, gran parte del deterioro que ocurre en la sociedad se debe a que las personas ignoran o rechazan los valores positivos de los límites. Igual que el doctor carente de ética que seduce al paciente vulnerable, cuando las personas anteponen sus necesidades o deseos a sus responsabilidades sociales, los resultados pueden ser dañinos. *No porque algo sea factible, debe hacerse.* Cuando ignoramos los límites ¿es una afirmación positiva de "libertad personal"?, entonces ¿cuándo es un acto irresponsable y egoísta? No siempre es fácil determinar la línea y responder con habilidad.

¿Cuáles son *tus* límites? Son evidentes en la interacción que tienes con otras personas y en la interacción contigo mismo. En tu vida has tenido innumerables oportunidades para descubrir tus límites, aprendiendo de lo que te gusta y de lo que no te gusta, de lo que es cómodo

---

APRENDE PRACTICANDO # 56

Límites y conducta

Objetivo: ayudarte a reconocer la relación intensa que existe entre la manera como mantienes tus límites y tu grado de autoestima.

Una manera para definir tus límites es tomar en cuenta la relación que existe entre éstos y tu conducta. Regresa al ejercicio que hiciste en el capítulo 8, llamado "Manejando el conflicto en los roles" (*Aprende practicando* 45). En la columna 1 anotaste los diversos roles sociales que ocupas en el presente. En la columna 2 anotaste "Conductas exigidas por ese rol", y en la columna 3, una lista de "Conductas excluidas por ese rol". En ese ejercicio, el propósito era prepararte para poder enfrentar los conflictos inevitables entre los roles. Ahora, quiero que pienses en términos de límites y autoestima. Cuando vives de acuerdo con las exigencias de la columna 2 o cuando tienes conductas como las de la columna 3, ¿cuál es el efecto en tu autoestima?

---

o incómodo para ti, lo que es o no aceptable, y lo que estás dispuesto o no a decir, así como lo que estás dispuesto a hacer o no para los otros o para ti mismo.

Desarrollando límites

Primero aprendemos y después desarrollamos límites. ¿Cómo es eso? A lo largo de nuestra niñez, otras personas nos enseñan cómo tratar a los demás, cómo tratarnos a nosotros y cómo responder a las exigencias y expectativas de alguien más. A través de todas esas interacciones, aprendemos si somos aceptados (o al menos tolerados, amados cuando más) sólo por ser quienes somos, o si lo que valemos depende de cuánto sacrificamos para obtener la aprobación o el amor de los demás. Es más fácil construir límites cuando te alientan a conocerte y a expresarte como individuo y esa individualidad es valorada. Sin embargo, eso no quiere decir que puedes "hacer lo que te venga en gana". Idealmente, te enseñan a respetarte y aceptarte, pero no mediante actos irresponsables a costa de los demás.

Considera un simple ejemplo de fijar límites que involucra a padres e hijos. Cuando estabas creciendo, ¿tenías privacidad como miem-

bro de la familia? ¿Tenías un espacio propio? No me refiero a tu recámara, sino a un espacio para tus actividades cotidianas. ¿Podías hablar
por teléfono con tus amigos en privado, o tus padres insistían en escuchar lo que hablabas? ¿Te dejaban estar solo para hablar y jugar con
tus amigos? Si te estabas bañando, ¿respetaban tu privacidad o se en-
trometían? ¿Tenías un lugar para guardar lo tuyo, o todo lo que tenías
era de conocimiento público? ¿Hablaban abiertamente de aspectos
de ti que deberían haber sido tratados en privado, como tu cuerpo, tus
sentimientos u otros temas sensibles?

Quizá recuerdes momentos concretos cuando tus límites fueron
violados, como cuando alguien reveló un secreto; sin embargo, esas situaciones casi nunca crean problemas para establecer límites deficien-
tes. Más bien, los problemas se generan cuando creces bajo violaciones
continuas, que no te permiten desarrollar el sentido de la importancia
del ser. Un ejemplo extremoso es el incesto. ¿Cómo puedes desarrollar
un sentido de límites personales cuando el límite más fundamental, el
que prohíbe cruzar la línea física y la sexual, es arrasado por un adulto
y te hace saber que eres visto como objeto sexual a pesar de tus sentimientos? En casos así, las personas no pueden desarrollar límites
claros, porque éstos son destruidos y violados. Los resultados pueden
ser devastadores, como puedes imaginar. Esas experiencias dolorosas te
definen como un ser indefenso sin poder protegerte de intromisiones.
Es difícil encontrar algún tipo de poder en experiencias dolorosas como
ésa; usualmente sólo son destructivas y requieren gran esfuerzo sólo
para hacerles frente.

¿Recuerdas el patrón de "desesperanza aprendida" examinado antes?
Los sucesos adversos incontrolables *pueden* conducir a la depresión,
además, pueden impedir el establecimiento de límites personales que
podrían ser una defensa contra un intruso y así impedir futuras trans-
gresiones. Sin límites, hay más víctimas indefensas, más odio y más
depresión. Es esencial, como parte de *cualquier* tratamiento, incluida
la autoayuda, aprender que, aunque tus límites no hayan existido en
el pasado o no hayas podido defenderlos, en el contexto actual puedes
construir límites, protegerlos y sentirte orgulloso de tu propio valor.

Es una sobre generalización –pensamiento descuidado– creer que
porque tus límites no fueron muy firmes, no pueden serlo en el futuro. El presente capítulo es acerca de establecer límites fijos y proteger-

PAUSA PARA REFLEXIONAR # 36

Poniendo límites

El incesto es descrito como una experiencia poderosa, capaz de impedirle a uno establecer límites sanos. ¿Cuál otra experiencia podría impedir el desarrollo de límites firmes?

Conocerte y aceptarte a ti mismo, además de saber que eres apreciado por tu singularidad, son poderosos elementos para establecer límites sanos. ¿Puedes identificar otros factores que contribuyen a lograr dichos límites?

Mi respuesta: además del incesto, existen otras experiencias que disuelven límites. Éstas incluyen: 1) ser considerado o premiado sólo por hacer algo por los demás; 2) no tener privacidad personal, incluso al realizar actividades como bañarse o ir al baño; 3) no tener la confianza de los demás y explicar todo lo que se hace; 4) no ser considerado responsable y ser por completo obediente de la figura de autoridad; 5) recibir un castigo por tener autonomía de pensamiento; y 6) ser colocado en roles inapropiados, como sustituir la figura de alguno de los padres, porque ha fallecido. Tales experiencias, y muchas otras también, pueden impedir desarrollar un sentido claro de identidad.

Con el fin de conseguir límites sanos necesitas: 1) conocerte; 2) aceptarte a ti mismo; 3) ser capaz de comunicar tus preferencias, necesidades y límites; 4) contar con el contexto adecuado para ser escuchado; y 5) ser capaz de aguantar el conflicto (cuando los límites que impones resultan inconvenientes para la otra persona, y ésta reacciona de manera negativa).

los –protegerte a *ti*– de manera consistente. El primer paso es desarrollar un mejor entendimiento de lo que son los límites. Has aprendido algo acerca de los roles, ahora consideremos tu estilo para desarrollar límites.

Pensamiento global y los límites

En capítulos anteriores mencioné el estilo cognitivo global. Como recordarás, me refería a la manera en que recibes e interpretas la información. Como ejemplo, considera la manera como has estado leyendo este libro. ¿Has estado sólo echándole una ojeada (globalmente) o en realidad lo has leído? ¿Lees para obtener una idea general (global), o consideras en detalle cada idea nueva y la practicas? ¿Tienes un sentido general (global) de lo que es el libro, pero realmente no puedes recordar algo concreto, o recuerdas puntos clave y aun los ejemplos que los ilustraron?

La persona que "ve el bosque pero no los árboles" es un pensador global. Eso no es bueno ni malo, hasta que consideras las consecuencias en situaciones específicas. Quienes tienen un pensamiento global, por lo general tienen un pensamiento menos crítico; responden a la totalidad de algo sin captar que a veces las pequeñeces *pueden* arruinar la totalidad. Por ejemplo, puedes conocer a alguien sumamente atractivo –simpático, ingenioso, exitoso– pero que tiene un "pequeño" defecto: miente, evade, culpa y parece no querer responsabilizarse por nada de lo que hace; siempre es *tu* culpa. A menos que veas los "árboles" en el "bosque" en la personalidad de ese individuo, puedes con facilidad quedar atrapado en su aspecto atractivo y no ver lo que ciertamente es un "defecto fatal", que arruinará la relación o tu autoestima, o ambas.

El pensamiento global puede conducir a la incapacidad para diferenciar la imagen de la sustancia. En nuestra cultura obsesionada con las imágenes, las compañías gastan millones en publicidad para crear una imagen. Los individuos hacen lo mismo en menor escala.

Ahora, vinculemos ese concepto con la depresión. ¿Alguna vez has pensado: "*Todos* son felices, menos yo". O, "*A todos los demás* les va bien, pero a mí no". Ver sólo una pequeña parte de alguna persona y pensar que eso es *todo* lo que es, constituye una perspectiva global. Te lleva a compararte con otros en formas que inevitablemente te afligirán, porque las comparaciones están basadas en tus proyecciones, no en hechos. No conoces los pensamientos, sentimientos o circunstancias de la otra persona. No sabes qué aflicciones sufre. No conoces la historia de su vida y menos, desde luego, su futuro. Compararte con ella, con base en alguna evaluación global que la sitúa por encima de ti, es hiriente y depresivo.

Establecer límites correctos ayuda a reconocer que ignoramos las circunstancias de la otra persona y que tampoco la conocemos por completo. Los límites sanos te recuerdan que no eres esa persona, ni puedes compararte con ella de manera realista. Los límites evitan que pierdas tu individualidad, tratando de ser como alguien más. Es peligroso quererlo porque *no puedes* ser alguien más; ¡ya eres tú! Es más

---

APRENDE PRACTICANDO # 57

Identificando diferencias

Objetivo: animarte a ver más allá de las similitudes superficiales para que desarrolles un entendimiento más profundo de lo que hace que cada persona o situación sea única, por lo que necesitas adaptar las respuestas de acuerdo con tal concepto.

Notar las similitudes puede ser útil para desarrollar un entendimiento general. Sin embargo, la habilidad para detectar las diferencias sutiles requiere un análisis más profundo que también conduce a un entendimiento más profundo. Elige una categoría de experiencias similares (como fiestas sociales, reuniones de negocios, conversaciones informales, tus estados de ánimo) para analizarlas durante una semana o dos, y lleva una lista de las diferencias entre cada una. Cuando tu lista sea lo suficientemente larga como para que adviertas las diferencias, pese a las similitudes, continúa con otra categoría y haz lo mismo. *Éste es un ejercicio excelente para desarrollar pensamiento crítico*, un paso necesario para aprender a establecer límites claros.

---

conveniente esforzarte por ser lo mejor que puedas ser *tú*. Los límites te recuerdan que todo lo que es completo consta de partes; reconocer y entender cada una de esas partes es esencial para definir tu relación con ellas.

Aprender a establecer límites y a diferenciar una situación de otra son habilidades enormemente valiosas. Pienso que es desafortunado que a las personas no se les enseñe dicha habilidad temprano en la vida, porque la falta de ésta puede causar estragos más adelante. Por fortuna, establecer límites es una habilidad que puede ser aprendida en *cualquier* momento de la vida.

Aunque me he enfocado en la importancia de notar las diferencias, quiero reconocer que percatarse de las similitudes también es valioso. A veces, las personas están tan preocupadas por las diferencias superficiales que no perciben las similitudes importantes. Quizá el ejemplo más obvio sea el racismo. El color de la piel es una diferencia superficial. ¿Qué pasa con todas las similitudes que deberían impedir la discriminación entre las personas debido a diferencias raciales, de edad, de género o de preferencias sexuales?

Es importante reconocer tanto las similitudes como las diferencias. Sin embargo, casi siempre son las diferencias entre las personas y las

---

APRENDE PRACTICANDO # 58

Distinguiendo el pasado del futuro

**Objetivo: subrayar que no eres el mismo que eras antes. Tienes habilida-
des y recursos personales nuevos que puedes utilizar en beneficio propio.**

En una hoja de papel, haz tres columnas. En la columna del lado izquierdo,
haz una lista de los sucesos en tu vida que fueron dolorosos en el momento
(que pueden ser dolorosos aún.) En la columna de en medio, especifica los
recursos que te faltaban en ese momento y que te hicieron sentir afligido.
En la columna del lado derecho especifica qué recursos has desarrollado a
partir de ese momento, o estás desarrollando, que impedirían que esta situación volviera a ocurrir de la misma manera. Usa el cuadro y el ejemplo
siguientes para empezar.

Suceso doloroso	Recursos faltantes	Recursos preventivos adquiridos desde entonces
Papá me humilló fren-te a mis amigos	Agresividad	La habilidad para confrontar con-ductas insensibles o inapropiadas y soportar enfrentamientos inten-cionales

---

circunstancias lo que nos fuerza a responder en formas nuevas y creativas.
El resultado positivo es el crecimiento personal.

Límites y habilidades para separar por partes
o compartimientos

Otra consecuencia de no definir límites y resultado del pensamiento
global que tiene el potencial de deprimirte es la incapacidad para
reconocer las distintas partes de tu "ser". Es fácil llegar a creer que "yo
soy 'eso', y eso es todo". Una representación de tipo global dificulta la
posibilidad de ir más allá de lo que sientes en cierto momento y, en
consecuencia, te conviertes en tu estado de ánimo: "Estoy deprimido".*

---

* N. de las T.: En español existe una diferencia entre los verbos ser y estar. En inglés
"yo soy" y "yo estoy" significan lo mismo. El original dice: *I am depressed*, que da la idea
de que la depresión y el individuo "son" lo mismo.

Puedes convencerte de que tus sentimientos de depresión representan la suma total de tu experiencia en la vida. Tu depresión puede convertirse en el punto de referencia en cada decisión que tomes ("No puedo pensar en eso ahora; estoy deprimido"), y puede volverse el punto de referencia en el curso de cada acción que consideres tomar ("No puedo ir; estoy deprimido"). Al encerrarte en tu depresión, tu mundo puede hacerse cada vez más angosto hasta ser claustrofóbico.

¿Cómo puedes impedir que eso te ocurra? Reconociendo este hecho, sencillo pero vital: *Tú eres más que tus sentimientos. Tú no eres tu depresión; tú no eres tus sentimientos depresivos; ¡tú no eres sólo un estado de ánimo pegado a un cuerpo!*

Para apreciar el punto, debes ir de la apreciación global "propia" a un reconocimiento detallado o concreto de tus diversos componentes. Un solo componente por separado no te define. No eres tu historia. No eres tu matrimonio. No eres tu religión ni tu gobierno, y no eres tu trabajo. Todos y cada uno de los aspectos en ti que puedes nombrar —y espero que puedas nombrar varios— contribuye a conformar quien eres, en mayor o menor grado. Pero ninguno en sí te define.

Cuando te defines globalmente, tomando en cuenta una sola parte —cualquier parte— corres el riesgo de deprimirte. ¿Por qué? Porque tienes todos "los huevos de la autoestima" en una sola canasta. Definirte en términos de tu profesión puede parecer lo correcto cuando te va bien en tu profesión. Pero, ¿qué sucede si pierdes tu empleo inesperadamente? O, ¿falla tu negocio? O, ¿eres humillado? Casi siempre, la consecuencia es la depresión. *Tú eres más que tu empleo.*

Si te defines en términos de tu relación ("Soy un padre", "Soy un esposo"), cuando la relación va bien, no se escucha ni una queja. Pero ¿qué sucede cuando va mal? Aparece la depresión. *Tú eres más que tus relaciones.*

Si te defines en términos de tu historia ("Soy un sobreviviente del incesto. Soy un adulto, hijo de un alcohólico"), ¿cómo puedes trascender lo que no se puede cambiar? Una definición patológica así puede impedirte superar lo viejo y las limitaciones que te has impuesto. *Tú eres más que tu historia*

Una y otra vez, encuentro que los problemas de las personas surgen por su incapacidad para reconocer primero sus diferentes aspectos y luego usar esas partes de manera apropiada de acuerdo con situaciones diferentes. En otras palabras, las personas están enfocadas en la parte "equivocada" para la circunstancia que enfrentan. Es como usar la herramienta equivocada al hacer un trabajo de reparación.

¿Sientes que te estás acercando al punto de reconocer que gran parte de lo que se requiere para vivir bien y sentirse bien es desarrollar *todas* tus partes y reconocer cuáles son confiables en una situación determinada? Así lo espero. Sólo entonces podrás desarrollar un sentido de elección o control personal acerca de la mejor manera para responder a las diversas situaciones de la vida. *Si tienes la misma fluidez en el lenguaje de tus sentimientos como en el lenguaje de la lógica o la razón, puedes decidir cuál lenguaje hablar en un momento particular, basándote en el resultado que deseas lograr.* Para hacerlo, debes ser capaz de separar la respuesta emocional de la respuesta racional. Sólo un claro sentido de los límites personales te dará la posibilidad de hacerlo.

Ampliando este punto crucial, ¿puedes separar lo que es "mejor" de lo que es "más fácil" o "más conocido" en un contexto específico? Si eliges hacer lo más fácil, no lo mejor, ¿cómo crees que serán las consecuencias? ¿Puedes separar lo que es mejor para ti de lo que es mejor para tu hijo? Por ejemplo, por tu deseo de no estar solo, puedes sentirte mejor si se queda en casa para asistir a la escuela local. Pero ¿qué tal si en otra ciudad puede obtener mejor educación? ¿Cuál es la elección del "límite correcto"; cuál la del "límite equivocado"?

Aprender a pensar en términos de las partes que te componen y los límites asociados con éstas puede llevarte a un reconocimiento mayor: cuáles partes debes aprovechar. Eres un individuo con múltiples facetas, y cada una es una parte valiosa de un todo. Tener conciencia de uno mismo y apreciar todas nuestras partes es esencial para la autoestima y el manejo efectivo de uno mismo.

Límites y la aceptación de uno mismo

El siguiente ejercicio no sólo es útil para conocernos, sino también para aceptarnos. ¿Para qué desarrollas límites correctos y la habilidad de protegerte, si no te valoras? Hasta ahora, es posible que no hayas

APRENDE PRACTICANDO # 59

Identificando tus partes

Objetivo: realzar tu autoestima, tomando en cuenta que cada uno de tus aspectos es valioso en algún momento y en algún lugar. La destreza es saber cuál aprovechar en un momento dado.

En una hoja de papel, haz cinco columnas. En la primera, escribe una lista de, al menos, veinte "partes" o aspectos tuyos. En la segunda identifica, al menos, tres contextos en los que esa parte te sirve positivamente. En la tercera columna, especifica cómo lo hace. En la cuarta columna, identifica al menos tres contextos donde esa misma parte te sirve de manera negativa. Especifica *cómo* en la quinta columna. Espero que descubras que *ni una de tus partes es inherentemente positiva o negativa:* más bien, el valor es según te capacite para la acción o te impida actuar. Utiliza el cuadro y el ejemplo a continuación.

Mis partes	Contextos donde me ayuda	Cómo puede ayudarme	Contextos donde me daña	Cómo puede perjudicarme
Mi deseo por estar con los demás	1. Establecer amistades	1. Me permite mostrar interés genuino en los demás	1. Cuando otros están muy ocupados para hacerme caso	1. Puede hacerme sentir urgido por la cercanía con los demás
	2. Establecer conexiones de negocios	2. Me permite aprender de las experiencias ajenas	2. Cuando tengo que estar solo	2. Puede no permitirme ver los defectos de otros
	3. Estar conectado a la familia	3. Me permite crear verdadera intimidad en mis relaciones	3. Cuando otros me rechazan	3. Puede debilitar mi autoestima y hacerme dependiente de otros

tenido autoconciencia o la habilidad para escaparte de la definición unidimensional (global) que haces de ti. Pero ahora tienes la oportunidad de redefinirte y llegar a darte cuenta de que eres más que tus sentimientos o que *cualquier* aspecto tuyo. Ese conocimiento te motiva y te da un fundamento para desarrollar límites buenos para ti, y para enfrentarte a los demás. Tú eres valioso y eres el único que puede definirte como tal. Es tu responsabilidad hacerlo.

¿Necesitas sentirte valorado *antes* de poder defenderte, o te defiendes primero para poder sentirte valioso? La respuesta es, defiéndete *ahora.* Actúa pensando que eres importante y lo suficientemente valioso como para cuidarte, y luego observa lo que sucede. Con el tiempo, comenzarás a exigir mejor trato de los demás, y lo obtendrás. Te exigirás respuestas (acciones) más refinadas, te esforzarás para lograrlo y ¡lo harás! No es coincidencia que las personas con expectativas y exigencias elevadas consigan la mayor parte de lo que desean (aunque no todo). Límites buenos significa no conformarse con la mediocridad, tuya o de cualquiera.

Autoconciencia y autoaceptación es afirmar tus necesidades y deseos. Saber con claridad qué estás dispuesto a aceptar, y en lo que no tienes en absoluto intención de transigir. Hay asuntos en los que puedes considerar otra opción, como por ejemplo, dónde ir a cenar; pero no querrás ni pensar ceder en un asunto como la importancia de la honestidad entre amigos cercanos.

Es muy importante que captes la secuencia. Si esperas hasta sentirte valorado para poder establecer límites, entonces no has captado dicha secuencia. No te sentirás valioso hasta que empieces a establecer límites: para ti y los demás.

Reconocer que tienes diversas partes y aceptarlas es un fundamento importante en la toma de decisiones correctas en tu vida. Por ejemplo, si sabes que eres una persona a quien le gusta tener libertad de elección, entonces debes evitar situaciones que seguramente te encasillarían. Por ejemplo, una mujer quiere pensar que puede adaptarse a la infidelidad de su esposo porque quiere conservarlo, pero la monogamia es muy importante para ella. Mientras la mujer trata de ignorar la conducta que la lastima, se hunde en la depresión. O, el ejemplo del hombre que será transferido en su trabajo a un departamento que siempre ha detestado y trata de manejar la situación, sólo para permanecer en la compañía. Con sólo pensar en ir al trabajo por la mañana, se deprime más y más.

Perdemos oportunidades por la interminable variedad de formas que usamos para definirnos y protegernos. Los límites pueden ayudarnos a conocer nuestras fortalezas, así como las limitaciones de nuestros aspectos y, por tanto, es posible elegir con sabiduría cómo invertir el tiempo, las emociones y la energía.

Límites y cómo establecerlos

El punto anterior nos lleva a la relación directa que existe entre tener límites claros y reconocerlos en todas nuestras relaciones. ¿Cuándo debes definir y proteger tus límites? Respuesta: *¡en todo momento en que estés frente a algo que respira!* Fijar límites es esencial con respecto a tus hijos, tu cónyuge, tus amistades, tu mascota, el técnico que repara televisores, tu familia política, tus padres, la cajera, TODOS. *Instruir a las personas sobre cómo deben tratarte es tu trabajo.* Si ignoras sus tardanzas, si pasas por alto sus impertinencias, si simulas no percatarte de sus descortesías o cedes a sus manipulaciones, les estás diciendo que "está bien". Pero, yo pregunto: si te duele, ¿*está* bien? Ignorar lo que lastima es una manera de convertirse en víctima de los demás. La falta de respeto por uno mismo es tierra fértil para las semillas de la depresión.

¿Por qué te ponen otras personas en la posición de tener que definir y proteger tus límites? ¿No te molesta tener que estar en guardia y a la defensiva todo el tiempo, aun con tus amigos y familiares? Tal vez eso te enoje, pero sólo si eres tan poco realista como para creer que los amigos y la familia no debieran ser manipuladores. *¡Desde luego que pueden ser manipuladores!* ¿Por qué? Porque *todas* las personas manipulan. Y no se trata de una sobre generalización. Lo digo en verdad: todas las personas quieren obtener lo que desean, incluyéndote a ti, a mí y a las personas más buenas y sacrificadas.

Las personas siempre quieren obtener lo que desean. El vendedor quiere que compres su producto. Tu mamá quiere que estés en casa para Navidad. Tu amigo quiere que escuches su problema con toda atención. Tu jefe quiere que te sientas afortunado sólo por tener empleo. Tu hijo quiere el mejor y el último *lo que sea*. Etcétera, etcétera. Si cometes el error de tomarlo personalmente (acertijo sorpresa: ¿qué distorsión cognitiva es ésa?), no te estás dando cuenta de que las personas recurren a otros para satisfacer sus necesidades. Es normal. Tu trabajo es decidir cuán lejos estás dispuesto a llegar para obtener su aprobación o cuánto estás dispuesto a sacrificar para quitártelos de encima. La única manera de decidirlo de manera realista y desde una posición de poder es utilizar tus límites para separar lo que sería "más fácil" hacer en este momento de lo que sería "mejor" a la larga. Ceder a los berrinches de un hijo puede hacer que deje de hacerlo por el momento, pero le estás diciendo a ese hijo que un berrinche le conseguirá sus deseos. Es predecible, entonces, que otros berrinches estén en camino.

Un componente esencial para mantener buenos límites es tu resistencia ante los intentos de manipulación de los demás en beneficio suyo y a costa tuya. Si *eliges* complacer las exigencias de alguien porque beneficia a ambos, está bien. Pero si estás obligado o presionado a condescender debido a las tácticas manipuladoras de otros, sencillamente eres una víctima (siempre un sentimiento despreciable, por no decir más).

Tácticas de manipulación

Consideremos las tácticas egoístas de manipulación en detalle. Las tácticas más comunes incluyen (¡prepárate para ver todo lo que engloba la culpa!) la intimidación, el aislamiento, la seducción, los halagos, la plática superficial y la estrategia para causar lástima. Me imagino que ya conoces esas tácticas, hasta cierto punto, por experiencia personal. No es muy agradable estar en el lado receptivo de dichas tácticas, ¿verdad?

El sentido de culpabilidad es la tentativa de la otra persona para hacerte sentir responsable por no cumplir sus expectativas o necesidades. La culpa no siempre es algo malo, desde luego; la verdad es que sí tienes responsabilidades y has hecho compromisos que debes respetar, si deseas conservar tu integridad. Pero las personas te hacen sentir responsable (y culpable) de lo que no eres responsable. Por ello, en el capítulo 8 me enfoqué de manera específica en la culpa, incluidas las formas para evitar sentirla innecesariamente. Las personas deprimidas tienden a sentir culpa excesiva e inapropiada. Debido a que, con frecuencia, la culpa funciona para obtener la obediencia del otro, algunas personas la utilizan para conseguir lo que desean. Razón por la cual, tu tarea es tener claridad de lo que eres o no responsable. *No* eres responsable de asegurarte que otro vaya a hacerse su revisión médica anual. *No* te corresponde asegurarte de que otro llegue a su trabajo a tiempo. Si te engañan haciéndote creer que eres responsable por las elecciones o responsabilidades de los demás, pueden lograr hacerte sentir culpable.

La intimidación es una táctica sucia. Gritar a una persona y amenazar su bienestar (físico, emocional o económico) son tácticas intimidantes. "Si no quieres hacer esto, estás despedido" o "Si me vuelves a decir eso, te mato" son tácticas de intimidación. La táctica de intimidación más obvia son las personas golpeadas en relaciones dañinas. La violencia también es una táctica letal (si no para tu vida, entonces ciertamente para tu alma). Es la forma más brutal usada por una persona para imponer su voluntad sobre otra. Puede funcionar a corto plazo, pero garantiza la acumulación de ira y resentimiento, y provoca, finalmente, rebelión y lucha para lograr la independencia (escape).

El aislamiento "aplicar la ley del hielo" es una táctica fría (el juego de palabras no es intencional). Si una persona se queda callada y frunce el ceño, o no regresa tus llamadas, el mensaje manipulador es claro: "Nuestra relación depende de que hagas lo que yo quiero". Dicha táctica no deja espacio para la comunicación, la negociación o un arreglo posible y, por tanto, socava cualquier intento sano de expresión libre.

La seducción suaviza los sentimientos de la mayoría. Puedes tener una discusión, ligera o no tanto, y antes de llegar a una solución sustancial, la otra persona desvía la conversación y la transforma en un encuentro sexual. Y al calor de la candente situación, el punto por considerar se pierde y... ¿a quién le importa? A *ti* debe importarte porque la otra persona consigue lo que quiere, sólo porque cualquier resolución a la que hubieras podido llegar, se pierde. Hacer el amor es más bonito que las violentas amenazas, pero igual, tus necesidades siguen siendo ignoradas.

"La adulación te lleva adonde quieras" es un viejo dicho. ¿Quién es inmune a las alabanzas de los demás? A todos nos gusta el reconocimiento, ser apreciados y tratados con deferencia. Cuando nos alaban, nos sentimos bien. La tendencia natural es responder con sentimientos positivos (la persona que nos hace sentir bien, nos agrada y nuestro deseo de complacerla aumenta). Ése es el gancho, desde luego. No queremos alejar a un benefactor. Así que nos esforzamos más para mantener feliz a la otra persona. ¿Cuán lejos estás dispuesto a llegar para conseguir su aprobación? O, ¿cuán lejos estás dispuesto a llegar para evitar el rechazo? Cuando recibas alabanza o adulación sincera, sin esperar nada a cambio, disfrútala. Pero cuando hay expectativas por recibir algo a cambio, cuídate de que las expectativas no se vuelvan exigencias.

Si alguna vez has estado expuesto a la presión de un vendedor, entonces ya sabes lo que es estar inundado con datos, números y superlativos (el *mejor*, el *más*, etcétera). La persona que lleva la cuenta de todo lo que dices, para añadir un dato que justifique por qué tiene razón y tú estás equivocado, es alguien muy difícil de tratar. Con frecuencia hay, al menos, una pizca de verdad en lo que esa persona dice y te preguntas si podría realmente tener la razón. Ese momento de duda –incluso acerca de algo que conoces– puede ser suficiente para que te debilites y hagas las cosas a su manera. Así es cómo funciona la plática superficial, como táctica de manipulación. Te pone en una posición en la que tienes que dar explicaciones, mientras te contradices con ejemplos que no parecen ser ciertos. La persona sigue, hasta que dudas lo suficiente para decir: "Está bien". Para resistir, es preciso hacer un esfuerzo para que la conversación no vaya por otro camino y se desvíe a un callejón sin salida.

Uno de los aspectos más peligrosos de no fijar límites definidos es que, con facilidad, te pones en los zapatos del otro, en forma tal que esa persona querrá que la rescates de sus problemas. "¿No sientes lástima por mí? ¿Ves qué triste y patética es mi situación? Ayúdame, por favor." Si quieres que esa persona asuma su responsabilidad y respondes de manera apática, tu respuesta será tomada como evidencia de tu frialdad y abandono. Ser amable y bondadoso no es lo mismo que perderte en las necesidades de los demás. Ayudar a alguien a salir de un atolladero, en especial cuando no lo provocó, es un acto positivo. Rescatar a alguien en repetidas ocasiones de las consecuencias de sus decisiones insensatas puede parecer una solución compasiva a corto plazo, pero perpetúa su patrón de requerir ser salvado, sin haber aprendido, y además refuerza la necesidad que tiene de volver a ser rescatado. *Sucede que en el mundo, la demanda es bastante mayor que la oferta personal que podamos hacer.* Defiende tus recursos con cuidado.

Identificar las tácticas manipuladoras comunes puede ser una experiencia enriquecedora. Puedes detectar las malas intenciones a tiempo. Puede ayudarte a responder de manera efectiva, manteniéndote firme en tu posición.

PAUSA PARA REFLEXIONAR # 37

Ellos te manipulan, tú los manipulas...

De las tácticas de manipulación descritas en esta sección, ¿a cuáles eres más vulnerable? ¿Por qué es así? ¿Tienes ahora ideas nuevas de cómo resistir esas tácticas?

¿Cuál táctica es más probable que uses para salirte con la tuya? ¿Te das cuenta de que esas tácticas pueden revertirse? ¿Cómo puedes enfrentar a los demás de manera más directa?

Cuando estableces límites y los proteges, aprendes de la respuesta de la otra persona. Pese a la decepción que pueda sentir, ¿puede respetar las líneas que has trazado? Si la respuesta es sí, entonces es una persona con la que puedes contar, una persona que tomará en cuenta tus deseos. Es el tipo de persona que quieres en tu vida. Quizá quiere (lo más probable es que así sea) hacer las cosas a su manera, y tú, a la tuya, pero respetará tus deseos y tú los de esa persona. (¡Asegúrate de hacerlo! Ése es un compromiso sano.) Si la respuesta es no, entonces esa persona no te conviene, es alguien que tratará de usarte, de tomar sin dar a cambio. *No* quieres ese tipo de personas en tu vida. Como he dicho, es tu responsabilidad proteger tus límites y conservar relaciones sanas, pese a los intentos de los demás por comprometer tus necesidades para satisfacer las propias.

Inevitablemente, tus límites serán puestos a prueba cientos de veces al día. Espero que ahora sepas lo que se necesita para que te aceptes, te respetes y te protejas en tu viaje por el complicado mundo en que vivimos.

Capítulo 11

Amor que hiere, amor que sana: relaciones y depresión

En este capítulo expando lo dicho en el anterior al centrarme en los patrones de las relaciones que, con frecuencia, son problemáticas para los individuos con depresión. Los patrones que sigues para relacionarte, con seguridad, son bastante parecidos a los que describo en este libro: la acción que tomes puede variar desde ser muy efectiva en conseguir resultados deseables, como mantener una relación íntima sana, hasta ser inoperante. Mi objetivo es acentuar la necesidad de *guiar de modo activo la dirección de tus relaciones,* de manera que sean más satisfactorias. Algunos patrones que describiré están relacionados con temas considerados antes, en especial el control y la responsabilidad. El mal manejo de esos dos temas no sólo es potencialmente dañino en el nivel personal, sino puede resultar costoso en términos de tus relaciones con los demás.

Mantener relaciones positivas y sanas con otros es vital para tu bienestar general. Quizá te resulte obvio que las buenas relaciones no "sólo suceden". Más bien, tenerlas depende de una variedad de destrezas relevantes. Aunque, por desgracia, las destrezas necesarias para construir y mantener dichas relaciones satisfactorias parecen perder importancia en EUA. El alto índice enfrentado por los estadounidenses indica la problemática de las relaciones. Otro indicador es el aumento en los índices de problemas como el abuso infantil, la violencia doméstica, las batallas por la custodia de los hijos, así como la discriminación. Éstas y otras complicaciones sugieren que, en el presente, los individuos enfrentan tiempos más difíciles que antes para llevarse bien.

Es difícil desarrollar un sentido de seguridad personal por el hecho de que vivimos en una sociedad de "usar y desechar", como los encendedores y las cámaras desechables y, por desgracia, también los matrimonios y las familias, que entran en tal clasificación. ¿Cómo podemos sentirnos seguros de no perder una relación, cuando el riesgo de per-

PAUSA PARA REFLEXIONAR # 38

¿Cómo manejas tu enojo?

¿Qué dices o haces cuando te enojas con alguien a quien estimas? ¿Dices algo que amenace su seguridad? O, ¿son sugerencias que indican voluntad para lidiar con los problemas de manera realista, al mismo tiempo que respetas su valor e integridad? ¿Atacas a la persona o su trabajo para resolver el asunto? Conforme notas el efecto que tienes sobre otros, deseo que sientas mayor responsabilidad acerca de cómo es tu trato, y exijas que también te traten con el mismo respeto.

derla pende de nuestras cabezas? Si deseamos que la relación dure, cada miembro de la pareja debe ser especialmente cuidadoso, *con el fin de proteger el sentido de seguridad de la otra persona.* Por ejemplo, si tienes el impulso de salir de tu hogar en medio de una discusión, el mejor y más sano ejemplo que puedes dar a tu pareja es quedarte y tratar de dirigirte a los problemas de manera racional. Quizá tu impulso sea herir a la otra persona, haciéndole sentir celos o temor, pero si, al contrario, la abrazas, el mensaje de que te importa será muy poderoso. El enfoque sobre límites en el capítulo anterior, en especial la discusión acerca de aprender a distinguir entre una respuesta rápida, una fácil y una óptima, toma relevancia en este punto. Una relación sana requiere que ambos integrantes tengan límites precisos acerca de la importancia de lo que puede o no decirse, y lo que puede o no hacerse cuando se enojan.

Todo individuo tiene necesidades que pueden ser satisfechas sólo en el contexto de una relación con otra persona. Tus necesidades de apoyo emocional, intimidad y la expresión de tu sexualidad son satisfechas a tu entero gusto en una relación con alguien con quien te sientes a gusto. Cuando tus necesidades *no* son satisfechas, te frustras, y ello amplifica tu urgencia por encontrar cómo satisfacerlas. Conforme aumenta tal urgencia, también estarás más propenso a cometer errores de juicio acerca de cómo poder satisfacer tus necesidades. El error más común es uno que puedes evitar: intentar que tus necesidades sean satisfechas mediante una relación con alguien que no es capaz o no tiene deseos de satisfacer dichas necesidades.

Expectativas acerca de los demás

Tus expectativas acerca de los demás, ¿son realistas y adecuadas? Tal vez tus expectativas en la relación que mantienes son muy elevadas, muy bajas o demasiado irrelevantes para que una determinada persona las cumpla. Si tus expectativas son inadecuadas o poco realistas, principalmente porque están basadas en lo que tú deseas, más que en lo que la otra persona puede ofrecer, entonces te arriesgas a ser decepcionado. Si no reconoces que tus expectativas son irreales o inadecuadas, entonces sólo estarás consciente de tu decepción o tu enojo, porque tus expectativas no fueron cumplidas.

Cuando te explicas la razón por la que tus expectativas no fueron satisfechas, ese razonamiento puede llevarte a mayor aflicción, más allá que tu decepción original. Puedes culpar al planeta por ser un sitio hostil, que no es posible predecir ni manejar y, por tanto, asumir la posición de una víctima sin esperanza. O puedes culparte al concluir que no eres merecedor de que tus necesidades sean satisfechas. Con certeza, tal modo de pensar refuerza la pobre imagen que te has formado de ti mismo y también forma más expectativas de fracaso y ser rechazado. ¿Notas cuán importante resulta tu interpretación de las circunstancias y cómo influye en tu modo de sentir y de actuar? De ahí mi interés por hacer énfasis en la relevancia de aprender destrezas para que las interpretaciones sean correctas.

Algunas personas intentan protegerse de la decepción no teniendo expectativas. ¿Puedes reconocer dicha estrategia como un ejemplo de la distorsión cognitiva de la sobre generalización? Apartar de un solo golpe el valor en potencia de las expectativas es una manera de con-

---

APRENDE PRACTICANDO # 60

Definiendo las necesidades de tu relación

Objetivo: ayudarte a edificar relaciones con características claras, sólidas en vez de en un contexto global, como debido a la "química".

¿Qué puede darte una relación que tú no puedas conseguir? Haz una lista por escrito de tales aspectos y luego define cada uno. En tus definiciones, nota si las palabras que utilizaste son concretas y específicas ("buen contacto visual"), o globales y abstractas ("más integridad"). Define en términos claros y prácticos lo que quieres decir con cada palabra o frase. Luego haz una lista de acciones específicas que tu pareja podría llevar a cabo si fuera a proveer lo que quieres.

---

ducirte bastante alejada de la realidad, contraria a aprender a ser realista con respecto a tus expectativas. Si deseas mantener el intercambio equilibrado de una relación sana, será necesario tener *algunas* expectativas en tu relación con los demás, así como que en tus exigencias hacia los demás seas capaz de ser realista y pertinente (¿notaste que utilicé deliberadamente la palabra "exigencias"?). Una expectativa realista debe representar un intercambio adecuado entre tus necesidades y la capacidad de la otra persona por satisfacerlas, tanto como tu capacidad por satisfacer las de ella.

¿Es posible que un solo individuo satisfaga tus necesidades, y tú satisfacer las de él? Quizá no sea realista que aguantes la carga ni tu pareja por "tener que hacerlo todo". Resulta más realista reconocer que una variedad de necesidades pueden ser satisfechas de distintas maneras. De ti y de tu pareja depende la decisión conjunta para determinar cuáles necesidades son mejor satisfechas dentro de la relación, y cuáles lo son fuera de ésta. Ten en mente que, con el fin de lograr una verdadera intimidad, la seguridad y el bienestar de cada parte debe ser protegida con sensibilidad. Para que una relación perdure, la actitud ideal de cada una de las partes debe dar importancia mutua al bienestar general del otro, más que a cualquier asunto o problema concreto. Una actitud tal conlleva el mensaje "tú y yo contra el problema", más que "tú en mi contra".

Conocer las necesidades personales

Es difícil satisfacer tus necesidades si no sabes cuáles son. Ciertamente, para tener una relación satisfactoria, es preciso *reconocer* cuáles son tus necesidades, *aceptarlas* como una parte básica y válida de quien tú eres, así como *valorarlas* ante los demás porque son importantes. Piensa en lo que necesitas de una relación: honestidad, seguridad, amor, pasión, aventura, monogamia, diversión… *Cualquier* aspecto que valores en una relación, será el valor legítimo *para ti.* Puedes y tienes derecho a cumplir tus deseos.

Aquello que valoras y a lo que das importancia es correcto para ti. Desde luego, el hecho de que tengas tales deseos y los valores no es garantía de que tu pareja también los desee y valore. Las relaciones pueden dar un giro negativo cuando algo que tú valoras es devaluado o incluso ignorado abiertamente por tu pareja. Reconocer que tus necesidades son válidas resulta vital para la aceptación de ti mismo. Te permite tomar la sana postura de esperar que tus necesidades sean reconocidas y atendidas por tu pareja. Es tu labor educar a tu pareja acerca de ti y tus necesidades, así como del tipo de entorno en que vives. En esencia, te toca dar un "manual de uso" a tu pareja, que le enseñe quién eres, cómo es tu mundo interno, y tu manera de percibir y actuar. Al hacerlo, haces posible que tu pareja se relacione contigo positiva, efectiva y amorosamente. El valor del proceso que ocurre en la etapa de las "citas" es la ayuda que te da para conocer a la otra persona *antes* de estar demasiado involucrado emocionalmente.

Descalificar o reducir tus necesidades, enfocándote, por el contrario, en las necesidades de la otra persona, es una estrategia fallida. Para que una relación tenga vitalidad y sea sana, debe existir un elevado nivel de responsabilidad compartida, así como sensibilidad entre las partes. Con ello no quiero decir que deben ser exactamente iguales, aunque casi siempre las personas *son* atraídas entre sí por las similitudes que perciben. Más bien deseo resaltar que existe un buen equilibrio cuando cada parte es sensible y reacciona ante las necesidades del otro. La estrategia es que *ambas* partes den para recibir. Si pudiéramos "congelar" la interacción, uno quizá esté dando mientras que el otro recibe. Pese a que, en general, en una relación debe existir el equilibrio.

APRENDE PRACTICANDO # 61

Escribe tu manual de uso

Objetivo: organizar tus percepciones acerca de quién eres y qué requieres; escribir lo anterior de manera que puedas transmitir esa información a los demás.

Quizá te parezca extraño, pero imagina que eres un artículo que alguien acaba de comprar. La persona abre el empaque y te encuentra dentro; encuentra un manual de uso adherido a ti. ¿Qué dirá ese manual? Escribe un manual de uso (guía) con tu "uso y cuidado adecuado". Debes estipular cuánta comunicación necesitas, cuánta diversión y entretenimiento, ejercicio, estímulo intelectual, relaciones sexuales, contacto social y cuantas otras cosas más puedas pensar. Al hacerlo, será evidente para ti que nadie puede saber lo que necesitas hasta que tú lo especifiques.

Si te sitúas en el papel de "salvador" o de "mártir", siempre sacrificando tu bienestar en aras de alguien más, entonces la experiencia te llevará a ignorar que eres responsable de ti mismo. Sacrificarte implica que la otra persona tiene más valía que tú. Es difícil sentir que vales en una relación que ha sido construida con base en el reconocimiento de que sólo una de las partes es valiosa.

Ten cuidado de no pensar en términos de todo o nada. No estoy sugiriendo que nunca te sacrifiques por alguien más. Lo que sugiero es relativo a una relación unilateral, en que una de las partes es utilizada y no recibe nada o muy poco a cambio.

Un aspecto del papel de mártir, a menudo relacionado con la depresión, es la tendencia a proteger a los demás de la propia depresión. En realidad, ese patrón de conducta no es totalmente insensato, porque el individuo con depresión se entera (no de la mejor manera, tarde o temprano) que a nadie le gusta oír sus problemas personales. Sin embargo, en el contexto de una relación íntima, con un amante, un amigo o un miembro de la familia, tener reserva para expresar los pensamientos o sentimientos impide la cercanía. Quizá resulte peor guardar silencio, porque impide tener otras perspectivas de tu situación, puntos de vista que podrían ayudarte más allá de los tuyos. Creo que una de las razones de que las personas en una relación estén menos

PAUSA PARA REFLEXIONAR # 40

Si lo guardas para ti, siempre lo tendrás

¿Puedes ver cómo alguien que se guarda lo que piensa no reconoce que sus pensamientos son distorsionados y se arriesga a seguir deprimido? ¿Qué te sugiere acerca de la importancia de aprender otras perspectivas para romper los patrones de la depresión? ¿Hablas con alguien más acerca de lo que te sucede internamente?

Mi respuesta: el objetivo no es sólo hablar, desde luego, sino recibir retroalimentación útil de alguien que sea, tanto perceptivo, como un apoyo para retar tu manera de pensar de modo que constituya una ayuda. Tal como has aprendido, permaneces en la oscuridad acerca de tus puntos ciegos. Los demás pueden ayudarte a aprender y comprender aspectos útiles que quizá no has notado en ti.

deprimidas es porque consideran el punto de vista de los demás y eso previene quedar atrapado en las propias atribuciones depresivas.

Asumir el papel de "víctima" es otro mecanismo para negar tus necesidades. Cuando tomas una postura indefensa, muestras incapacidad para hacer valer tus necesidades. De modo tal, terminas construyendo, sin intención, una relación en la que tus necesidades serán ignoradas. Negarte a ti mismo anima a los demás a dar por sentado que das permiso para que te traten mal. Si exiges poco o nada a la otra persona para que te tome en cuenta y sea sensible a tus necesidades, es como decirle: "Mis sentimientos en realidad no son importantes". Confía en mí, ¡no querrás entrenar a tu pareja para que te desatienda!

Conocer y aceptar tus necesidades es un reconocimiento y una afirmación de tu individualidad. No es asunto de decir: "¿Es correcto que necesite o quiera esto?". Más bien debes afirmar: "*Como* deseo y necesito esto, así es como quiero ser tratado". Velo de este modo, es tu responsabilidad tomar en cuenta y afirmar tus preferencias, sentimientos y necesidades. Ten en mente que sólo porque comunicas tus deseos no significa que conseguirás lo que quieres. Si tu pareja es incapaz o renuente por responder a tus necesidades, dichas necesidades no serán satisfechas. Por ello es importante saber si tu pareja tiene el deseo y la capacidad para satisfacer tus necesidades. Sigue leyendo para que conozcas cómo puedes determinar lo anterior.

Evaluando a los demás

¿Cómo saber si puedes confiar en alguien? ¿Qué criterios *concretos* utilizas para determinar si una persona puede ser confiable? Si tu respuesta es una variante a "porque confío en mi instinto", estás mostrando evidencia de una distorsión cognitiva de un "razonamiento emocional". Depender únicamente en tu instinto es evidencia de que tu reacción está dirigida a ti mismo, *no* hacia la otra persona.

Si te enfocas hacia tu interior, en tus instintos o algún otro estado interno, estarás propenso a no entender la información externa que podría sugerir una reacción distinta o, quizá, una elección diferente. El hecho de que los individuos puedan estar tan absortos con sus puntos de vista, es precisamente lo que limita su habilidad para leer y manejar las situaciones de manera más objetiva. Cuando las cosas no marchan bien, pueden cometer errores de juicio, que en el pasado los han llevado a sentirse más deprimidos.

No es posible ser efectivo al alternar con otras personas, si estás enfocado hacia tu interior. En su lugar, como estrategia general, es importante que centres tu atención en el exterior al conocer o tratar por primera vez a alguien. En concreto, observa los atributos, valores y patrones de la persona para poder desarrollar con rapidez un firme sentido de quién es y la manera en que se conduce. Incluso, aunque no te sientas así en este momento, la mejor postura que puedes tomar al conocer a alguien nuevo es suponer que *tú estás bien y que tu labor es averiguar quién es la otra persona.*

Evaluar a los demás puede parecerte un punto de vista frío y clínico. Sin embargo, la necesidad de reconocer qué es lo que le importa a la otra persona y lo que es capaz de hacer es de vital relevancia al determinar el tipo de relación que podrás establecer con ella. Tener una idea clara de las características concretas que debes tomar en cuenta cuando conoces a alguien, te dará estructura para entender mejor quién es el otro y estarás en una posición más firme para determinar el tipo de relación, de desear alguna, que esperas establecer. La decepción es un tema común entre mis pacientes con depresión. Me indica cuán frecuente cometen el error de no ver el tipo de personas con quienes se relacionan, casi siempre porque las ven como les gustaría que fueran y no como en realidad son.

APRENDE PRACTICANDO # 62

Aprendiendo a evaluar a los demás

Objetivo: ayudarte a "leer" a los demás para determinar con mayor certidumbre qué esperar de ellos. Ésta es una herramienta preventiva que puede ahorrarte dolor y decepciones.

Cuando te encuentras con alguien por primera vez y empiezas a formarte una opinión de él, ¿qué rasgos tomas en cuenta para juzgarlo? Divide una hoja de papel en cuatro columnas; apunta los nombres de personas a quienes recién conociste. En la segunda columna anota una afirmación general (global) de tu impresión acerca de cada persona. Después, en la tercera columna, describe *en detalle* lo que esa persona dijo o hizo para comprobar tu juicio. Cuando esa columna esté detallada y definida, sabrás que tu destreza para evaluar ha mejorado. Ahora, en la cuarta columna, especifica lo que aún no sabes de la persona y que puede, con el tiempo, ser importante. Utiliza la guía y los ejemplos a continuación.

Individuos que conocí recientemente	Mi impresión global de él/ella	Observaciones concretas que guiaron mi evaluación	Lo que no sé de él/ella y que puede ser importante
Juan Pérez	Es un sujeto agradable	Me ayudó a cambiar mi neumático pinchado; se quedó hasta ver que estuviera bien; expresó su preocupación por mi seguridad; me recomendó un lugar donde podrían repararlo	No sé nada acerca de él: lo que hace, lo que valora, ¡nada! Que lo consideres "agradable" casi no dice nada acerca de cómo se comporta en otras situaciones

A continuación presento algunos rasgos y conductas que pienso te serán útiles al evaluar a otras personas. No estoy sugiriendo que pongas a las personas bajo el reflector y las interrogues, utilizando herramientas de tortura, sino que observes y pienses lo que implica aquello que escuchas y ves.

Control

¿Intenta la persona imponerte sus estándares y valores, o te respeta como eres? Si sientes alguna sutil, o no tan sutil, presión que, de alguna manera, te indica que debes "ser diferente", entonces ten cuidado. Es posible que esa persona quiera controlarte para que veas o hagas lo que ella considera adecuado, dándote el mensaje de "Tú no estás bien". En el grado en que te haga saber algo como: "No estarás bien a menos de que seas como yo quiero", será el grado en que estarás recibiendo mensajes negativos e hirientes. Si se trata de una retroalimentación sobre algo que debes cambiar, bien. Pero si es algo con lo que tú estás bien y la otra persona no, debes tener cuidado.

Si sientes la necesidad de tener a esa persona a tu lado, sin importar que te diga que no estás bien, estarás eligiendo permanecer en un entorno que dañará tu autoestima. El entorno más favorable en el cual coexistir con otra persona es aquel en que ambos reconocen sus diferencias, pero pueden aceptarlas en vez de utilizarlas como municiones para dañarse. La idea general es que las dos partes sean más fuertes juntas que separadas.

Asuntos de responsabilidad

¿Acepta la otra persona su responsabilidad? O, ¿culpa a otros de manera consistente por cualquier cosa que le sucede? Considera el escenario siguiente. Una mujer soltera se encuentra socialmente con un hombre en una cita para comer. Después de un rato, ella pregunta: "¿Has estado casado antes?" Él contesta: "Sí, de hecho, he estado casado en tres ocasiones". De forma casual, quizá ella pregunte qué sucedió con esos matrimonios. "Bueno, mi primera esposa me atrapó porque quería huir de casa de sus padres. Mi segunda esposa me engañaba con todos los tipos del pueblo, y mi tercera esposa era una interesada; sólo andaba tras mi dinero".

Si conoces a alguien parecido y sientes lástima por él porque ha tenido "tan mala suerte en el amor", necesitas volver a leer los últimos capítulos. Si conoces a un hombre como ése, mi consejo es ¡corre! ¡No termines tu comida, sólo corre! La explicación del hombre sobre sus tres divorcios en términos de "culpar, culpar, culpar" es una evidencia contundente de que es un individuo irresponsable. En ningún momento de la explicación aceptó tener alguna responsabilidad por sus elecciones para casarse, ni demostró su parte en el rompimiento de esos matrimonios. Si encuentras un individuo irresponsable como el del ejemplo, debes alejarte. Pero si ya tienes cerca a alguien parecido (tal vez en el trabajo), mantén una relación superficial. No esperes que de pronto se convierta en un sujeto responsable si ello no es parte ya de sus características. Es posible que la transformación suceda, pero sólo en raras ocasiones. Enseñar a ser responsable a quien es irresponsable es uno de los retos más difíciles para la psicoterapia. La razón de la dificultad es que la persona irresponsable no quiere asumir la presión extra que conlleva ser responsable. No nos sorprende.

Uno de los temas que trato en la terapia de pareja, tomando en cuenta el desequilibrio que primero la lleva al conflicto y, consecuentemente, a terapia, se ubica alrededor de la responsabilidad. Por ejemplo, un miembro de la pareja desea examinar algún asunto; el otro, no. Uno quiere culpar al otro por los problemas y, con frecuencia, la otra parte es tan ingenua que acepta la culpa. La responsabilidad en *cualquier* relación es el prodigio de compartir. No importa cuán inteligente o fuerte seas, sólo constituyes la mitad de la relación con otra persona.

Habilidades para resolver problemas

¿Encaras directamente los problemas y demuestras la habilidad para lidiar con ellos, o los niegas e intentas escapar para no verlos? Así como la vida nos lanza problemas, lo mismo sucede en una relación. Que existan problemas en una relación no es inusual. Pero como sí existen, resulta especialmente importante contar con dos soluciones efectivas, enfrentarlos de manera realista y conjuntamente. Si una de las partes desea resolver los problemas, pero la otra sólo quiere divertirse, ese desequilibrio puede resultar fatal para la relación. ¿Tiene la persona, al menos, destrezas relevantes para resolver problemas, como la habilidad para atender las situaciones desagradables de modo expedito y directo?

La situación contraria también existe. En particular, los individuos con depresión se enfocan tan estrechamente sobre los problemas, que parecen olvidar cómo relajarse y divertirse. Es importante solucionar los problemas, pero también situarlos en compartimientos de manera que no siempre estén asomándose. Antes de etiquetar al otro como un incompetente para lidiar con los problemas de manera eficaz, debes ser realista y tratar de evaluar si estás creando penumbra y fatalidad en la relación (que la otra persona está tratando de evitar). La diversión es tan importante como necesaria; es *fun*damental.*

Destrezas para comunicar

¿Eres capaz de expresar tus sentimientos, necesidades o puntos de vista? O, ¿mantienes la boca cerrada al punto de crear incertidumbre e inseguridad acerca de la mejor manera en que alguien más pueda relacionarse contigo? Bastantes personas no expresan sus sentimientos. Para algunos es porque su destreza para comunicarse nunca fue apoyada en su familia. Para otros, es porque casi no tienen qué decir. Expresar tus pensamientos, así como tus sentimientos de modo claro y directo presupone perspicacia y conocimiento para comunicarlos. Algunos individuos carecen de perspicacia y conocimiento y *no serán capaces* de obtenerlos. No todos tienen un sentido profundo de su identidad.

Un escenario común en la terapia es la mujer que continuamente presiona al marido para que se exprese. *Asume* que se retrae de decir las maravillas que en realidad piensa y siente. Ella se siente dolida por ese retraimiento, y se atormenta por el silencio, cuando, en realidad, él *no* está siendo retraído y se muestra como es. ¡Lo que ella ve es lo que hay! Alguna vez alguien dijo, con bastante sarcasmo: "Si caminas por el océano del alma de la mayoría, casi no te mojarás la planta de los pies". Suponer que todo el mundo tiene pensamientos o sentimientos profundos es una suposición fallida. Numerosas personas son notablemente superficiales y no tienen percepciones ni agudeza. Tampoco una genial organización de la manera en como llevan su vida.

Antes de buscar perspicacia y sinceridad, resulta ventajoso *buscar evidencia* de que existe algo más profundo esperando por ser descubier-

---

* N. de las T.: En inglés, la palabra *fun* significa diversión y el autor la destaca para hacer énfasis en lo importante que es divertirse.

to. No supongas que, si haces lo correcto, el otro revelará toda suerte de "maravillas". Tal vez no haya gemas por desenterrar y suponer que las hay es potencialmente peligroso. Lo anterior es un ejemplo de lo que quise decir cuando te advertí que no era buena idea usar tu marco de referencia para evaluar a los demás. Las personas no son, necesariamente, iguales a ti, y pueden, de hecho, ser bastante diferentes. ¡Mantén ojos y oídos abiertos!

Consistencia

¿Coinciden tus acciones con lo que dices? O, ¿existe incongruencia entre lo que expresas y lo que haces? ¿Recuerdas el concepto de la disonancia cognitiva? La disonancia cognitiva, como medio para mantener las percepciones básicamente sin cambio, admite distorsiones en la imagen de uno mismo. Ello también, como recordarás, puede incluir la distorsionada percepción de uno mismo. Antes expuse la disonancia cognitiva especialmente en el contexto de que alguien se forme una percepción negativa de sí mismo y, sobre esa base, hace a un lado la retroalimentación contradictoria, aunque positiva.

Ciertamente, la imagen que un individuo tiene de sí mismo puede estar distorsionada. De hecho, es justo decir que, en cierto grado, casi *todas* las imágenes que las personas se forman de sí mismas están distorsionadas. Si conoces a alguien que te dice: "Soy un individuo sensible", sólo está diciendo cómo se ve a sí mismo. Tal revelación *no* dice si en verdad es una persona sensible. Es posible que la persona que hace tal afirmación sea, en realidad, abusiva. *Nadie* se anima a decir: "Hola. Soy malo, insensible y trato muy mal a las personas". Reaccionar sólo a lo que alguien dice es omitir la dimensión más importante de lo que la persona *hace* en realidad. Hablar *es* sencillo, pero las acciones *hablan* más alto que las palabras.

Si sientes la urgente necesidad de involucrarte emocionalmente con alguien, estarás más propenso a reaccionar sólo a sus palabras. Después de todo, no habrás tenido tiempo de verlo actuar y lo que sepas de él será por lo que te haya dicho. ¿Recuerdas la exposición sobre la frus-tración que deviene de la poca tolerancia? De ahí el gran interés

---

APRENDE PRACTICANDO # 63

Evaluando a las personas significativas en tu vida

Objetivo: ayudarte a tener un pensamiento crítico acerca de las personas importantes en tu vida y a evaluar la calidad de su influencia en ti.

Nombra, al menos, a doce personas en tu vida que tienen o han tenido influencia sobre tu desarrollo personal. Utilizando los cinco patrones descritos antes en esta sección (control, responsabilidad, solución de problemas, habilidades para la comunicación y consistencia), de una escala del 1 al 10, evalúa la fuerza o debilidad personal en cada patrón. Como resultado de tales destrezas o debilidades, ¿cómo influyeron en tu desarrollo? ¿Qué efecto tuvo su manera de ser en tu relación con ellos? ¿Qué características te animan a adoptar sus patrones? Sé concreto. En consecuencia, ¿estás más satisfecho de como eres, o menos?

---

que pongo al pedirte que tengas paciencia cuando empiezas a conocer a otra persona. Así estarás en mejor posición para entender el grado de consistencia que existe entre lo que la persona dice y lo que hace.

Existe un fenómeno que los psicólogos llaman "el período luna de miel", que hace referencia a la tendencia de compartir "la mejor cara" con alguien que apenas conocemos. Desde luego, lo hacemos para conseguir crear una imagen positiva de uno mismo. Quizá la otra persona hace lo mismo. De ahí que, cuando inicias una relación, especialmente, aunque no sea invariable, en el contexto sentimental, también veas la mejor cara del otro. En una primera cita, tal vez la persona no se muestre conflictiva, sarcástica, crítica o inconsiderada, a menos que esas características sean una parte tan marcada de su personalidad que no pueda reprimirlas. Sin embargo, la mayoría tiene suficiente delicadeza para no exteriorizar esas partes hasta sentirse a salvo para dejarlas salir.

Nada puede ser más importante que tomarse el tiempo necesario para conocer a alguien en distintas situaciones (con las amistades, a solas en situaciones no planeadas, a solas en situaciones planeadas). Sólo con el tiempo y viviendo distintas situaciones te será posible desarrollar algún discernimiento de la consistencia de su trato y con cuánta destreza responde a las exigencias de su vida.

Construyendo una relación sana

Habrás notado que en el título de esta sección usé el término "construir". Lo hice deliberadamente para hacer énfasis en que una relación sana no "sucede" de manera espontánea. Las imágenes creadas en las películas románticas y en las series de televisión no retratan la vida real. Las parejas no terminan alegremente y sin esfuerzo viviendo siempre felices y libres de problemas.

Es necesario tener determinación para guiar una relación hacia un rumbo progresivo y positivo. Al principio, el primer rumbo incluye establecer patrones sanos para relacionarse. Llevar eficazmente una relación presupone que no eres una víctima (pasividad, desesperanza). Desempeñar el papel de víctima depresiva te sitúa en mayor riesgo de perder oportunidades para dirigir tu relación. Es entonces cuando la relación pierde su curso, quizá tanto que, con el tiempo, se autodestruye.

¿Lo conocido atrae lo similar?

Como regla general, los optimistas no disfrutan estar con los pesimistas. Las personas que no están deprimidas encuentran debilitante estar cerca de quienes sí están deprimidas. ¿A quién quieres atraer a tu vida y por qué?

El tipo de relación que te gustaría tener con otra persona es algo que debe ser pensado de antemano para que puedas determinar qué partes de ti compartir y en qué orden. ¿Debes construir una relación con otra persona depresiva con base en una negatividad compartida? ¿Debes construir una relación con alguien que "hace el bien", basándote en tu necesidad de infundir lástima, por tu necesidad de tener a alguien que escuche tus quejas? Iniciar una relación con base en la negatividad, la lástima y las quejas es, casi siempre, un mal paso. Establecer una relación sobre una base negativa, incluso si al principio se siente bien compartir tu negatividad, significa que hay dos personas reforzando algunos de los peores patrones de cada cual. En esencia, es "el ciego guiando a otro ciego" cuando dos personas deprimidas intercambian historias de aflicción y angustia. No descalifico el valor de tener a alguien para escucharnos y apoyarnos durante los tiempos difíciles. Sin embargo, estoy seguro que una relación basada únicamente en negatividad y lamentos compartidos contiene las semillas de la destrucción.

Es mejor construir una relación teniendo en mente un futuro positivo. Después de todo, la depresión no siempre estará presente. Tener como meta un objetivo mutuo para compartir buenos ratos *—y dedicar esfuerzo para lograrlo—* fomenta el desarrollo de una relación más equilibrada y positiva. He conocido muchas parejas cuya relación comenzó en medio de una crisis personal (pérdida de un empleo, un divorcio). Tales personas hicieron bien al sentir conmiseración por la otra, pero no tienen idea de cómo divertirse. *Nunca subestimes el valor de la diversión en tu relación.*

La receta es divertirse

Valoro la capacidad para resolver problemas adecuadamente, pero el equilibrio de una relación resulta cuando la diversión es también una prioridad. Numerosas parejas deprimidas refuerzan la depresión del otro. Al no poner atención en la necesidad de divertirse, de comodidad y recreación, el énfasis estará en "un profunda exploración de los asuntos importantes". Tal irrefrenable seriedad crea un aura de intensidad alrededor de la relación que la debilita. El equilibrio deviene de compartir seriedad, pero también de entregarse a actividades superficiales, que no tienen mayor significado que el del disfrute. Mi consejo es que te atrevas a ser superficial. Atrévete al absurdo a veces, en vez de estar siempre desmenuzando la profundidad de lo intrincado de la vida. La vida no supone una carga.

Las personas con depresión son incluso intolerantes a lo que perciben como superficial. Muchas consideran de poco valor tales experiencias, pensando que son inútiles. Un sistema de valores tal, puede conducirte a querer tener acceso directo a los sentimientos profundos de una persona al momento de conocerla. En general, ésa es una mala estrategia. ¿Por qué? Con el fin de contestar esa pregunta, es necesario entender con claridad el proceso de desenmascararse.

APRENDE PRACTICANDO # 64

Aprendiendo el valor de la diversión

Objetivo: subrayar la verdad fundamental de que hacer algo para sentirte bien sí es posible.

¿Qué haces para divertirte? ¿Lo haces con frecuencia o sólo de vez en cuando? Haz una lista con *al menos* veinte actividades que realices para relajarte y como diversión. Identifica las que requieran planeación y cuáles puedes hacer de manera espontánea. Identifica las actividades que requieren gastar dinero y aquellas que son gratis. Al final, apunta la última vez que participaste en tal actividad. Si hace mucho tiempo, te preguntarás por qué no haces más seguido lo que te gusta y disfrutas.

Ten a mano este apunte para la próxima vez que te sientas sin vigor y busques algo que te haga sentir mejor. Procura tener en tu vida oportunidades para disfrutar y contrarrestar el énfasis depresivo de tus problemas.

Utiliza la guía y los ejemplos a continuación.

Actividades divertidas que me gusta hacer	Actividades que prefiero hacer solo	Actividades que prefiero hacer en compañía	Actividades que requieren planeación	Actividades que puedo realizar de manera espontánea	Actividades gratuitas	Actividades que cuestan dinero	¿Cuándo fue la última vez?
Caminata	No	Sí	Sí	Sí	Sí	No	Hace dos fines de semana
Escuchar música	Sí	No	No	Sí	Sí	No	Esta mañana
Equitación	No	Sí	Sí	No	No	Sí	Hace tres meses

Desenmascararse es un arte

¿Cómo sabes cuánto revelar de ti mismo a otra persona? ¿En qué momento hacerlo? ¿Es mejor ser un "libro abierto" al relacionarse con otros? ¿Es mejor ser reservado y discreto? Ésta es la respuesta: "Todo depende del resultado que desees obtener". Si deseas encontrar a alguien compasivo que te escuche o guarde, como cofre, tus secretos y problemas, con seguridad eso te pondrá en contacto con un surtido de "salvadores". Existen salvadores a quienes les encanta ayudar. Aunque una relación establecida sobre una base tal, se convertirá automáticamente en una de "víctima-salvador" que reforzará los roles negativos de las partes.

Es posible desenmascararse de manera selectiva en un ritmo determinado por dos factores clave: 1) de acuerdo con un ritmo que sea razonable en el contexto; 2) al ritmo en que la otra persona también se desenmascara. ¿Cómo puedes decidir lo que es razonable? Si se trata de una relación de negocios, mantienes tu vida personal fuera. Si es una relación profesional, mantienes tu vida personal fuera. Si es una relación casual, mantienes los temas íntimos fuera. Recomiendo que revises lo dicho previamente acerca de fijar límites para definir tus relaciones. Muchas personas están ávidas por compartir información personal antes de que la relación esté suficientemente establecida para soportar el peso de las revelaciones. Dicha relación se derrumba antes de que cualquiera de las partes sepa si la otra puede aceptar esa información íntima. Cuando la relación se desploma, una de las partes puede sentirse que ha sido maltratada, malentendida, no tomada en serio y se deprime. Tanto las esperanzas como las expectativas se vienen abajo. Aunque, ¡la razón de que todo se viniera abajo fue el exceso de factores integrados muy pronto a la relación!

La urgencia para que una relación "suceda" aumenta la probabilidad de cometer errores en cuanto al peso y calidad de lo que se revela. La solución es ir despacio. Ten paciencia y toma el tiempo suficiente para conocer la capacidad de la otra persona para relacionarse, abrirse y aceptarte como eres. La idea es *desenmascararse a un ritmo gradual, que añada profundidad a la relación*. La palabra clave en la frase anterior es "gradual". No es posible que hagas sentir de inmediato al otro que es tu amigo; ello tomará algún tiempo, si tiene el potencial de ser —en verdad— un gran amigo. El proceso requiere paciencia (tolerancia a la frustración) para permitir que la relación crezca a lo largo de varios meses.

Te animo a esforzarte para alcanzar el ideal de una relación cercana con alguien que te aprecie y acepte como eres. Cada vez que te desenmascares, corres el riesgo de ser rechazado. Por ello, precisamente, debes revelar sólo algunos aspectos en un ritmo gradual. Date cuenta de si esa persona te acepta o si, conforme haces revelaciones, sientes que te está juzgando mal y te envía mensajes de que considera que tú no estás bien y deberías ser diferente. No permitas que la amenaza del

PAUSA PARA REFLEXIONAR # 41

¿Eres fácilmente manipulado?

Piensa en las últimas tres veces en que te sentiste manipulado por alguien. ¿Qué táctica utilizó? ¿Cómo te hizo sentir acerca de ti mismo por haberte dejado manipular? ¿Por qué tuvo efecto la manipulación? Tal manipulación, ¿funciona todas las veces? De ser así, ahora te es posible reconocer de qué manera inadvertida, y por no fijar y reforzar tus límites, permitiste que la otra persona fuera manipuladora.

rechazo te controle. De igual forma, no inviertas tiempo en alguien que te permite controlarlo. "Tomar y dar" en proporciones relativamente equitativas es la esencia de una relación sana.

Conclusión

Tomar conciencia de y practicar las destrezas presentadas en este capítulo, sin duda te conducirán a desarrollar relaciones mejores y más satisfactorias. Tener una buena relación con los demás es una fuente maravillosa para sentir satisfacción y tranquilidad, pero es sólo una parte de tu vida. Si tu completa autoestima o tu sentido de bienestar dependen de una relación, entonces estás supeditado a tomar en cuenta factores que no están completamente bajo tu control.

APRENDE PRACTICANDO # 65

Detalles específicos de la manipulación

Objetivo: ayudarte a reconocer de inmediato las tácticas de manipulación y, por tanto, evitar sucumbir ante ellas.

Esfuérzate en observar a distintos predicadores por televisión. Dado que la principal motivación es reunir dinero, ya sabes lo que se espera de ti. Haz una lista de dichas tácticas (culpa, miedo, etcétera), que cada predicador utiliza para tratar de librarte de alguna cantidad de dinero. ¿Qué imágenes y frases emplea y qué comportamiento adopta en cada táctica?

APRENDE PRACTICANDO # 66

¿Cómo manipulas a los demás?

Objetivo: **nadie está exento de utilizar tácticas de manipulación para obtener lo que desea. Este ejercicio tiene la intención de ayudarte a reconocer la influencia que tienes sobre otras personas, y ayudarte a determinar si dicha influencia es positiva, como quisieras que fuera.**

¿Cuáles son las tácticas que *tú* utilizas para conseguir lo que deseas? ¿Utilizas maniobras compasivas, de culpa, retraimiento, intimidación? Si te sientes suficientemente valiente, pregunta a las personas más cercanas a ti sus observaciones sobre lo que haces para obtener lo que quieres de ellas. Puedes, incluso, ir más allá y preguntar lo que sienten por ti. Debes estar preparado para oír detalles que no sean particularmente de tu agrado, aunque escucharlos puede ayudar a que tu relación consiga mayor nivel de integridad.

Pensar de manera global puede haberte conducido erróneamente a creer que las buenas relaciones son producto de una buena "química" o factores vagos parecidos. De hecho, las buenas relaciones requieren destrezas concretas; no sólo "suceden". Como casi todo de lo que he hablado en este libro, el éxito en las relaciones deviene de tomar los pasos necesarios para establecer patrones sanos, que hacen posible todo lo bueno.

Capítulo 12

Navegando por el mundo de la terapia

Mi intención es que éste sea un libro de autoayuda, y aunque espero que ayude a todos quienes lo lean, en mayor o menor grado, no sería realista creer que puede ser efectivo en *todos* los casos. Como expliqué al principio, la depresión puede variar tanto de persona a persona, que sería más preciso hablar de *depresiones*, en plural, más que tratarlo como un solo trastorno. Si has leído el libro con cuidado, y has tenido una experiencia activa con los ejercicios y las ideas, pero encuentras que tu depresión continúa, no significa que no haya remedio. Sin embargo es señal de que tu experiencia de la depresión es complicada y puede requerir consideración adicional.

Si tal es el caso, sería aconsejable buscar la ayuda de un profesional, alguien que te anime a continuar el proceso de recuperación que has iniciado. Un psicoterapeuta capacitado puede identificar lo que es útil en tu caso y, mediante un enfoque personalizado, llevarte a la recuperación. Después de todo, la depresión no es necesaria ni inevitable. Pero sí necesita ser atendida desde un ángulo que *funcione*.

Para la mayoría, no resulta sencillo alejarse de su habitual forma de percibirse a sí mismo y a su situación, para hacerlo desde otra perspectiva. Todos tendemos a vivir en nuestro mundo interno y dentro de nuestros marcos de referencia, a menudo con la complicación de encontrar en nosotros algo de objetividad. Sin embargo, dicha objetividad es deseable para examinar tus percepciones, y desarrollar nuevas y mejores formas de responder a sentimientos o situaciones viejas.

Incluyo el presente capítulo, que trata acerca de buscar ayuda profesional, no sólo para animarte a continuar con tu recuperación, sino por tres razones adicionales. Primero, tal como indican las estadísticas, sólo la cuarta parte de los individuos deprimidos recurren a un tratamiento profesional. A veces, esto se debe a diagnósticos equivocados, pero con frecuencia es debido a la evidente desesperanza que causa el trastorno. La actitud de "¿Para qué me molesto? Nada me va a ayudar", ha sido retada varias veces a lo largo del libro y aquí lo hago de nuevo. El tratamiento profesional funciona y funciona bien. Pero no sabrás cuánto puedes mejorar y sentirte mejor si te das por vencido aun antes de tratar, descartando la posibilidad de la ayuda con la actitud de "¿Para qué me molesto?"

Segundo, es verdad que los profesionales de la salud mental no han sabido tratar adecuadamente algunos problemas psicológicos. Por fortuna, la depresión *no* es uno de ellos. Los profesionales de la salud mental tienen amplios conocimientos sobre la depresión y su tratamiento efectivo. Puedes volver a leer el capítulo 2, donde describí el cúmulo de información existente sobre el éxito de algunos tratamientos. El porcentaje de personas que reciben tratamiento es alto. Realmente puedes esperar resultados positivos cuando permites que los profesionales capacitados hagan el trabajo para el que fueron entrenados.

Tercero, varias personas deprimidas consideran buscar ayuda profesional, pero se ven tan agobiadas con la tarea de encontrar a un psicoterapeuta calificado que se dan por vencidas, incluso antes de empezar. (¿Reconoces el pensamiento global?) Con base en los puntos expuestos en el presente capítulo, habrás obtenido el conocimiento básico suficiente acerca del proceso terapéutico para poder ser competente al buscar ayuda profesional para ti o para alguna persona cercana que consideras que está deprimida.

Cuándo buscar ayuda

¿Cómo sabes cuándo buscar ayuda profesional? Como respuesta general, *debes buscar ayuda profesional antes de que tu situación empeore.* Para ser más específico, hay al menos cinco factores por considerar cuando estás decidiendo si debes buscar tratamiento profesional.

Pensamientos o sentimientos suicidas

Si con frecuencia te encuentras pensando acerca de la muerte, cómo matarte o del alivio que sería estar muerto y no tener que enfrentar la angustia, entonces tienes pensamientos suicidas. No deben preocuparte, pero si has tenido esos pensamientos a menudo, es un argumento legítimo de preocupación. Si se trata de pensamientos vívidos, detallados, al grado de pensar formas específicas de cómo acabar con tu vida y las consecuencias que tu muerte acarrearía, entonces dichos pensamientos suicidas son una razón más poderosa para darles atención inmediata, además de buscar una terapia.

Al suicidio se le ha llamado, con precisión, "la solución permanente a un problema temporal". Creer con desesperación que tu futuro sólo guarda más aflicción, es un pensamiento depresivo distorsionado. El suicidio es una solución global irreversible y terrible para problemas específicos. Si tienes ciertos rasgos suicidas, te exhorto a buscar terapia *de inmediato*, donde tus pensamientos y sentimientos autodestructivos puedan ser atendidos y resueltos tan pronto como sea posible. *Piensa de manera preventiva.*

Cuando la depresión aguda se vuelve crónica

Si tu depresión tuvo un comienzo rápido después de un suceso traumático (como la muerte de un ser amado, el rompimiento de una relación importante, la pérdida del empleo, una enfermedad o accidente o *cualquier* otro suceso personal angustiante), entonces tu depresión, aunque dolorosa a corto plazo, podría considerarse una respuesta normal ante circunstancias dolorosas. Sin embargo, si interpretas tus sentimientos de manera incorrecta y la depresión se alarga más allá de un tiempo razonable —de unas cuantas semanas a unos cuantos meses— entonces es probable que una situación aguda (corto plazo) pueda estarse convirtiendo en una situación crónica (largo plazo).

La mayoría de quienes sufren un episodio depresivo recuperan su nivel normal de funcionamiento en unas cuantas semanas o unos cuantos meses, cuando mucho. Sin embargo, algunos individuos parecen no recuperarse por completo. Si sientes que tu experiencia de la depresión está durando más de lo debido o te preocupa que vaya a ser así, sería sabio buscar la opinión de un profesional. O, si reconoces que estás haciendo declaraciones o tomando decisiones negativas durante la depresión ("Nunca volveré a ser feliz"), entonces será importante buscar a alguien que te rete a pensar con mayor claridad.

Ruptura en tu estilo de vida

Si tu experiencia de la depresión es tan severa que perjudica tu habilidad para funcionar bien en diversas áreas de tu vida, mejor será *buscar ayuda antes de que las situaciones se deterioren aún más.* Perder tu matrimonio o tu empleo, abusar de tu cuerpo o salud física por las drogas o la apatía debido a la depresión, sólo aumenta tus problemas. Toma medidas *ahora* para prevenir una espiral descendente, que te causaría más daño y aflicción de lo que la depresión te ha causado.

Poniendo a prueba la realidad

Si estás en una posición de aislamiento relativo, si no tienes una persona cercana con quien hablar de tus pensamientos y sentimientos, entonces no tendrás con quien llevar a cabo una "prueba de realidad". Probar la realidad quiere decir verificar tus percepciones, tomando en cuenta el punto de vista más objetivo de alguien más. Si consideras todos los patrones del pensamiento distorsionados descritos en el libro, debe ser evidente para ti que hablar con alguien que tenga una opinión objetiva puede resultar extremadamente valioso para tu recuperación. Un buen terapeuta puede ser un compañero valioso para probar la realidad, en particular si tiene experiencia en reconocer las distorsiones comunes en el pensamiento de personas deprimidas.

Conseguir alejarte de tu marco de referencia (deprimido) puede estar fuera del alcance de tus capacidades en este momento, por lo que debes buscar a alguien que te ayude eficazmente. Una persona fuera de tu marco de referencia puede proporcionar la frescura de una nueva retroalimentación, más de las que tú puedas generar. Una mirada fresca a tus problemas permite soluciones nuevas. Además, relacionarte con una persona a quien le importas, y contar con el compañerismo que se genera a partir de una buena terapia, tiene cualidades curativas que van más allá de lo que tú puedes apreciar solo. (Y si los problemas en tus relaciones son la causa principal de tu angustia, ¿cómo resuelves esos problemas *por ti mismo*?)

Síntomas extremos

Como has aprendido, varios de los síntomas asociados con la depresión pueden existir en el nivel psicológico. Si estás gravemente deprimido –incapacidad para dormir bien, falta de apetito, falta de energía, incapacidad para concentrarse o sólo sentirse miserable– entonces puedes beneficiarte de las intervenciones más inmediatas de tipo biológico, como los medicamentos antidepresivos. En el capítulo 2, presenté información actual sobre la efectividad de los medicamentos antidepresivos. Dichos psicofármacos pueden ayudarte a alcanzar un estado más receptivo en cuanto a los beneficios adicionales de la psicoterapia, la que te recomiendo seguir simultáneamente.

Una vez que tomes la decisión de buscar tratamiento profesional, necesitarás una estrategia que te ayude a encontrar ayuda competente. La información de la sección siguiente puede serte útil.

En busca de un terapeuta

Por desgracia, en el momento en que quizá estás menos motivado y menos energía tienes, es cuando más necesitas la energía para buscar un terapeuta. Encontrar un buen terapeuta no siempre es una tarea fácil. Hay varias preguntas por formular, varios factores que tomar en cuenta y muchas posibilidades por considerar. Ciertamente, con base en lo que ahora sabes acerca de la depresión, puedes ver que la terapia puede (y debe) ser activa *y* breve en la mayoría de los casos. También sabes que es innecesario repasar los detalles interminables de la infelicidad de tu pasado, a menos que necesites explorarlo o ventilar tus sentimientos al respecto. Sabes que enfocarte en la herida, el enojo o en cualquier otro sentimiento negativo puede amplificarlo y aún así cabe la posibilidad de que no aprendas alguna habilidad nueva o corrijas alguna distorsión. Por tanto, es razonable pedir información específica a los terapeutas potenciales sobre el tratamiento que utilizarían para tu depresión.

Una buena manera para comenzar tu búsqueda es mediante una referencia. Tu médico familiar puede conocer psicoterapeutas con quienes refiere a sus pacientes. Con frecuencia, es más probable que los doctores que tienen un punto de vista exclusivamente médico o biológico recomienden un psiquiatra y el uso de la medicación antidepresiva. Está bien, pero aún necesitarás a un terapeuta con quien hablar, si el psiquiatra que ves no emplea la psicoterapia. Puedes tratar el asunto con amigos o parientes en quienes confíes y que hayan tenido experiencia con la terapia.

Cuando hagas contacto con el psicoterapeuta, puedes pedir cierta información básica, como el grado académico del terapeuta (*cuál* grado avanzado tiene uno no importa tanto, pero tenerlo *sí* es importante), si tiene una licencia otorgada por el Estado para practicar la psicoterapia, y qué técnica usualmente involucra su tratamiento con pacientes deprimidos. (Acude sólo con un terapeuta clínico reconocido.) No es realista esperar que un terapeuta hable mucho tiempo contigo por teléfono, pero es razonable pedir unos cuantos minutos de su atención para obtener cierta información básica y una muestra de su comportamiento profesional.

Puedes preguntar el tiempo promedio que dura el tratamiento, el costo por sesión, si algún seguro médico cubre el costo (y si es así, qué porcentaje de deducible tendrías que cubrir), cómo será evaluado tu progreso en la terapia, la frecuencia de las sesiones y la disponibilidad general del terapeuta en las citas regulares.

Una vez que obtengas ese tipo de información, puedes decidir programar una primera cita. Durante esa cita, quizá describas tu experiencia de la depresión, incluidos los síntomas, lo que piensas de la depresión, lo que ya has hecho para tratar de superarla, etcétera. También durante esa sesión, tendrás una idea, a partir de la manera como el terapeuta responde, si será capaz de proporcionarte apoyo, retroalimentación, dirección, actividades estructuradas para que las aprendas y otros elementos clave de una terapia exitosa.

Ten en mente que puede ser difícil para ti, aunque evalúes de manera sensata la posibilidad de trabajar eficazmente con un terapeuta, que varias de las distorsiones cognitivas y patrones negativos en tus relaciones se entrometan en la relación terapéutica, ya que son parte de tu depresión. Por tanto, tomando en cuenta la retroalimentación que recibes de tu terapeuta, es importante que te mantengas atento a tu necesidad para fijar límites, evitar el razonamiento emotivo y precipitarte en hacer conclusiones y no personalizar.

Si encuentras que tu respuesta a esa persona, por cómo te trató, es negativa o si sientes que su grado de conocimiento no es suficiente para satisfacer tus necesidades, entonces no sólo es deseable sino *necesario* que entrevistes a otros terapeutas. No te dejes manipular por la "palabrería psicológica" del terapeuta que intenta convencerte de que es tu depresión la que te impide formar una relación terapéutica significativa con él. Para conseguir el éxito de tu terapia, es muy importante que te sientas valorado, apoyado y que tu crecimiento constituya un reto positivo para tu terapeuta. Definitivamente, debes sentir que tu terapeuta está de tu lado, en especial cuando tratas temas difíciles.

Una relación basada en una terapia es un tipo especial de relación, aunque debe seguir varios de los mismos principios de otras relaciones positivas y sanas. Un buen terapeuta es, de varias maneras, un educador, *no* un padre sustituto. Es importante tener las mismas expectativas de aceptación y respeto en la relación de terapia que deseas en cualquier relación. De ahí que sea imperativo tener claros tus límites. Tú eres la mitad de la relación con el terapeuta, de modo que, pese a que el terapeuta sea experto en un área de vital interés para ti –en especial, la depresión– *no* es base para que él descalifique o ignore tus necesidades o puntos de vista. Después de todo, tú conoces tu experiencia, tus antecedentes y tus pensamientos mejor que cualquier otra persona. Tú eres experto en ti. Es tu trabajo instruir al terapeuta sobre quién eres y cómo actúas para que él tenga idea de dónde y cómo intervenir. Si el terapeuta insiste repetidas veces en hablar de algo que para ti es irrelevante o innecesariamente doloroso, puedes decirlo. Sé un participante activo en tu terapia.

La relación de terapia debe ser confidencial; lo que digas sobre ti *debe* ser, tanto por ley y código profesional, guardado en la confidencialidad más estricta. Sólo hay dos excepciones en que la confidencia puede ser rota: si el paciente amenaza con causar daño a él o a alguien más; y si está abusando de un menor o de una persona de edad. Por tanto, para todo propósito e intención, nada de lo que hables debe ir más allá del conocimiento del terapeuta. Cuando el terapeuta proporciona un ambiente de seguridad en donde puedes explorar percepciones distorsionadas, creencias deprimentes y patrones que te limitan y, además, te enseña habilidades efectivas para manejar tu vida, recuerda que la posibilidad de tu recuperación será enorme.

También vale la pena recordar que la relación está basada en *tus* problemas y necesidades. Puedes desempeñar un papel activo en la dirección del tratamiento, aunque puedes no saber qué necesitas aprender o cuál es la mejor manera de hacerlo. La terapia no es algo que se *te* impone. Es un proceso en el que tú participas. Tu introspección, tu disposición para hacer revelaciones y tu afán por llevar a cabo tareas terapéuticas con intención son esenciales para tu progreso. Una de las paradojas más grandes en el mundo de la terapia es que aun el mejor de los terapeutas puede ayudar únicamente hasta donde el cliente lo permita.

Es pertinente repetir que las terapias son tan subjetivas como los terapeutas que las practican. Ningún psiquiatra puede predecir con exactitud cómo responderás a un medicamento particular y ningún psicólogo puede predecir con exactitud cuánto tiempo te llevará aprender una habilidad nueva. Como en todos los aspectos expuestos a lo largo del libro, si pruebas algo y no funciona, haz algo diferente. Si vas a terapia, date una oportunidad razonable para probar que sea exitosa. Debes esperar ver algunos resultados positivos después de seis a doce semanas de tratamiento. Si la experiencia prueba no ser benéfica, no hagas una sobre generalización ni distorsiones la situación, suponiendo que es una declaración negativa del valor de *toda* la terapia. Tampoco debes personalizar, de manera distorsionada, que la terapia funciona para todos los demás, pero que tú no te puedes beneficiar de ésta.

Ahora tienes varios criterios explícitos para ayudarte a ser un consumidor inteligente de los servicios terapéuticos. Existen innumerables terapeutas talentosos y capacitados. Con un poco de persistencia y cierto conocimiento de tus necesidades y, por tanto, del tipo de enfoque al que mejor respondes, no tengo duda en que encontrarás la ayuda de calidad que deseas obtener.

Capítulo 13

Continuando con tu vida

En este último capítulo podrás utilizar todo lo que aprendiste acerca de la naturaleza de la depresión y su tratamiento para constatar que tendrás menos episodios depresivos y dolorosos en tu vida. En este breve capítulo deseo reunir toda la información para dejarte con el firme sentido de lo que debes hacer para romper con los patrones de la depresión.

Continuamente, la vida nos presenta retos a todos. Ello nos hace vulnerables al dolor de sentirnos deprimidos, cuando no podemos cumplir nuestros deseos o, peor, cuando nos ocurre una catástrofe. Aunque pueda sonar trillado, es verdad que: *Cuando todo se cae a pedazos, existe la oportunidad para reconstruir.* ¿Deseas sólo sobrevivir, o transformar tu vida en una experiencia maravillosa?

El primer paso que debes dar para manejar bien tu vida es reconocer, lo antes posible, las señales de peligro que indican que algo importante sucede y requiere tu atención. Las malas experiencias pueden no convertirse en vivencias terribles, si reaccionas rápido y de manera efectiva para atajarlas. El capítulo sobre la orientación hacia el futuro debe serte útil para lograrlo. *Recuerda siempre que prevenir, como primera elección, será tu mejor decisión.*

Factores de riesgo

Un "factor de riesgo" existe, cuando algo aumenta la posibilidad de que ocurra o vuelva a ocurrir un problema o reto particular. Por ejemplo, así como sabemos que fumar es dañino y pone a las personas en el riesgo de sufrir cáncer de pulmón, también estamos conscientes de que hay factores de riesgo que pueden detonar una depresión.

A lo largo del libro, el énfasis ha sido identificar los patrones más comunes para interpretar y reaccionar ante las experiencias de la vida. Quizá ya te sea evidente lo que implica reconocer tales patrones como factores de riesgo para sufrir una depresión. *Cualquier* patrón que refleja un desequilibrio en un área importante de tu vida, te sitúa en peligro de sentirte deprimido. La depresión acontece cuando eres incapaz de encontrar en ti los recursos necesarios para lidiar con las exigencias que enfrentas, sean éstas internas o de origen externo. En un sentido amplio, puede decirse que *cualquier* patrón que te conduce a pensar que la vida tiene un enfoque "unitalla", significa un riesgo. Espero que, para este momento, sepas el valor de adaptarte con eficacia al entorno siempre cambiante que es tu vida.

Cada distorsión cognitiva representa un estilo característico de tu modo de pensar que, dado que es por naturaleza automático (inconsciente), puede surgir en cualquier momento y causarte, en consecuencia, aflicción. Aprender a reconocer de manera expedita, correcta y activa las distorsiones cognitivas asociadas con la depresión, es un reto continuo. ¡Tienes la oportunidad de hacerlo casi a cada momento en que estás vivo, por favor hazlo!

El estilo atributivo, como segunda serie de factores de riesgo, también es relevante. En la medida en que hagas atribuciones erróneas para explicar acontecimientos negativos –de origen interno ("Yo lo provoqué"), de permanencia ("Siempre será así") y globales ("Arruina toda mi vida")–, estarás personalizando asuntos que *no* son personales, asumiendo que lo que te hiere, siempre lo hará, y que de manera inevitable afectará cualquier tentativa tuya para que no sea así. La depresión será la consecuencia predecible, si buscas explicar lo que sucede en tu vida con patrones erróneos.

Un tercer factor de riesgo se relaciona con tu grado de adaptación personal. La habilidad para moldear tu experiencia y crear nuevas experiencias es el eje de tu salud mental, más que mantenerte pasivo, esperando ser moldeado por los acontecimientos. Debes ser capaz de reconocer *inmediatamente* y de manera *flexible* cuándo es momento de intentar "hacer algo diferente". Si de modo automático descartas ideas o experiencias que entran en conflicto con tus creencias, o si impides a otras tener acceso a tus pensamientos y sentimientos, entonces, por no tomar en cuenta a los demás, nunca expondrás tus ideas a un cuestionamiento útil. Al hacerlo, estarás atrapado en tu propio marco de referencia, manteniendo, inadvertidamente, tu incomodidad.

La vida también nos presenta oportunidades para buscar y vivir situaciones nuevas; cada nueva experiencia nos da ocasión para desarrollar nuevos recursos internos. Son dichos recursos (como la habilidad de enfrentar riesgos, aprender nuevas destrezas, anticipar consecuencias de nuestras acciones, atender y resolver problemas, entre otros) a los que todos debemos acudir para responder a las exigencias de la vida. Ya cuentas con características excelentes, así como con buenos recursos, y cada día estarás en posición de desarrollar aún más. Cuando observes cómo te conduces en tu vida, manejando todo con destreza, descubrirás lo bien que te sentirás de vivir como has deseado.

Lo que *no* debes hacer

A lo largo del libro he puesto énfasis en lo que es posible hacer con dedicación para que, de manera deliberada, puedas ayudarte. Sin embargo, en esta sección deseo ofrecerte una breve lista de lo que *no* debes hacer si deseas superar la depresión. Conforme llegues a cada punto, podrás reconocer cómo se relaciona con mi previa exposición del tema. De no ser así, ¡vuelve a leer la sección!

No te quedes a vivir en el pasado

El pasado ya ocurrió, y tu historia no puede ser cambiada. La depresión no trata de lo que sucedió en el pasado; es acerca de la manera en que interpretas esos acontecimientos y las destrezas que no tenías en el momento para enfrentarlos. Lo que ahora importa es lo que suceda mañana y el resto de tus mañanas. Haz cambios *ahora* y aprende habilidades *hoy* para que todo mejore de aquí en adelante. Aprende *cómo* superar las enseñanzas del pasado que fueron dañinas, erradas o inefectivas. Enfocarte en el pasado *no* te enseñará nuevas destrezas; sólo es un refrito de material viejo. Mira hacia delante, porque el mañana no ha llegado aún y las posibilidades son maravillosas.

No te compares con los demás

Eres un individuo único, aunque pueda sonar trillado. Al compararte con otros, te distraes de lo inmediato que debes hacer, que es identificar experiencias concretas con que *tú* debes contar y las destrezas que *tú* necesitas aprender para avanzar en *tu* vida. *Siempre* habrá personas que sean un poco mejor o peor que tú; la tarea en que debes ocuparte es en desarrollar tu potencial tanto como te sea posible. Tú eres único, y no hay nadie más igual a ti, de modo que sé lo mejor que puedas.

No crees o permanezcas en posibilidades negativas

Pese a que es bueno anticipar bloqueos a tus planes, la perspectiva más amplia debe ser aquello útil que puedas hacer, no evitar lo negativo. Quienquiera que haya dicho: "Los obstáculos son aquello que miras cuando desvías la mirada de tu objetivo", definió correctamente la idea. Tus metas ayudan a definir tu carácter, el propósito de tu vida y dan energía al optimismo de que "una buena vida" está a tu alcance. Apunta al blanco.

No dejes de decir o definir lo que es importante

Has aprendido que es necesario hacer lo abstracto más concreto; en la vida diaria definir con mayor claridad lo global. Deja las filosofías abstractas acerca del "significado de la vida" para aspectos que no son necesarios para tu bienestar. Ya que todas las situaciones influyen directamente en tus sentimientos —tus relaciones, tu salud, tu empleo— deben estar bien definidas y manejadas con eficiencia. Mantente enfocado en aplicar tus destrezas. Si no sabes *cómo* hacer algo, aprende. *¡No te des por vencido!*

No rechaces tus aspectos básicos

Cada parte que te conforma es valiosa en determinado grado, y en ciertos momentos. Más que tratar de "deshacerte" de alguna a la que has etiquetado como "mala", será más ventajoso reconocer y aceptar su presencia. De modo tal, podrás descubrir en qué circunstancias concretas pueden serte útiles. Por ejemplo, sentir "enojo" no es "malo". Es una emoción necesaria y básica. Sin embargo, hacer una rabieta no es una manera efectiva de lidiar con tu enojo. Aprender cuándo y cómo mostrar adecuadamente el enojo (así como otros sentimientos) es una destreza invaluable para mantenerse sano. Conoce tus aspectos o partes que te caracterizan y disfruta descubrir cómo cada uno es una faceta tuya. Recuerda siempre que tú eres *más* que las partes que te componen, sea en conjunto o por separado. Cuando hayas dominado ese concepto, no tendrás otra alternativa más que darte cuenta de la grandeza que hay en ti.

No ignores tus necesidades

Como has aprendido, en ocasiones la depresión deviene de un desequilibrio del mundo interno, porque has invertido más y en mayor grado en los demás o en situaciones externas (como conseguir un ascenso en el trabajo). La necesidad de equilibrar tus necesidades contra las de los otros resulta vital para mantener una buena salud mental. Los demás importan, pero no estarás en posición de ayudar si tú no te atiendes primero.

No ignores la realidad para seguir ciegamente tus deseos

Enfocarte sólo en tus metas y deseos y excluir la realidad del entorno en que vives, significa que estás respondiendo ineficazmente al mundo que te rodea. Recuerda: no siempre puedes confiar en tus sentimientos. Éstos pueden engañarte, de modo que fórmate el hábito de "comprobar la realidad". Busca las evidencias, escucha con detenimiento a lo que dicen las personas (y lo que no dicen), y mantén tus sentimientos y reacciones a un lado hasta que tengas claridad de lo que está sucediendo. Un pequeño "control de tus impulsos" puede llevarte muy lejos.

No te rindas

Hacer el esfuerzo y fallar, en cualquier forma en que el fracaso sea definido, resulta indudablemente doloroso. Lo que deseas hacer con seguridad es posible. El éxito o el fracaso son consecuencia de una estrategia (serie de pasos) que seguiste para conseguir un resultado. Si intentas algo y fallas, no te rindas y no sólo te esfuerces en tratar lo mismo. *¡Haz algo distinto!* Si ves que otros tienen éxito, eso querrá decir que es posible lograrlo. Si no sabes qué hacer, encuentra a alguien que te enseñe. *Si fallas, no es reflejo de tu capacidad, sino de la manera en que lo intentaste.* Resulta de vital importancia que continúes haciendo el esfuerzo, y hacerlo de modo inteligente, enfocándote. Cuando no sepas qué hacer, consigue ayuda; eso es una respuesta mucho más efectiva que darse por vencido y asumir que no podrás tener éxito. Nadie tiene éxito en todo lo que intenta. Como dijo Tomás Edison: "La genialidad es como cinco por ciento de inspiración y 95 por ciento transpiración".

No dejes tu tiempo sin estructura

El tiempo puede ser tu mejor aliado, dependiendo de cómo lo utilices. Con dedicación, da estructura a tu experiencia diaria para que puedas lucir lo mejor de ti. Por ejemplo, si te sientes excepcionalmente bien estando en contacto con la naturaleza, entonces sal al aire libre tantas veces como puedas. Construye tu horario de manera que incluyas un equilibrio entre el trabajo y el tiempo de ocio; entre pasar algún tiempo con los demás y un tiempo a solas; entre el descanso y el ejercicio físico, etcétera. La actividad es un antidepresivo natural y bastante efectivo. Dedica algo de tu tiempo para divertirte.

No dejes de seguir tratando para mejorar cuando la depresión se disipa

Ahora ya sabes que estás en riesgo de sufrir una depresión aun cuando no estés deprimido. Monitorea continuamente lo que atribuyes o supones, tus pensamientos, relaciones, cómo percibes el control y tu responsabilidad, como los mejores medios para prevenir recaídas. Si sigues una terapia y te funciona, continúa hasta tener claro todos los aspectos relevantes. Si se te dificulta mucho identificar en ti los patrones que te deprimen, entonces utiliza la ayuda profesional. Recuerda siempre que la tentativa por querer ser mejor persona no termina nunca. Quizá nunca llegues a ser perfecto, pero puedes ser *realmente bueno.*

Lo que debes hacer

Todas las ideas y técnicas presentadas en el libro te han mostrado distintos caminos que puedes transitar en dirección al descubrimiento de ti mismo. Éste no es un libro que deba ser leído una sola vez, como si fuera una novela. Al contrario, espero que uses los ejercicios siempre, y que pongas en práctica las ideas para seguir desarrollando nuevos entendimientos y habilidades, así como nuevas maneras para fomentar todo lo bueno que ya hay en ti.

Dada la cantidad de información que ha sido expuesta a lo largo de este libro, mi consejo final será breve y conciso, a saber:

1. Date cuenta de que en la vida de *todos* hay situaciones tensas, no sólo en la tuya. Las circunstancias estresantes pueden fácilmente conducir a la depresión. *El manejo efectivo del estrés, la planeación anticipada, la capacidad para relajarse y alejarse de la proximidad de una situación* son destrezas importantes para mantener un equilibrio y para recuperarlo, cuando se ha perdido temporalmente.

2. Desarrollar habilidades *efectivas para resolver problemas* es esencial para manejar adecuadamente tu vida. Lidiar con lo que *tienes* en vez de fantasear sobre lo que podría o debería ser, constituye un buen punto de partida. Fijarse metas y mantener un sueño es grandioso, pero la realidad es el punto de partida desde donde debes construir el puente entre "aquí" y "allá".

3. He puesto gran énfasis en la toma de conciencia, particularmente en las áreas de tus necesidades y valores personales. La importancia de la integridad personal —conducirte de manera consistente y de acuerdo con tus necesidades y valores, y respetar los de los demás— no puede ser afirmada con mayor insis-

tencia. Vivir una vida con integridad es el fundamento de una buena autoestima.

4. La necesidad de *construir tu vida alrededor de factores dentro de tu control, cuando sea posible,* es particularmente relevante si eres propenso a deprimirte. Debes ser especialmente cuidadoso acerca de a quién o qué te apegas o dependes. La tendencia a tomar con facilidad el papel de víctima o adjudicarse demasiado control significa que cualquier situación en la que involucres tus emociones resulta potencialmente peligrosa.

Desde luego, no puedes controlar a los demás, pero puedes elegir con cuidado a quién atraes a tu vida. Acércate a personas que intensifiquen y alienten aquellas características que aprecias en ti, como tu sensibilidad, tu sentido del humor, tu alegría y tus afectos. Trátate como si merecieras estar cerca de las mejores personas, que te aprecian y forman parte de tu vida. ¿Por qué? ¡Porque mereces tener cerca a alguien que te aprecie!

Conclusión

La depresión ha dejado de ser el misterio que antes era. En la actualidad tenemos una idea bastante clara de quiénes se deprimen y por qué. Más importante aún, tenemos mayor conocimiento de cómo lidiar con la depresión. Conforme aprendas a conocer tu mundo interior y el modo en que funcionas ante el mundo exterior, podrás desarrollar más y mejores elecciones sobre tu manera de reaccionar en las situaciones que enfrentas. Aunque quizá, a veces, no te parezca así, es cierto que *tienes el poder de elegir.* Tu vida es lo más importante, y sólo tú puedes vivirla bien. Te deseo un futuro pleno de momentos felices y un crecimiento personal satisfactorio.

Acerca del autor

El doctor Michael D. Yapko es psicólogo clínico, ejerce la práctica privada en Solana Beach, California, EUA. Es autor de siete libros y una docena de artículos, incluidas las secciones autorizadas acerca del tratamiento de la depresión y la terapia breve en las ediciones de 1997 y 1998 de la publicación anual sobre medicina y salud de la *Enciclopedia Británica*. Sus libros son:

Essentials of Hypnosis

Suggestions of Abuse:
True and False Memories of Childhood Sexual Trauma

Hypnosis and the Treatment of Depression

Trancework: An Introduction to the
Practice of Clinical Hypnosis (3ʳᵈ ed.)

When Living Hurts: Directives
Anxiety and Depression (ed.)

Hand-Me-Down Blues: How to Stop
Depression from Spreading in Families

Treating Depression with Hypnosis:
Integrating Cognitive-Behavioral and Strategies Approaches

Esta obra se terminó de imprimir
en diciembre de 2006, en los Talleres de

IREMA, S.A. de C.V.
Oculistas No. 43, Col. Sifón
09400, Iztapalapa, D.F.